"十四五"职业教育国家规划教材

高等职业教育经济管理类专业基础课系列教材

质量管理实务

（第四版）

戴颖达　编著

戴裕崴　主审

科学出版社

北　京

内 容 简 介

本书依据高等职业学校工商企业管理专业（630601）教学标准，在工作手册式结构、信息化教学资源等方面进行全面升级。本书分析了工商企业的质量管理相关岗位（群）的任职要求，参照我国质量专业技术人员的职业资格标准，基于企业质量管理工作过程设计整体结构，分为九个项目，具体内容包括全面质量管理、顾客满意管理、质量成本管理、标准化管理、质量改进管理、质量检验管理、过程质量管理、服务质量管理、质量法律制度等质量管理技术实务。

本书既可作为高等院校相关专业的教材，也可作为企业相关管理人员的技术手册。

图书在版编目（CIP）数据

质量管理实务/戴颖达编著. —4 版. —北京：科学出版社，2022.2

（"十四五"职业教育国家规划教材·高等职业教育经济管理类专业基础课系列教材）

ISBN 978-7-03-070139-8

Ⅰ. ①质… Ⅱ. ①戴… Ⅲ. ①质量管理-职业教育-教材 Ⅳ. ①F273.2

中国版本图书馆 CIP 数据核字（2021）第 214062 号

责任编辑：薛飞丽　周春梅 / 责任校对：马英菊
责任印制：吕春珉 / 封面设计：东方人华平面设计部

科学出版社 出版
北京东黄城根北街 16 号
邮政编码：100717
http://www.sciencep.com

三河市中晟雅豪印务有限公司 印刷
科学出版社发行　　各地新华书店经销
*

2009 年 3 月第 一 版　　2024 年 8 月第十七次印刷
2013 年 3 月第 二 版　　开本：787×1092　1/16
2018 年 11 月第 三 版　　印张：17 1/2
2022 年 2 月第 四 版　　字数：414 000

定价：58.00 元
（如有印装质量问题，我社负责调换）

销售部电话 010-62136230　编辑部电话 010-62135763-2039

天津轻工职业技术学院是"双高计划"建设院校，工商企业管理专业是国家示范性骨干高职院校的财政支持建设重点专业，质量管理实务课程是该专业的核心课程，也是教育部高等学校高职高专工商管理类专业教学指导委员会精品课程和天津市精品资源共享课程。本书是质量管理实务课程的配套教材。

本书主要有以下特点。

1. 服务"质量强国"国家战略的职业能力培养

本书面向习近平总书记提出的"三个转变"——推动中国制造向中国创造转变、中国速度向中国质量转变、中国产品向中国品牌转变，建设质量强国等国家战略需求，立足质量强国战略对企业质量管理的新要求，服务企业质量管理人才需求。本书的项目教学模块符合企业质量管理工作的职业能力培养，按照企业真实的质量管理工作任务，满足学生职业发展规划的进阶要求。

2. 对接"质量管理"岗位能力的工作手册结构

本书对接企业质量管理岗位的职业能力，每个项目都设置了"职业能力目标""职业岗位描述""企业案例""工作说明""相关知识""工作实操""工作实训""二维码资源"等模块。职业能力目标包括知识目标、能力目标、素质目标、思政目标；职业岗位描述包括管理岗位、岗位职责、质量文化；企业案例引导学生明晰岗位要求，养成精益求精、工匠精神等职业素养；工作说明包括工作目标、工作过程，使学生清晰企业质量管理工作流程；相关知识把质量管理和质量技术的相关技能融入工作项目教学中；工作实操基于真实的企业工作项目开发，将相关知识应用于工作项目中，为学生提供借鉴；工作实训包括实训目标、实训内容、实训要求、拓展训练，经过工作项目实践，学生可以胜任企业基层质量管理工作岗位；二维码资源包括项目工作单等企业资源包，以及微课、职业拓展等教学资源包和拓展训练答案，学生可以通过扫描书中二维码随时阅读。

3. 紧跟"质量提升"教学资源的活页工作训练

本书依据《进一步提高产品、工程和服务质量行动方案（2022—2025年）》，服务企业质量管理人才需求，结合企业实践，精选质量管理典型项目，每个项目的工作实操就是企业质量管理工作报告。二维码资源是本书配套的信息化资源，编著者通过线上平台紧贴企业发展、随时更新资源，方便学生灵活选取线上活页资源和线下纸质教材。

本书由戴颖达编著，戴裕崴主审。在本书的编著过程中，天津轻工职业技术学院党委书记戴裕崴教授和一些来自企业的专家对本书做了深入的审核，提出了很多中肯的意见，也给予了大力的支持和帮助，在此一并深表谢意。

由于编著者水平有限，加之时间仓促，书中不足之处在所难免，恳请广大读者批评指正（联系邮箱：13001331252@163.com）。

读者登录学堂在线、网易云课堂等"质量管理实务"在线课程以及扫描二维码都可以学习本书的项目教学模块和下载配套教学资源。

课程微信　　　　　　　课程导学

第一版前言

根据教育部对高等学校高职高专教材的要求，同时为适应工商企业管理专业教学改革的需要，并与"工学结合"育人模式相结合，特编写本书。

质量管理实务既是工商管理专业课程体系中的专业核心课程，又是管理类各相关专业通用的专业主干课程，还可以作为其他专业的学生扩展知识领域、构建完整知识体系的重要选修课程。质量管理实务是一门建立在经济学、管理学、统计学、心理学、行为科学等学科基础之上，研究以提升组织的质量水平、满足顾客消费需求为中心的企业质量管理活动及其规律性的交叉性应用科学。

本书通过分析工商企业管理领域和职业岗位（群）的任职要求，参照质量专业技术人员的职业资格标准，基于企业质量管理工作过程设计学习内容（图 0.1），将专业基础和专业技能有机融合，以突出对学生实践能力和职业能力的培养。

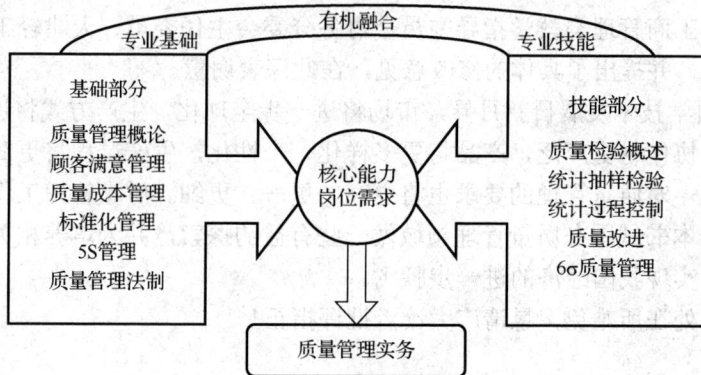

图 0.1　本书设置构思示意图

本书是按知识结构展开的，以项目和工作过程为核心编写，分为应用模块、基础模块、素养模块，如图 0.2 所示。其中，应用模块设立学习情境，模拟企业质量管理现场活动，将学习领域课程的全部内容具体化，设计综合性学习任务。学生可按角色分组练习，能对学习任务非常清楚。基础模块、素养模块在质量管理知识的深度和广度上，与国家有关质量法律法规、规章制度、国际惯例、技术方法、标准所涉及的知识相一致。本书概括了现代企业质量管理的理论和实践，总结了一系列指导企业质量管理活动的战略、战术、方法和工具，具有极高的实际应用价值。

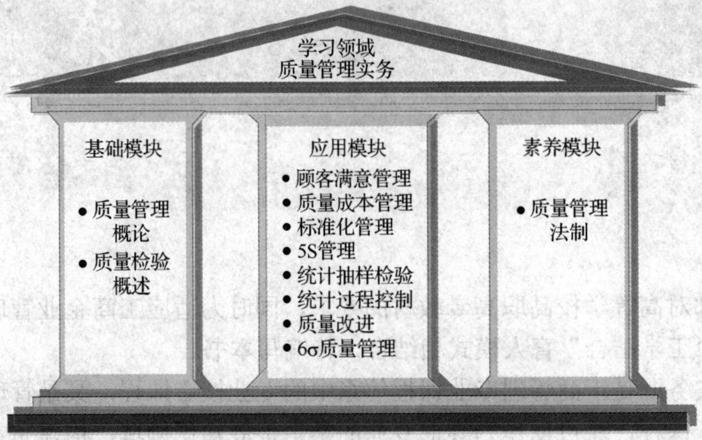

图 0.2　本书知识体系架构图

　　本书体现校企合作、工学结合和教、学、做一体的新模式，由戴颖达副教授主编，并对全书所有章节进行编写。天津奥赛特企业管理咨询公司总经理杨颖、天津市中央药业有限公司制造部经理李秋香为本书提供了企业质量工作项目，并参与本书部分工作项目的编写。

　　本书由天津市普通高校课程建设指导委员会委员、天津市高职精品课评审委员会委员、教育部高职高专工商管理类教学指导委员会财务分委会主任委员、天津轻工职业技术学院院长戴裕崴主审，并提出了具体的修改意见，在此深表谢意。

　　21 世纪，科学技术发展日新月异，市场将进一步全球化，生产方式将进一步社会化，分工将更精细，协作将更广泛，产品将更多样化、个性化，生产过程将更简化、标准化、自动化、智能化，对质量管理的要求也将更高、更严、更细。质量管理工作者面临着空前的机遇与挑战。本书试图在质量管理领域做一些有益的探索，并为培养相关人才起到引导和桥梁的作用，实现我国经济的进一步腾飞。

　　书中不足之处在所难免，恳请广大读者批评指正！

戴颖达

2009 年 2 月

目 录

全面质量管理

职业能力目标☞

知识目标
·掌握质量和质量管理的概念。
·掌握全面质量管理的实施步骤。

能力目标
·能应用全面质量管理思想进行管理。
·能熟练使用全面质量管理方法。

素质目标
·树立质量管理没有折扣的理念，增加对质量管理工作的兴趣。
·培养学生将工作一次就做对的理念。

思政目标
·坚持质量第一，培养学生服务质量强国战略、肩负中国经济高质量发展的使命感。

职业岗位描述☞

管理岗位
·全面质量管理办公室专员。
·质量管理科内勤、统计等岗位。

岗位职责
·执行质量相关的法律、法规、标准等。
·组织质量教育培训。
·实施质量标准化工作。
·组织各项管理体系的建立、维护等工作。

质量文化
·视品质为生命，以品质塑品牌，建立全员共同遵守的质量优先的企业管理战略。

质量是立业之本、强国之基、事关民生福祉。我国经济已由高速增长阶段转向高质量发展阶段，只有通过高质量发展才能够真正有效解决"人民日益增长的美好生活需要和不平衡不充分的发展之间的矛盾"。

在国内大循环的背景下，企业理解顾客对绿色、健康、体验等质量要素的新需求，提升企业对市场需求的捕捉能力，才能更好地满足消费者的需求升级，更好地服务构建新发展格局、推动高质量发展。2017年发布的《中共中央 国务院关于开展质量提升行动的指导意见》是新中国成立以来第一个以党中央、国务院名义出台的质量工作的纲领性文件，它强调实施质量强国战略；坚持以企业为质量提升主体；加强全面质量管理，推广应用先进质量管理方法，提高全员、全方位、全过程质量控制水平；推进全面质量管理，发挥质量标杆企业和中央企业示范引领作用，加强全员、全方位、全过程质量管理，提质降本增效。因此，企业建立更加完善的质量管理体系与更加高效的质量管理模式，推进全面质量管理上新台阶。

企 业 案 例

2016年，华为技术有限公司（以下简称"华为"）凭借"以客户为中心的华为质量管理模式"获得中国质量领域最高政府性荣誉——"中国质量奖"，这是中国质量领域的最高荣誉。在"以客户为中心，以奋斗者为本"的企业核心价值观指引下，华为积极推进质量优先战略落地，基于客户和消费者需求持续创新，赢得了客户和消费者的信赖，成为中国优秀的国际化企业，引领新时代的工匠精神。

一、华为树立中国品质标杆

华为的核心价值观"以客户为中心"，是华为质量文化的核心，也是华为一切工作的驱动力。

华为的基本目标是以优异的产品、可靠的质量、优越的终生效能费用比和有效的服务，满足顾客日益增长的需要。质量是华为的自尊心。华为致力于发展拥有自主知识产权的世界领先的电子和信息技术支撑体系。

正是靠着对产品瑕疵"零"容忍的质量原则和对产品品质不断提升的追求，华为用优质的产品、服务和领先的技术，服务全球170多个国家和地区的用户。华为的一位负责人曾说："遵守质量的'诚信'原则在华为不能破，它是华为一切行动的标尺，它能够带来商业价值，同时也是品牌的价值和内涵。"

优秀的产品品质使华为在全球范围内获得商业上的成功。在通信设备市场，华为已经成为全球持续领先的信息与通信解决方案供应商；在智能手机市场，GfK集团发布的数据显示，华为在全球智能手机市场份额居前三名，在中国的市场份额持续领先，并在西欧多个发达国家的市场份额跻身前三。

华为的市场定位是成为世界一流的设备供应商，且永不进入信息服务业。华为通过无依赖的市场压力传递，使内部机制永远处于激活状态。

面向未来，华为把质量目标、方针、战略及相关政策落实到流程中，构筑到组织文化中，使华为的质量战略真正成为华为每个团队和个人共同追求并努力实现的目标。

（资料来源：延平，2016. 华为：树立中国品质标杆[J]. 中国品牌（5）：24-25.）

二、管理思考

华为是如何做到不仅让全球更多客户和消费者享受到华为高质量的产品和服务，还在全社会示范"追求卓越质量、争做质量标杆"的突出贡献，用企业质量提升实践建设质量强国的？

启示：积极推进全面质量管理，基于顾客需求持续创新，30 多年来，华为不断探索，努力让全球更多客户享受到华为高质量的产品和服务。

工作说明

一、工作目标

在国家大力提倡发展新能源汽车的政策支持下，整个新能源汽车行业呈现出蓬勃发展的态势。作为目前新能源汽车最大的市场，中国的企业依靠新能源汽车首次与国外企业站在同一起跑线，新能源汽车区别于传统汽油车的核心技术是"三电"，即驱动电机、动力电池和整车电控，它们是新能源汽车的三颗"心脏"。

YD 汽车系统公司早在 1999 年就开始将电动车用电机投放市场，开发的小型、轻量、高功率电动车用电机产品广为全球汽车厂商采用。目前 YD 汽车系统公司主要以电动机、变频器为主的电力传动技术，帮助混合动力汽车（hybrid electric vehicle，HEV）、电动汽车（electric vehicle，EV）、燃料电池车（fuel cell vehicle，FCV）等新能源汽车加速发展。YD 汽车系统公司坚持"创新与质量并行"的全面质量管理，持续开发适应市场的新产品。

二、工作过程

全面质量管理过程（图 1.1）包括质量管理基础、质量管理发展、质量管理思想、全面质量管理、质量管理策划五个部分。

```
                        ┌─────────────────┐
                        │  全面质量管理过程  │
                        └─────────────────┘

    ┌──────────────┐                      ┌──────────────┐
    │  质量管理基础  │                      │  全面质量管理  │
    └──────────────┘                      └──────────────┘
        对质量的理解                          全面质量管理的内容
        质量概念的演变                        全面质量管理推行步骤
        对质量管理的理解

    ┌──────────────┐
    │  质量管理发展  │
    └──────────────┘
        操作工质量检验阶段                    ┌──────────────┐
        专职质量检验阶段                      │  质量管理策划  │
        统计质量控制阶段                      └──────────────┘
        全面质量管理阶段                        质量管理体系策划
        质量保证阶段                            质量目标策划
        质量战略管理阶段                        质量过程策划
                                              质量改进策划
    ┌──────────────┐
    │  质量管理思想  │
    └──────────────┘
        戴明的质量管理思想
        朱兰的质量管理思想

              ┌───────────────────────────────┐
              │  YD汽车系统公司质量管理策划报告  │
              └───────────────────────────────┘
```

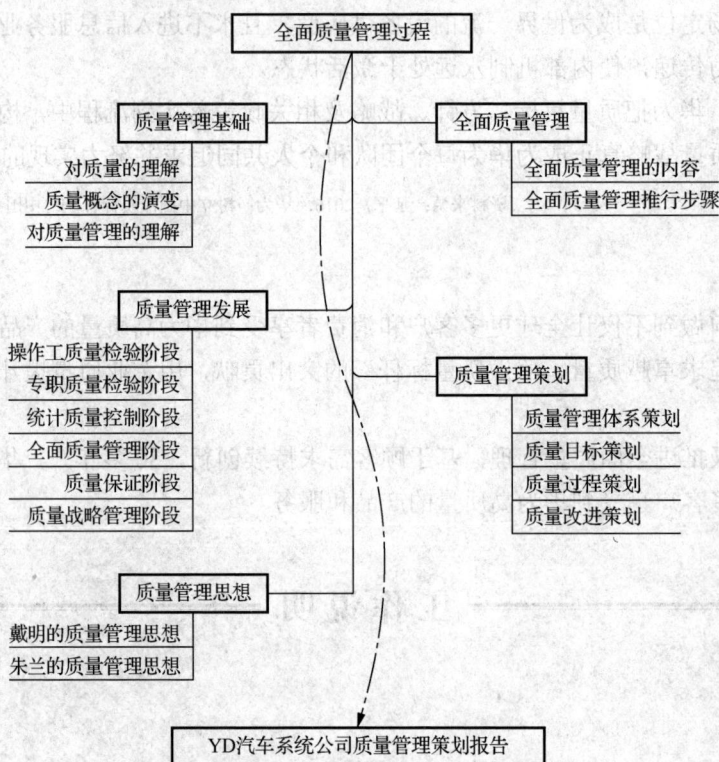

图 1.1   全面质量管理过程

相 关 知 识

一、质量管理基础

人们平常所说的质量一般是指：①产品质量，如电视机的质量，包括画面是否清晰、声音是否好听；②工作质量，如电视机装配和调试工作的质量；③服务质量，如电视机的安装及使用说明书的质量、电视机维修服务的质量；④知识和软件质量，如电视机电路设计、外观设计、遥控操作程序设计的质量；⑤环境质量，如电视机工作时产生的电磁辐射对环境的影响，以及耗电量大小对能源消耗的影响等。此外，质量还可以指：①人的质量，特别是指人的素质；②企业的质量，特别是指企业能够稳定地生产一定数量的合格产品和及时交货的能力；③军队的质量，特别是指军队的战斗力；④国家的质量，特别是指国家的综合国力。

（一）对质量的理解

在日常生活中，人们往往认为质量是指物品或工作的好坏：质量好的物品，一定实用、好用、耐用、美观；质量好的工作，一定满足要求，使相关人员都满意。在经济学中，经济学家认为质量是指物品的有用性、适用性，或者说，质量是指商品的使用价值。在社会生产实践中，工程师认为质量是指产品的性能和技术参数，包括产品及其生产过程的特性、特征，以及有关各项量化指标。

在管理学中，质量包括三个方面的含义：性能、适用性和满意程度。性能是指天然固有的特性，适用性是指客观特性相对于人类主观需要的适用程度，满意程度是指在最终结果方面对要求的满足程度。

综上所述，GB/T 19000—2016/1SO 9000:2015 将质量定义为"客体的一组固有特性满足要求的程度"。对质量的定义的理解要点如下。

1．要求

要求是指明示的、通常隐含的或必须履行的需求或期望。

（1）明示的要求

明示的要求是指通过标准、规范、图样、技术要求、合同等文件明确规定的要求。它特别强调以下三个方面的要求。

1）技术要求，包括技术性能、参数、技术条件、额定值、允许偏差等方面的要求。

2）市场要求，包括顾客要求、合同规定、市场准入条件（如包装和标签）等。

3）社会要求，包括有关健康、安全、环境、能源、自然资源、社会保障等方面的法律、法规、规章、条例、准则等规定。在法律法规有明确规定或有关产品、服务、项目合同有明确规定的情况下，"要求"应以文件的形式明确地加以规定。

（2）通常隐含的需求或期望

通常隐含的需求或期望包括两个方面的含义：一是顾客和其他相关方在现有条件下的合理的需求或期望；二是人们公认的、不言而喻的、无须明确规定的需求或期望，包括通行的惯例和一般做法。

需求是指人的需要或要求，通常可以明确地用语言表示出来，也可以形成具有确定含义的文件。期望是指人的期待和盼望，通常是比较模糊的意愿，可以用语言大致地描述，但难以用文字确切地表示，也无法形成具有确定含义的文件。

对隐含的需求或期望进行分析、研究、识别和选择，在新产品开发、新项目设计、新技术应用、新市场开拓等方面具有十分重要的意义。在许多情况下，市场是由需求决定的，需求是由期望转化而来的。随着技术发展和社会进步，人们的期望不断提高，需求也不断增长。一些隐含的期望可能会成为明确的需求，一些明确的需求也可能会发生改变。

（3）必须履行的要求

必须履行的要求是指法律法规规定必须履行的有关健康、安全、环境、能源、自然资源、社会保障等方面的要求。

2．特性、固有特性与质量特性

特性是指可区分的特征，包括物理的、功能的、感官的、生理的、行为的、时间的等各种类别的特性。特性可以是固有的或赋予的，也可以是定性的或定量的。固有特性是指在某事或某物中本来就有的、天然存在的永久的特性。质量特性是指产品、过程或体系与要求有关的固有特性，如重量、尺寸、颜色等客观特性，不包括人为赋予的特性，如便宜、漂亮、可爱等主观评价。

物质产品的质量特性主要有以下几个。

1）性能，包括内在质量特性、外观质量特性。

2）适用性，包括功能和使用条件。

3）可信性，包括可靠性、维修性和维修保障性。可信性通常仅用于非定量描述的场合，其定量要求和具体规定通过可靠性、维修性和维修保障性表达。

4）时间，包括产品使用寿命。

软件产品的质量特性除要求具有以上特性外，还要求具有保密性和可移植性。

服务的质量特性除服务的功能、安全性、时间外，还特别强调服务提供的文明程度、服务接受者的舒适程度和满意程度。过程的质量特性存在于具体的开发、设计、生产、制造、销售、服务等活动之中。各项活动的质量特性决定过程的质量特性。过程的质量特性中最重要的是过程的生产能力和过程的稳定性、可靠性。

体系的质量特性存在于体系的资源构成、技术水平、组织结构、人员职责等各项要素之中。体系的质量特性中最重要的是体系的运行效率和体系的保证能力。

3．满足要求的程度

满足要求的程度是指在满足规定的要求和预期的使用目的方面的客观情况，是固有特性的客观表现或反映，而不是人们的主观评价。

质量本身既不表示人们在主观比较意义上所做的优良程度评价、在定量意义上所做的技术水平评价和在效果意义上所做的适用性能评价，也不表示人们的主观质量要求。人们对质量进行主观评价或提出主观要求时，通常使用"合格""不合格""等级""顾客满意"等术语。为了准确地把握质量的概念，需要认识质量与这些术语的联系和区别。

合格是指满足要求，不合格是指未满足要求。要求既包括企业的技术标准或规范，也包括国家的法律、法规、规章和强制性标准，以及顾客和相关方的要求或期望。其中，顾客要求又是最重要的。因此，判定产品质量是否合格的不是生产厂家，而是顾客或被顾客认可的独立的质量检验试验机构。质量本身是指一种客观状态，合格或者不合格则是指顾客或市场对质量做出的判断。

（二）质量概念的演变

人们对质量的认识随着人类生产、科技、文化和其他社会活动的不断进步而逐渐深化（图 1.2）。

1）最初的质量概念主要是指产品的性能。在工业社会初期注重技术进步和提高工作效率的历史背景条件下，质量突出地表现为由设计者确定的并由生产者制造出来的产品的性能。

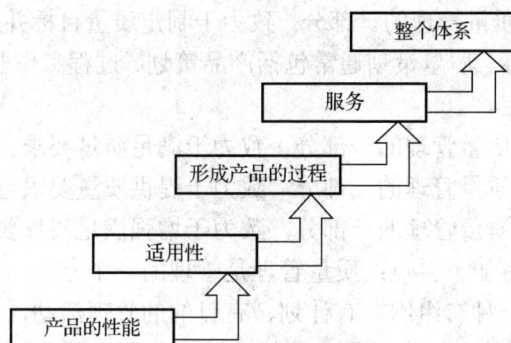

图 1.2　质量概念的演变

2）质量概念的第一次扩展是从单纯的产品性能扩展到考虑顾客要求的适用性。这表明，质量概念从技术领域扩展到经济领域，质量开始与市场和顾客要求相联系。

3）质量概念的第二次扩展是从适用性扩展到形成产品的过程。人们在认识质量概念上的这一次飞跃，引发了在全世界范围内经久不衰的全面质量管理活动。

4）随着全面质量管理的深入，质量概念从形成产品的过程扩展到服务；服务的范围除与工业有关的采购、贮存、营销、包装、运输、安装、维修和技术服务外，还进一步扩展到接待服务、公用事业、交通、通信、金融、保险、医疗、教育、科学等广泛的社会服务领域。从此，质量从工商业领域拓展到整个社会经济领域。

5）在工业企业和其他组织内，质量从单纯重视产品性能，发展到注重产品质量与生产过程质量的结合、产品质量与服务质量的结合。人们逐渐形成质量取决于人员、资源、技术、过程和产品等各项质量要素的质量体系观念。人们对质量在范围广度上和体系高度上的这种认识，引导了 ISO 9000 质量管理体系国际标准和认证制度在全世界数十万个组织中广泛实施的时代潮流。

6）随着全球环境状况的恶化和人类对环境问题的日益关注，质量概念又突破了原来只与生产者和消费者相关的局限，建立了包括对相关方影响的新概念。例如，汽车的质量包括噪声、尾气等因素对行人的影响，汽车生产过程中的喷漆、钣金等工艺对环境的影响。因此，与汽车有关的质量指标中不仅包括汽车噪声、尾气排放等指标，还包括生产过程中各项清洁工艺的指标。质量概念的这种发展，使质量进一步与社会经济的可持续发展联系在一起。

（三）对质量管理的理解

质量管理是指在质量方面指挥和控制组织的协调的活动。在质量方面的指挥和控制活动，通常包括制定质量方针和质量目标，以及质量策划、质量控制、质量保证和质量改进。质量管理的定义引用了以下概念。

1）质量方针。它是指由组织的最高管理者正式发布的该组织总的质量宗旨和方向。

2）质量目标。它是指在质量方面所追求的目的。

3）质量策划。它是质量管理的一部分，致力于制定质量目标并规定必要的运行过程和相关资源以实现质量目标。质量策划通常包括产品策划、过程和作业策划、编制质量计划，以及做出质量改进的规定。

4）质量控制。它是质量管理的一部分，致力于满足质量要求。

5）质量保证。它是质量管理的一部分，致力于提供质量要求会得到满足的信任。

6）质量改进。它是质量管理的一部分，致力于增强满足质量要求的能力。

对质量管理的理解有如下要点：质量管理是管理的一个方面，具有管理的普遍性；质量管理是在质量方面的一种有组织、有计划、有目的的管理活动，具有管理的特殊性；质量管理的核心是制定、实施和实现质量方针与目标；质量管理活动的主要形式是质量策划、质量控制、质量保证和质量改进。以过程为基础的质量管理体系模式是按照 ISO 9000 标准策划、实施的质量管理过程（图 1.3）。

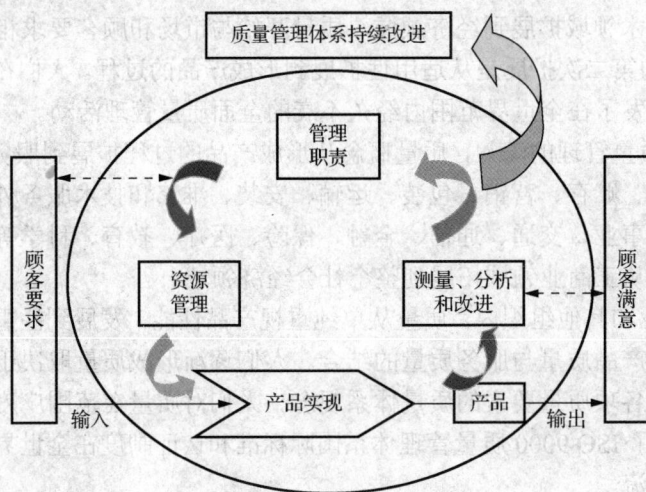

图 1.3　质量管理体系

二、质量管理发展

质量管理作为一门科学，是人类进入工业社会以后产生，并随着工业文明进步、科学技术发展、市场经济扩大和管理水平提高而逐渐发展的。质量管理的发展主要经历了以下几个阶段。

（一）操作工质量检验阶段

在工业革命以前的手工业生产中，手工业生产者基本上是个体生产，这种生产方式决定了产品质量只能取决于操作工的技术水平，产品是否合格完全由操作工凭经验决定。从严格意义上讲，操作工质量检验在科学管理出现以前就长期存在，不属于现代质量管理科学发展的一个阶段，但它为现代质量管理科学的产生奠定了基础。

操作工质量检验的主要特征有两个：一是学徒制，通过学徒培养方式培养能独立从业的技能；二是技术诀窍，依靠技术诀窍保证产品质量。

（二）专职质量检验阶段

18 世纪下半叶至 19 世纪中期，人类社会进入以大机器生产为标志的工业社会，生产方式由手工业单件生产变为专业化分工协作的批量生产。在质量管理方面，原来手工业生产中依靠操作工自我检验的方法已无法适应这种社会化的生产方式。由于各工厂操作工的技术水平和机器设备不同，以及材料差异等方面的原因，专业分工生产加工出来的零部件差异很大。为了使不同企业制造的零部件和半成品能够相互配合，需要判断哪些适用，哪些不适用，哪些需要返工或修理，于是出现了以领班为代表的专职质量检验人员。20 世纪初，质量检验工作从操作工作中独立了出来。以专职质量检验制度和独立产品质量检验为标志，质量管理正式登上了工业社会的舞台。

经过一个世纪的发展，专职质量检验制度和独立产品质量检验形式在现代质量管理科学中表现为：企业内部独立于生产过程的质量管理机构、质量检验机构的设置，以及质量管理程序、质量检验程序的实施；第三方质量检验试验机构的设置，以及合格评定程序的实施；政府质量监督、质量仲裁部门的设置，以及质量监督程序、质量仲裁程序的实施。

（三）统计质量控制阶段

大批量生产条件下的产品质量检验需要统计技术。质量统计技术突出地表现在公差配合、产品抽样检验、过程控制图等方面。

1. 公差配合

为了使大批量生产的零部件能互换使用，需要对零部件的尺寸及偏差进行规定。19 世纪 40 年代，出现了单侧检验，即只要规定零部件的加工尺寸偏差允许在规定的标准尺寸以上或者以下，就可以实现相互配合。在这种单侧检验的规定下，装配零部件时不可避免地会发生较大间隙，结果出现用合格的零部件装配的产品不能满足要求的问题。为了解决这一问题，19 世纪 70 年代提出了双侧检验，即同时规定偏差的上限和下限。但是，双侧界限如何确定没有解决。如果允许偏差的上下限过大，就会降低要求；如果上下限过小，就可能使不合格品数量大幅度上升，导致生产成本和检验费用过高，同时也受到设备、工艺技术条件的限制。直到 20 世纪 20 年代出现质量控制图后，才有效地解决了双侧检验的宽度问题。在大批量生产条件下，为了使零部件互换在技术上可行、经济上合理，人们通过大量实践和统计分析，探求适宜的加工精度和误差范围，其中取得的最重要的成就是 1906 年英国颁布的 BS 27 公差标准。

2. 产品抽样检验

与大批量生产和专职质量检验制度同时出现的是产品抽样检验。在稳定的大批量生产情况下，各产品之间几乎没有差异，这时，100%逐个进行产品检验就没有必要，而且检验成本过高。另外，对一些破坏性检验、试验项目，不可能 100%逐个进行破坏性检验、试验。

因此，需要从一批产品中抽取一部分样品进行检验、试验，用样品检验、试验的结果，推断该批产品的总体质量情况。最简单的产品抽样是按百分比随机抽样。20 世纪 20 年代末，美国贝尔电话实验室的哈罗德·F. 道奇（Harold F. Dodge）和 H. G. 罗米格（H. G. Romig）提出了抽样检验方案，编制了第一批抽样表。从此，统计方法被正式应用于质量管理。经过 100 多年的发展，现代产品抽样检验方法已经发展成为相对完善的方法体系，包括抽样原则、抽样方案、计数型抽样方法、计量型抽样方法、批产品质量合格的接收准则、抽样检验的误差和风险分析等。

3. 过程控制图

产品抽样检验的根本目的是进行质量把关，放行合格品，截住不合格品。产品抽样检验除用于来料进货检验外，最重要的是用于最终产品检验。这时，抽样检验人员关注的焦点是把产品中的不合格品挑出来，至于生产过程中出现了多少不合格品，则不是检验人员的事，而是生产人员的事。生产加工制造人员为了使其产品顺利通过检验，必须考虑对生产过程进行控制，使设备、生产技术状态、在制品的主要技术参数的波动保持在一个合理的范围。美国贝尔电话实验室的沃特·阿曼德·休哈特（Walter Armand Shewhart）于 1924 年提出了第一张控制图，并于 1931 年出版了著作《工业产品质量的经济控制》。他所提出的控制图方法开始在美国通用、福特等公司应用，并取得了初步成效。

（四）全面质量管理阶段

当质量统计方法有效地解决了产品质量检验和产品合格判定的问题之后，面对检验出来的大量不合格品，人们猛然领悟到：不合格产品不是检验出来的，而是生产出来的；只有进行严格的全过程质量管理，才能有效地保证最终产品的质量。这种意识导致了全面质量管理（total quality control，TQC）的产生。1961 年，美国质量管理专家阿曼德·费根堡姆（Armand Feigenbaum）在《全面质量管理》一书中首次提出了 TQC 的概念："全面质量管理是为了能够在最经济的水平上并考虑到充分满足用户要求的条件下进行市场研究、设计、生产和服务，把企业的研制质量、维持质量和提高质量的活动构成一体的有效体系。"

TQC 的核心要点如下。

1）TQC 的根本方针是"过程控制和预防为主"，即对产品形成的全过程进行质量控制，重点在于预防不合格产品和不合格事项的发生，将不合格产品消灭在产出之前，从而使生产出来的产品都是合格品。

2）TQC 的内涵是进行全员、全方面和全过程的质量管理。全员是指依靠企业全体员工进行质量管理，使员工具有高度的质量意识和积极参与的态度；全方面是指质量管理活动涉及企业的所有方面和各要素，凡是影响质量的因素都不能放过；全过程是指产品质量形成于全过程的各环节，对各环节都要进行有效控制。此外，全过程还指质量管理活动采用全过程的管理方法，即通过计划（plan）、实施（do）、检查（check）、改进（action）这四个阶段的依次循环（PDCA 循环），使质量不断改进。全面质量管理模式如图 1.4 所示。

```
                    ┌──────────────────────┐
                    │  质量方针、目标、计划  │
                    └──────────┬───────────┘
                    ┌──────────┴───────────┐
                    │  组织结构和质量职责    │
                    └──────────┬───────────┘
        ┌──────────────┬───────┴──────────────────┐
   ┌────┴────┐    ┌────┴────┐              ┌───────┴───────┐
   │ 人员质量 │    │ 工作质量 │              │   产品质量    │
   └────┬────┘    └────┬────┘              └───────┬───────┘
   ┌────┴──┐      ┌────┴──┐       ┌───┬────┬───┬───┴┬────┐
┌──┴┐  ┌──┴┐  ┌──┴┐  ┌──┴┐  ┌──┴┐┌─┴┐┌─┴┐┌┴─┐┌─┴┐
│教育││资格││工作││工作││设计││采购││制造││检验││包装│
│培训││认定││环境││方法││质量││质量││质量││试验││运输│
└──┬┘ └──┬┘ └──┬┘ └──┬┘ └──┬┘└─┬┘└─┬┘└┬─┘└─┬┘
```

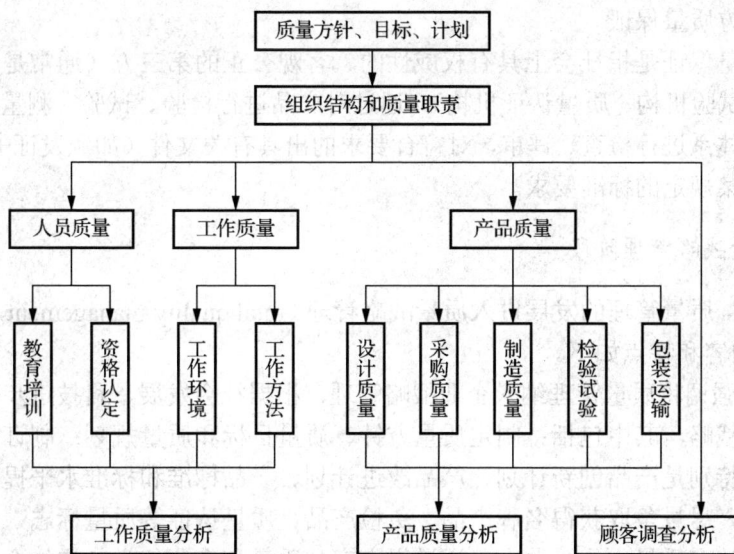

图 1.4　全面质量管理模式

（五）质量保证阶段

全面质量管理针对的是企业内部管理，它有助于提高企业的产品质量和竞争力，但它并没有增加和改变企业原有的质量责任，顾客也不可能在选择和采购商品时直接了解企业全面质量管理的水平。在市场上，顾客最需要的是对产品质量的保证。基于这种需要，质量保证（quality assurance，QA）于 20 世纪 80 年代应运而生。质量保证在质量管理发展史上最重要的意义在于突破了质量管理仅作用于生产和技术领域的局限，使质量管理直接与市场和顾客相联系。

质量保证的关键是向顾客和公众做出质量承诺，保证为顾客提供的产品或服务符合规定的质量要求。质量保证的形式一般是通过质量保证文件（如生产厂家的产品质量合格证书、权威检验试验机构的检验合格报告、质量认证机构的质量认证证书等），规定企业为顾客提供产品或服务的质量要求和责任，从而使该产品及其生产企业取得顾客信任，赢得市场，获得质量效益；同时，也使顾客得到质量可靠的产品，使消费者的合法权益得到保障。

质量保证的形式有以下三种。

（1）第一方质量保证

第一方质量保证是指产品生产者或服务提供者的质量声明和自我质量保证，包括产品合格证书、质量等级证书、质量保证书、质量承诺书等。

（2）第一方对第二方的质量保证

第一方对第二方的质量保证是指产品生产者或服务提供者针对特定顾客所做的特别质量保证，主要表现为合同中的质量条款或专门的质量合同（质量保证协议）。

（3）第三方质量保证

第三方质量保证是指社会上具有权威性的、客观公正的第三方（通常是专业或行业组织、独立检验试验机构、质量认证机构），通过对产品进行检验、试验、测量，对产品的生产体系或服务体系进行检查、评审，对符合要求的出具有关文件（如颁发证书），证明该产品或体系符合某规定的标准要求。

（六）质量战略管理阶段

21 世纪初，质量管理的发展进入质量战略管理（total quality management，TQM）阶段。TQM 的主要内容和特点如下。

1）TQM 强调将质量管理纳入企业战略管理，根据社会发展、科技进步和市场变化的情况制定质量战略，其中包括：制定质量方针、质量目标和质量规划；制订技术进步和质量改进方案，特别是产品创新计划、产品改进计划、产品标准和标准水平提高措施；制定产品品牌战略，尽量争取获得名牌产品、免检产品、质量认证等质量标志，进行积极的产品形象策划，培育质量文化。总之，通过提高产品质量和企业信誉，增加企业竞争力，促进企业发展。

2）TQM 强调建立和实施质量管理体系，使各项质量活动有组织、有计划地展开。通过质量管理体系的持续改进，提高工作效率，优化质量成本，增加质量效益，促进企业提高整体经营效益，使质量管理与企业整体经营管理高度协调一致。

3）TQM 强调应用现代科学管理方法和先进技术手段，其中包括：继承过去所有行之有效的质量管理方法，特别是产品抽样、控制图、可靠性方法，并使之进一步完善和更广泛地推广应用；建立健全质量检验、试验和测量体系，配备现代化的监测技术手段，建立完善的检测程序和管理软件，确保测量数据和检验结果准确可靠；建立质量管理信息系统[①]。

4）TQM 强调加强质量法制管理，完善质量法律、法规和规章体系，完善各项质量管理制度，特别是质量责任制度。

5）TQM 强调人的管理，特别是提高企业管理人员和所有员工的质量意识及综合素质，加强职工技术培训，严格职业技术资格鉴定。TQM 在这方面的管理已经与人力资源管理密切融合。

质量管理发展阶段（图 1.5）表明：工业革命后人类进入工业社会，产品大批量生产方式和产品质量检验专业化形式导致质量管理的产生；统计方法的应用、系统科学和管理科学理论与方法的引入，使质量管理走向成熟，成为一门独立的学科；市场经济的发展、贸易技术条件的要求、质量检验技术水平的提高、质量认证制度和质量监督制度的实施，又使质量管理成为促进贸易发展和维持市场经济秩序的技术手段。随着时代的进步，质量管理作为企业管理手段和贸易技术手段的作用将不断加强并互相结合。

---

① 在现代企业资源计划（enterprise resource planning，ERP）系统中，质量管理（quality management，GM）信息系统作为一个模块，已经与物料管理（material management，MM）模块、生产计划（program of production，PP）模块和销售分销（sales and distribution，SD）模块高度集成在一起。

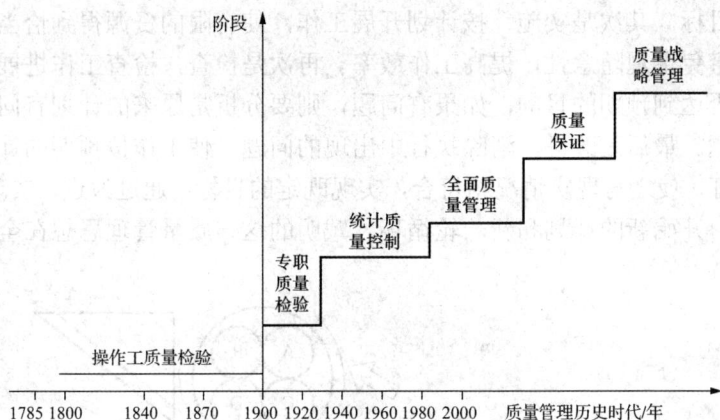

图 1.5　质量管理发展阶段

三、质量管理思想

爱德华兹·戴明（Edwards Deming）和约瑟夫·朱兰（Joseph Juran）是 20 世纪质量管理历史上颇有影响力的质量管理大师。他们不但以其质量管理知识和方法指导了日本、美国及其他西方经济发达国家的质量管理工作，为这些国家经济的腾飞和资本主义在 20 世纪的发展奠定了坚实的质量技术基础，而且以其质量管理的思想影响了全世界的企业家、工程师、工人、商人和公众。

（一）戴明的质量管理思想

1. PDCA 循环

戴明于 1950 年到日本进行质量管理培训和咨询活动。戴明通过质量链式反应模式（图 1.6）告诉日本企业家：质量不仅是一个技术问题，还是一个可以提高生产力、占领市场，使企业获得发展的重大战略问题。

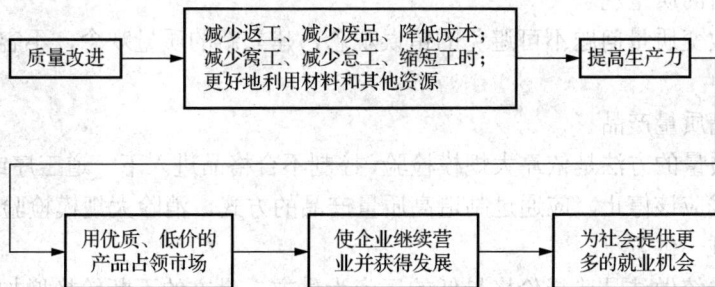

图 1.6　质量链式反应模式

戴明鼓励日本企业家用系统的方法解决问题，这套方法后来被称为"戴明循环"，即"计划—实施—检查—改进"循环或 PDCA 循环（图 1.7）。这是一种普遍的工作方式：首先是计划，所有工作在开始之前都要制订计划，以最大限度地避免盲目性，使所有的活动都致力于实现总的目标。其次是实施，按计划开展工作，使有限的资源得到恰当的分配利用，以最大限度地避免主观随意性，提高工作效率。再次是检查，检查工作进展和状况是否按计划进行，是否达到预期的目的，如果有问题，则要分析是原来的计划有问题，还是计划的执行出现问题。最后是改进，消除执行中出现的问题，使工作按预期的计划进行，或对原计划进行修订，使之与现实情况相符合，实现既定的目标；通过改进，实现原来的目标，建立新的目标，开始新的计划和新一轮循环。戴明的这一质量管理思想在全世界得到了广泛应用。

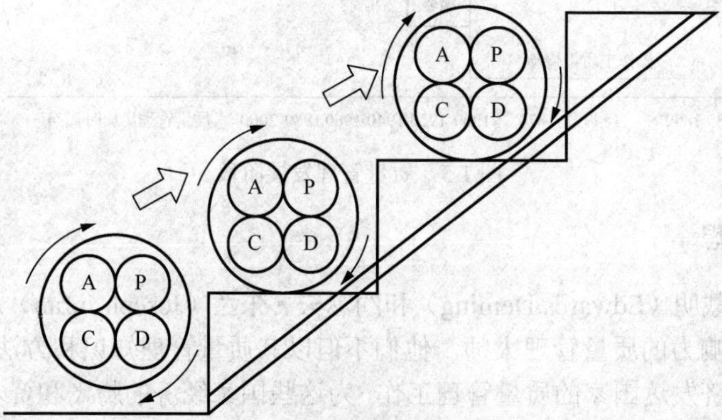

P—（plan，计划）；D—（do，实施）；C—（check，检查）；A—（action，改进）。

图 1.7　PDCA 循环

2．质量管理的十四条要点

戴明的另一个重要的质量管理思想是质量管理的十四条要点，具体内容如下。

（1）持续改进产品和服务

企业只有下定决心，持久地研究、探索产品和服务的质量，使其不断改进，才能使企业得到维护和发展，为社会源源不断地提供就业机会。

（2）建立新的质量观念

企业必须改变质量问题不可避免的错误观念，建立新的质量观念，不容忍劣质产品和废品的产生。

（3）制造高质量产品

过去保证质量的方法是依靠大规模检验，控制不合格品进入下一道工序或不使其出厂。这样的生产方式应该停止，应通过制造高质量产品的方式，消除大规模检验的必要性。

（4）选择唯一供方

采购中的传统做法是选择价格最低的厂商为供方。供方的不断轮换增加了生产中的不确定因素。如果进货的质量无法衡量，价格就没有意义。因此，企业应尽量选择质量稳定的唯一供方，并与之建立长期合作关系，这样才可以在质量和价格两个方面都受益。

（5）持续改进生产和服务体系

改进不是一次能完成的，管理者有责任不断地寻求改进机会，减少废品，提高产品质量。

（6）进行员工培训

大多数情况下，工人是从那些从未受过正规培训的工人那里学习如何完成工作的。这些工人做不好工作的真正原因是没有人告诉他们如何把工作做好。因此，要对全体员工进行正规的培训。

（7）进行现场指导

主管的工作是通过提供适宜的工作条件、适当的工具、正确的操作方法，帮助工人掌握如何把工作做得更好的方法，指导工人完成工作，而不是只提出主观要求和对工人进行惩罚。

（8）使员工消除恐惧感

许多人害怕提出问题或坚持自己的观点。当他们不知道什么是正确的时候，尽管有疑问，但还会继续按错误的方法工作；当他们不知道怎么做工作的时候，宁愿停下来观望、等待，也不去问。管理者要使工人有安全感，驱走他们的恐惧感，创造畅所欲言的环境，鼓励信息沟通，以获得更好的产品质量和更高的劳动生产率。

（9）清除部门障碍

通常，企业内各部门之间由于小团体利益或竞争，可能发生障碍和冲突。企业管理者必须协调各部门之间的关系，鼓励部门协作解决问题，保证企业整体协调地、高效率地运行。

（10）取消形式主义

为工人设置的形式主义的口号、箴言和目标不能帮助工人更好地完成工作，反而可能会使工人产生敌对情绪。

（11）取消数字指标

只考虑数字指标，不考虑质量，往往会导致工作效率低下和高成本。有些人为了达到形式上或表面上的数字目标，不惜损害公司、员工或顾客的利益。

（12）为工作技艺自豪

使工人、工程师和管理者为他们的工作技艺自豪，消除影响这种自豪感的障碍，包括主管的错误指导、设备故障、原材料或零部件中的不良品等。

（13）制订和实施培训计划

管理者必须领导企业成为一个善于学习的组织，制订和实施培训计划，使管理者和工人不断接受新知识，以适应产品和生产工艺更新的需要。

（14）实现质量转变

企业应建立一个特别的高层次质量管理小组，制定质量管理方针和计划，并组织实施，指导和协调企业全体员工的质量管理活动，实现质量转变。

（二）朱兰的质量管理思想

朱兰的质量管理思想表现在质量控制、质量经济、质量职责等许多方面，其中最重要的是质量管理"三部曲"和质量"螺旋"理论。

1. 质量管理"三部曲"

质量管理"三部曲"是在美国存在质量危机的情况下提出的。第二次世界大战后，日本从美国引进质量管理理论和方法，逐渐提高了产品质量，扩大了产品出口，并打入美国市场，使许多美国产品失去销路。这种情况对美国社会产生了冲击，同时也促使美国人对自己的传统质量管理理念进行反思。朱兰认为，出现的质量危机提高了人们的质量意识，但并没有改变各组织对质量的态度，产品开发、生产、营销很少出现一次成功的行为。企业要想改善管理，最重要的是达成一致，使每个员工都知道下一步的行动方向，形成一种一致性的强大力量。要把企业造就成这样，就需要确立一种普遍适用于企业各个层次的质量管理方法，这就是质量管理"三部曲"。

质量管理"三部曲"是指与质量有关的三个依次进行的过程，即质量策划、质量控制和质量改进。这三个过程的具体内容如下。

（1）质量策划

质量策划是一个为实现质量目标做准备的过程，最终结果是能在经营条件下实现质量目标。质量策划的具体活动和顺序包括：识别出哪些人是企业的顾客，分析顾客有哪些需要，把顾客的需要变成企业的设计要求，开发出符合顾客需要的产品，使产品特征最优化，以满足顾客和企业的需要。

（2）质量控制

质量控制是在经营中达到质量目标的过程，最终结果是按照质量计划开展质量经营活动。质量控制的具体活动和顺序包括：证明某一过程可在既定工作条件下生产某种产品，然后将这一过程转换成现实的生产活动。

（3）质量改进

质量改进是一个突破计划并达到前所未有水平的过程，最终结果是在明显优于原来计划的质量水平上进行经营活动。质量改进的具体活动和顺序包括：对原来的产品及生产过程进行改进，使该过程最优化；开发新的产品及生产过程。

2. 质量"螺旋"理论

质量管理"三部曲"是一个依次循环进行的过程。朱兰把产品质量的产生、形成和实现过程称为"螺旋形上升过程"（图1.8）。这一过程包括一系列循序渐进的活动，从市场研究开始，依次经过开发、设计、制定产品标准、制定工艺文件、采购、设备安装调试、生产、过程控制、检验、测试、销售，以及售后服务等阶段，又重新回到新的意义上的市场研究。在这一过程中，各环节之间一环扣一环，互相依存、互相促进、互相制约、不断循环、周而复始，每经过一次循环，产品质量就得到一次提高。

"螺旋形上升过程"是从动态角度描述质量形成和实现的过程的。按照这一过程，质量职责不仅集中在企业内的某些部门，还涉及企业所有部门和人员；质量活动不仅局限在企业内部，还扩展到原材料、零部件的供应商，生产、加工、协作的厂商，产品的批发商和零售商，以及顾客和其他相关方。

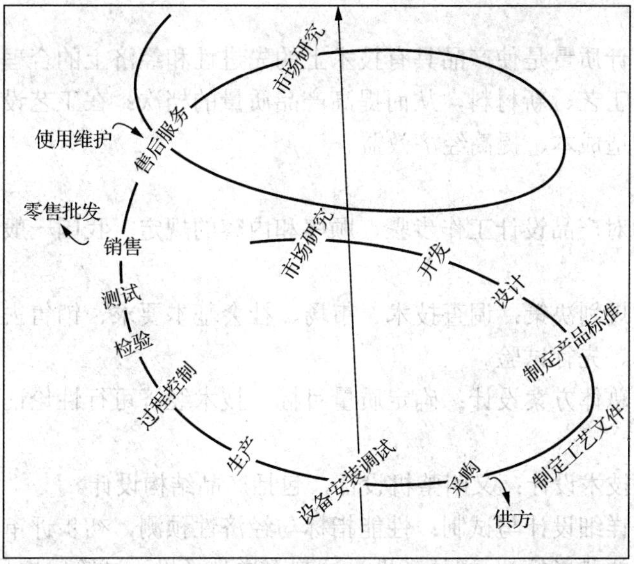

图 1.8　朱兰"螺旋形上升过程"

四、全面质量管理

（一）全面质量管理的内容

全面质量管理过程的全面性，决定了全面质量管理的内容应当包括设计过程、制造过程、辅助过程、使用过程等四个过程的质量管理。

1. 设计过程质量管理

设计过程质量管理是全面质量管理的首要环节。这里所指的设计过程包括市场调查、产品设计、工艺准备、试制和鉴定等过程（产品正式投产前的全部技术准备过程）。它的主要工作内容包括：通过市场调查研究，根据用户要求、科技情报与企业的经营目标，制定产品质量目标；组织有销售、使用、科研、设计、工艺、制度和质量管理等多部门参加的审查和验证，确定适合的设计方案；保证技术文件的质量；做好标准化的审查工作；督促遵守设计试制的工作程序；等等。

（1）产品设计的质量职能

统计资料表明，产品质量的好坏，60%～70%是由产品设计的质量所决定的。因此，必须加强产品设计的质量管理。产品设计主要的质量职能是：根据市场调研结果，掌握用户质量要求，做好技术经济分析，确定适宜的质量水平；严格认真地按产品质量设计所规定的程序和要求开展工作，对设计质量进行控制；安排好"早期报警"，包括设计评审、故障分析、实验室试验、现场试验、小批试验等，把设计造成的先天性缺陷消灭于形成过程之中；做好质量特征重要程度的分级和传递，使其他环节的质量职能按设计要求进行重点控制，确保符合质量要求。

（2）设计质量

具体地说，设计质量是使产品具有技术上的先进性和经济上的合理性，在设计中要积极采用新技术、新工艺、新材料，从而提高产品质量的档次；在工艺设计方面，要使加工制造方便、降低制造成本、提高经济效益。

（3）设计程序

设计程序是指对产品设计工作步骤、顺序和内容的规定。我国一般企业规定产品设计有六个阶段。

第一阶段——规划决策：调查技术、市场、社会基本要求、销售去向；市场调研及预测、产品规划构思、先行试验。

第二阶段——总体方案设计：确定质量目标、技术经济可行性论证，环境要求，总体方案评审。

第三阶段——技术设计：又叫整机设计，包括产品结构设计。

第四阶段——详细设计与试制：性能指标与经济性预测，初步评审；模拟试验、原理试验；工作图设计样品（机）、样品（机）试制、样品（机）试验、样品（机）鉴定。

第五阶段——小批试制：设计评审、可维修性分析、可靠性分析；系统试验、整机试验、设计定型试验；改进样品（机）、小批试产及鉴定、试销。

第六阶段——批量投产：调整修改、定型评审；可靠性试验、现场试验、生产鉴定；批量投产，用户服务。

2. 制造过程质量管理

制造过程是指对产品直接进行加工的过程。它是产品质量形成的基础，是企业质量管理的基本环节。它的基本任务是保证产品的制造质量，建立一个能够稳定生产合格品和优质品的生产系统。它的主要工作内容包括：组织质量检验工作；组织和促进文明生产；组织质量分析，掌握质量动态；组织工序的质量控制，建立管理点等。

3. 辅助过程质量管理

辅助过程是指为保证制造过程正常进行而提供各种物资技术条件的过程。它包括物资采购供应、动力生产、设备维修、工具制造、仓库保管、运输服务等。它的主要工作内容包括：做好物资采购供应（包括外协准备）的质量管理，保证采购质量，严格入库物资的检查验收，按质、按量、按期地提供生产所需要的各种物资（包括原材料、辅助材料、燃料等）；组织好设备维修工作，保持设备拥有良好的技术状态；做好工具制造和供应的质量管理工作等。另外，企业物资采购的质量管理将日益显得重要。

4. 使用过程质量管理

使用过程是考验产品实际质量的过程，它既是企业内部质量管理的继续，又是全面质量管理的出发点和落脚点。这一过程质量管理的基本任务是提高服务质量（包括售前服务和售后服务），保证产品的实际使用效果，不断促使企业研究和改进产品质量。它的主要工作内容包括：开展技术服务工作，处理出厂产品质量问题；调查产品使用效果和用户要求。

（二）全面质量管理推行步骤

在全面质量管理具体推行的过程中，可以从以下几个步骤来实施。

步骤一：通过培训教育使企业员工牢固树立"质量第一""顾客第一"的思想，创造良好的企业文化氛围，采取切实行动，改变企业文化和管理形态，讨论何为企业文化。

步骤二：制定企业人、事、物及环境的各种标准，这样才能在企业运作过程中衡量资源的有效性和高效性。

步骤三：推动全员参与，对全过程进行质量控制与管理。以人为本，充分调动各级人员的积极性，推动全员参与。只有全体员工充分参与，才能使他们的才干为企业带来收益，才能真正实现对企业的全过程进行质量控制与管理。另外，要确保企业在推行全面质量管理的过程中，采用系统化的方法进行管理。

步骤四：做好计量工作。计量工作包括测试、化验、分析、检测等，是保证计量的量值准确和统一，确保技术标准的贯彻执行的重要方法和手段。

步骤五：做好质量信息工作。企业根据自身的需要，应当建立相应的信息系统，并建立相应的数据库。

步骤六：建立质量责任制，设立专门质量管理机构。全面质量管理的推行要求企业员工自上而下地严格执行。从一把手开始，逐步向下实施；全面质量管理的推行必须获得企业一把手的支持与领导，否则难以长期推行。

五、质量管理策划

任何一项质量管理活动，不论其涉及的范围大小、内容多少，都需要进行质量策划。但是 ISO 9001:2018《质量管理体系要求》中的质量策划并不是包罗万象的，而是针对那些影响组织业绩的项目进行的。一般来说，质量策划包括质量管理体系策划、质量目标策划、质量过程策划和质量改进策划。

（一）质量管理体系策划

质量管理体系策划按照 ISO 9001:2018 标准要求执行，主要是做好各种准备工作，包括：标准宣贯，统一认识，组织落实，拟订计划；确定质量方针，制定质量目标；现状调查和分析；调整组织结构，配备资源等。

（二）质量目标策划

组织在建立质量管理体系之后，虽然不需要进行重大改变，但需要对某一时间段（如中长期、年度、临时性）的业绩，或者某一特殊的、重大的项目，产品，合同和临时的、阶段性的任务进行控制时，应进行质量目标的策划，以便调动各部门和员工的积极性，确保策划的质量目标得以实现。例如，每年进行的综合性质量策划（策划结果形成年度质量计划）就属于质量目标的策划。这种质量策划的重点在于确定具体的质量目标和强化质量管理体系的某些功能，而不是对质量管理体系本身进行改造。

1. 质量目标策划的原则

最高管理者应确保在组织的相关职能和层次上建立质量目标，质量目标包括满足产品要求所需的内容。质量目标应是可测量的，并与质量方针保持一致。这既是组织有效实施质量管理体系，促进组织持续改进、向一定的规模和层次发展的需要，又是组织增强顾客满意度、在市场竞争中承受和应对市场压力的一种体现。

在进行质量目标策划时应遵循以下原则。

（1）明确性原则

质量目标在策划时应具体、明确，组织应考虑：满足产品要求所需的内容；组织及所处市场的当前和未来需求；管理评审的相关结果；现有的产品性能和过程业绩；相关方的满意程度；自我评定结果；水平对比，竞争对手的分析，改进的机会；达到目标所需的资源等。所有这些内容都应明确，尽可能量化。

（2）可测量原则

质量目标是质量方针的具体体现，它以明确的形态与内容出现，同时必须是可测量的。在提供可测量的质量目标时，组织要提供相应的测量方法与准则，以便管理层对其有效性进行评审。通过检验、计算或其他测量方法可以确定组织质量目标的现状，并与设定值进行比较，以确定实现的程度。

（3）可行性原则

组织在制定质量目标时应考虑切实可行，不能定得太高，也不能定得太低，否则就失去了管理目标应起到的激励作用。所以，制定的质量目标应略高于组织目前的实际水平，通过努力可实现，即"跳起来够得着"。

（4）可分解性原则

组织的质量目标是通过组织的不同层面的人员共同努力实现的，所以应对组织的质量目标进行分解。将上一级的质量目标分解到下一级中，直至分解到组织最基层的人员，做到人人肩上有指标。不同级别的质量目标不尽相同，但最终保证组织的总体质量目标得以实现。

（5）阶段性原则

质量目标内容应是阶段性的，应当系统地评审并在必要时进行修订。这就说明，质量目标内容并不是一成不变的，要利用管理评审等活动进行定期评审，以保证对所建立的质量管理体系过程目标控制的有效性，一旦原制定的质量目标不再适用，就应该及时地进行修改。在实际工作中，经常可以见到一些组织制定的质量目标多年不变，应注意改进。

2. 质量目标策划的步骤

质量目标应是可测量的，并与质量方针保持一致。这就明确要求组织应对质量目标进行策划，并具体提出要求和方向。质量目标策划可以大致分为以下几个步骤。

（1）质量目标的设定与分解

质量目标制定者应充分结合组织的战略目标，在质量方针的框架内设定组织的质量目标。质量目标要有可测量性，应尽可能量化。同时，设定的质量目标应有可能实现，但又有一定难度，避免没有可追求性或好高骛远。

另外，质量目标的设定不是用来约束员工的行为，而是为了有效激励他们的创新性和能动性，因此，在对质量目标进行策划时要充分考虑员工的参与积极性。组织在分配主要的质量目标时，各单位的管理者应要求和他们的上级一起来设定本部门的具体目标。在能够明确总目标实现手段的前提下，将质量目标层层分解到本部门内各岗位直到各员工。但在确定各级目标时，应与下级协商，在保证不影响总的质量目标实现的前提下，尽量取得一致意见，这样才能有效激发员工的能动性并增强组织的凝聚力。

（2）质量目标的实施

组织在实施质量目标的行动计划时应明确各质量目标和分目标的职责，区分主要职责人员及配合人员，实现质量目标的统一指挥和协调，在此基础上强调纪律，对管理者与各级员工在质量目标的管理系统中的关系认识清楚，使质量目标的实施计划具备有力的保障。

组织可以在质量目标的实施行动计划中规定一个周期并确定各阶段，每个阶段应有具体的实施方案。质量目标及分目标的实施还应有资源需求的计划，在实施过程中人员和物料应当在恰当的时候出现在恰当的位置。

（3）质量目标的测量

组织可以依据质量目标实施行动计划来对各级质量目标进行测量，也可通过日常的工作检查、顾客满意度测量、数据分析系统的运用、质量管理体系内部审核等手段对部分或全部质量目标进行评价。组织根据评价的结果，将有关信息及时地予以传达，使各经营单位和部门了解质量目标及各级目标的进展状况，使各级目标的实施者加强自我控制，努力实现质量目标。同时，组织依据质量目标的评价系统，建立一套完善的、透明的质量目标绩效考核系统，按照员工的实际贡献大小如实地评价。组织的管理者在对质量目标的实施者进行绩效考核时应尽量排除主观因素，做到奖罚分明、公正严明。只有这样，才能确保质量目标的实施行动有效地开展下去。

（4）质量目标的调整

在质量目标的实施过程中，当组织的经营战略或经营环境发生改变，或者因为一些意外因素使组织及各经营单位和部门实现质量目标的条件恶化，从而无法实现既定目标时，组织的管理层应及时调整质量目标或质量分目标，否则下属会因缺乏实现目标的信心而失去工作激情。

在组织或其某个职能层次的质量目标实现后，管理者应在现有的框架内创新性地设定新的质量目标：如果不能制定新的质量目标，就会在某个区域出现无目标状态，不能形成合力，延缓总体质量目标实现的进度。这种情况出现的时间越长，产生的损失就越大。

（三）质量过程策划

针对具体的项目、产品、合同进行的质量策划，同样需要设定质量目标，但其重点在于规定必要的过程和相关的资源。这种策划既包括对产品实现全过程的策划，又包括对某一过程（如设计和开发、采购、过程运作等）的策划，还包括对具体过程（如某一次设计评审、某一项检验验收过程等）的策划。对组织来说，对过程的策划不必过细，不必涉及员工个人的活动，其重点应放在组织过去、尚未开展或开展得不太好的、ISO 9000 族标准规定的一些新过程上。

1. 产品实现的策划

根据质量管理体系要求的内容，产品实现的策划是组织质量策划的一个重要组成部分。组织针对某一特定产品、项目或合同要求，确定质量目标，并且识别和确定所需过程，配备必要的资源，用以实现这一产品、项目或合同的质量目标，这样一个构思和决策的过程就是产品实现的策划。策划的输出或产品实现过程所涉及的有关文件，可以形成质量计划，也可根据组织运作情况以其他方式体现。

（1）产品实现策划的任务

产品实现策划的任务主要包括过程分解与提供支持两部分。

1）过程分解。将产品实现分解为若干个子过程，每个子过程再细分，直至基本操作单元。

2）提供支持。对分解的子过程及最基本的操作单元提供支持，包括资源、环境、要求、职责、程序、记录、规范、特殊情况如何处理的预案、测量、监视、分析、改进等，使各基本操作单元能够在规定的环境下正常运作。

一般情况下，完成第一项任务是较为容易的。事实上，在组织已经完成后，只需将其固化为文件形式。随着条件的变化，如产品变化、新的顾客要求、新的支持过程的要求等，有可能需要增加某个子过程或调整某些基本单元。在产品实现策划中，最困难也是最关键的是提供支持，要确定这些分解后的子过程的输入。子过程的输入不是单纯的某一种产品或某一项信息，而是相当复杂的。各方面的质量和效率又往往决定了该过程的质量和效率。将各方面的规定赋予所分解的过程，使该过程获得支持，得到控制，正是产品实现策划的主要任务。

（2）产品实现策划的要求

产品实现策划是质量管理体系策划的一部分，策划的要求应与体系其他过程的要求相符，同时，需要以适应组织运作的方式来形成文件。

1）与组织质量管理体系的其他要求相一致。产品策划必须以组织的质量管理体系为依托，在已确定的质量方针、目标、职责及资源管理条件的框架下，使产品实现过程的策划成为质量管理体系的一个重要组成部分。

2）以适应组织运作的方式形成文件。产品实现过程的策划要形成文件。形成文件可以成为组织质量管理中必不可少的环节，也为改进提供依据。产品实现策划有两种情况：第一种情况是形成的文件纳入质量手册和程序文件，第二种情况是形成质量计划。需要注意的是，这种质量计划也是存在于质量手册和程序文件的框架之下的。即使某一种产品、项目或某一个合同的质量要求低一些，也只能适当删减质量手册和程序文件的要求。另外，质量计划并不是另一种形式的质量手册，虽然其编排形式可能与质量手册相似，但其引用质量手册的部分内容和相关的程序文件，因此文字要简洁得多。这种质量计划只将与质量手册和程序文件中不同的部分罗列出来，通常采用流程图的形式来表示。

2．设计和开发的策划

对设计和开发进行策划及控制是为了实现设计和开发的输出能满足输入的要求，将顾客需求转化为组织的要求，最终确保设计和开发的结果能满足产品的要求。

（1）设计和开发策划的时机

在设计和开发策划过程中，时机的选择非常重要。设计和开发策划的时机一般有两种：一是在对产品有关要求进行评审并明确产品的要求之后，形成设计输入之前；二是随着设计和开发过程的进展，产品要求变更或体系变更时。

（2）设计和开发策划的要求

设计和开发策划作为质量策划的重要组成部分，在策划时除对整体予以考虑外，其中的接口和输出方式等细节也应包括在策划之中。

1）对产品的设计和开发进行策划及控制首先应考虑对其实现的全过程进行规定。

2）策划过程应明确：①设计和开发的各阶段划分，每个阶段均需要综合考虑顾客的要求、产品本身的特点、复杂程度、以往的设计经验等内容；②各阶段所需的评审、验证和确认活动，对需要评审、验证或确认活动的阶段需明确活动的时机，其内容及方法可根据阶段进展状况做决定；③每个设计阶段的活动相关人员的职责和权限要求。

3）对设计和开发过程中设计小组之间的接口进行管理，明确小组的职责分工，接口关系明确可以使小组之间的沟通更为顺畅。

4）策划输出可以采用文件方式，如设计和开发计划书、时间安排表等；策划输出的内容可根据进展情况对相关内容予以更新，如人员的调整、时间的调整、设计输入的变化等。

（四）质量改进策划

质量改进虽然也可视为一种过程，但是一种特殊的、可脱离组织常规的过程，因此更应当加强质量策划。有关过程的策划一旦确定，这些过程就可以按策划规定重复进行。质量改进则不同，一次策划只能针对一次质量改进，这样质量改进策划就需要经常地、分层次地进行。质量改进策划频次越多，说明组织越充满生机和活力。

1．质量改进的策略

目前，世界各国均重视质量改进的实施策略，方法各不相同。美国麻省理工学院罗伯特·海斯（Robert Hayes）教授将其归纳为两种类型：一种称为递增型策略，另一种称为跳跃型策略（图1.9）。

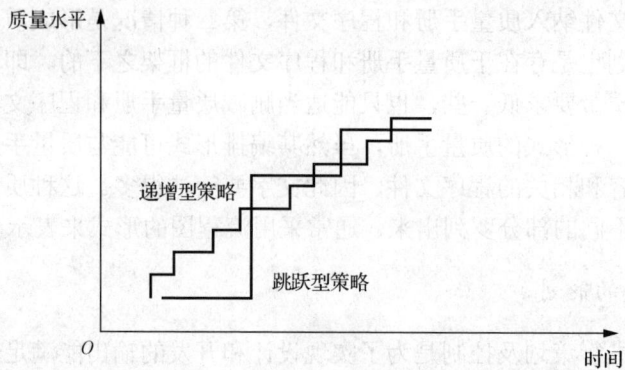

图 1.9　质量改进策略

质量改进的项目广泛，改进的目标值的要求悬殊，所以很难对上述两种策略进行绝对的评价。组织要在全体人员中树立不断改进的思想，使质量改进具有持久的群众性，可采取递增型策略；而对于某些具有竞争性的重大质量项目，应采取跳跃型策略。

2．质量改进策划的注意事项

组织在进行质量改进策划时，应注意以下几个事项。

1）应当体现组织的方针目标。

2）应当注重生产现场的关键和薄弱环节，注重解决生产实际中急需解决的问题。

3）正式确定改进项目的承担人员和组长，并赋予组长改进活动的职权。

4）项目往往是错综复杂的，不可能一蹴而就，所以需要付出艰苦的努力，甚至需要反复多次的试验和验证才能达到最终目标。

工作实操

YD 汽车系统公司质量管理策划报告

YD 汽车系统公司的发展愿景是"做受人尊重的百年企业"，而实现愿景的基石就是质量。该公司坚持以"创新质量、主动服务"为核心的快速反应管理模式，在强化内部管理、不断开发新品种的基础上，为用户提供优质的服务。

一、质量发展

YD 汽车系统公司面临激烈的全球化市场竞争，要想在竞争中求生存、求发展，就必须不断提升科技创新与质量水平，创造"一流的质量"。这就需要公司把质量贯穿产品实现的全过程，真正地融入到国际化经营战略中，在全球化竞争与市场创新中，确立并不断实现质量领先的战略目标。

（一）质量战略

YD 汽车系统公司秉承"通过不断地学习创新，制造优良产品，满足市场需要，实现员工、客户、股东的共同利益"的核心价值观，努力实现企业的质量追求与质量发展双赢的战略思想。公司高层领导在推动质量发展的道路上起到带领作用，组织开展头脑风暴，制定质量战略规划。

YD 汽车系统公司每月召开质量总结会，由质量保证科主持，各事业部部长及主任参加，技术副总总结，以品质保证部统计的质量数据为依据，对全月的质量情况进行汇总通报，并对质量异常情况进行总结分析。质量副总进行质量规划，对质量情况不理想的工序，责任到人，实施疑难问题承包化改善措施。在生产现场各车间悬挂相关管理看板，质量信息以周为单位进行更新，让所有员工都能及时了解生产的质量情况，提高全员的质量意识。

（二）质量组织结构

高层领导推动质量管理工作，提供优秀的质量管理团队（图 1.10）、充沛的人力资源支持，实现质量与生产分离管理。

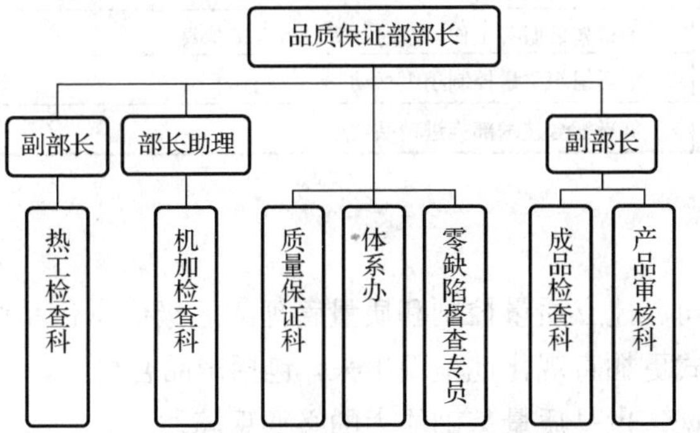

图 1.10　YD 汽车系统公司的质量管理团队

YD 汽车系统公司建立质量创新、主动服务的质量文化，通过开展技能比赛、质量活动月、车间内悬挂横幅及全员宣讲等方式进行宣贯。发现质量问题直接向总经理汇报，通过质量月总结会、部长周例会、质量专题会、质量月活动等方式贯彻质量方针和质量目标。

（三）质量职责

YD 汽车系统公司组织学习《中华人民共和国产品质量法》（以下简称《产品质量法》）、《中华人民共和国消费者权益保护法》（以下简称《消费者权益保护法》）、《部分商品修理更换退货责任规定》等法律法规，保证产品质量符合国家的有关法规、质量标准及合同规定的要求；同时，建立严密、协调、有效的质量保证体系，明确规定质量责任，落实质量管理部门职责（表 1.1）。

表 1.1 质量管理部门职责

职责		内容
质量策划	质量机构	负责策划公司质量机构及人力资源的配置
	质量目标	负责策划公司年度质量目标，并落实分解到相关部门；定期分析和改进，并完善相应的考核激励机制
	项目策划	负责策划出口、大项目、新产品开发项目的质量管理工作
	品牌塑造	负责配合主管部门策划品牌推进计划的编制和实施
质量保证	质量体系	负责建立以 Q+三级标准为基准的 ISO 9001 质量体系；定期监督体系运行质量；监督内控制度实施
	质量流程	负责质量体系流程和职责的精简、优化
	供方管理	负责供应商质量管理，包括质量考核、现场认证、质量改进、跟踪等工作
	质量培训	负责协助人力资源部编制全员质量培训计划并实施
质量控制	产品检验	负责全公司产品的进货、过程、成品、装箱整个过程的检验控制
	产品测试	负责全公司产品的测试和改进工作
	质量信息	负责质量数据的统计、分析和过程改进的跟踪
	计量管理	负责计量器具和测试设备管理
	稽核管理	负责组织、参与对程序文件、规章制度、工艺等文件的执行情况进行定期检查
质量改进	售后服务	负责售后服务工作，及时处理顾客反馈信息
	质量控制小组	负责组织质量控制小组活动
	精品改进	负责配合技术部推进精品实施计划

（四）基础能力

YD 汽车系统公司已建立质量控制和质量管理的五级信息化系统，可以将庞大的质量数据库通过简单的方式更加直观化地呈现出来，包括产品合格率、返工率、报废率等信息，是质量管理的可靠依据，也是质量基础能力的必要保障。

1）过程绩效及战略规划监控，即月、季、年度等各级 KPI（key performance indicator，关键绩效指标）统计。

2）日常运营和过程绩效监控，即每日生产运营、销售、质量、设备、财务、人力资源等。

3）运营监控，即产量、化学成分、外观、尺寸、硬度、能耗等。

4）工艺控制，即压力、温度、流量、时间等。

5）参数控制，即压力、温度、流量、重量、时间等。

YD 汽车系统公司开展员工在职教育、现场内教育等各级质量教育活动（图 1.11），增强全员的质量意识，并使之掌握和运用质量管理的方法及技术；使职工牢固地树立质量第一的观念，认识到自己在提高质量中的责任。

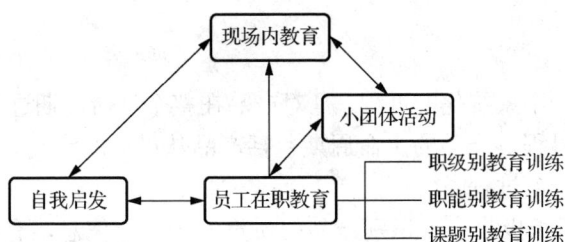

图 1.11　质量教育活动

二、质量目标

YD 汽车系统公司在质量方针给出的框架内，根据顾客和法规的要求、竞争对手情况及公司实际，遵循零缺陷战略，设置公司的质量目标（表 1.2）。

表 1.2　公司的质量目标

目标名称	计算公式
内部报废率	当期各工序报废量/当期铸造投入量×100%（注：本指标只考核批量产品）
内部返工率	当期各工序返工总数/当期机加工总量×100%（注：本指标只考核批量产品）
一次交检合格率	当期的热工合格率×旋压合格率×机加工合格率×涂装合格率*。
自主配套产品退货 PPM（parts per million，百万分率）	当年累计的退货数量（属本公司责任的）/当年累计的发货数量×1 000 000
订单按时交付率	当期按计划要求交付的订单数量/当期客户要求交付的订单数量×100%

* 各工序合格率=当期的(一次性合格品数/本工序投入量)×100%。

三、质量安全

质量安全是指所生产产品的安全性能能够满足客户或消费者的需求。汽车在高速行驶的过程中，一旦出现问题，后果将不堪设想，所以产品的安全性能至关重要。对于质量安全，YD 汽车系统公司一直秉承零容忍的管理态度，对影响产品安全性能的因素做到"三严控"，即原料检验要严控、生产过程要严控、产品检测要严控。

（一）质量责任

按照公司的经营战略——诚信、勤勉、合作、发展，公司上下全面贯彻诚实守信质量文化，全体员工通过履行质量责任，实现质量目标。

1）建立完善的质量责任体系，技术质量副总担任产品安全责任人，质量部门主管对质量安全负直接责任。

2）积极关注学习《产品质量法》《消费者权益保护法》《部分商品修理更换退货责任规定》等法律规定，保证产品质量符合国家有关法规、质量标准及合同规定的要求。

3）履行质量担保责任、缺陷产品召回等法定义务。

（二）质量风险

质量风险管理是一个系统化的过程，是对产品在整个生命周期过程中，对风险的识别、衡量、控制及评价的过程。产品的生命周期包括产品从最初的研发、生产、市场销售一直到最终从市场消失的全部过程。

YD 汽车系统公司积极收集、识别产品的质量安全风险信息，有针对性地制定产品的零缺陷控制项目，并设立零缺陷督查专员专门负责每日对各工序产品的零缺陷项目进行监督检查，确保将产品的质量风险降到最低，努力做到防患于未然。YD 汽车系统公司的风险管理系统如图 1.12 所示。

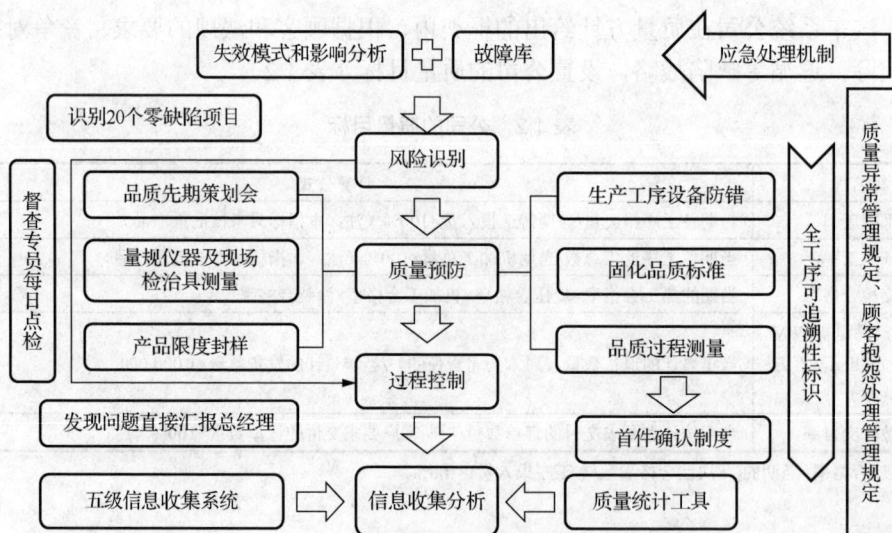

图 1.12　YD 汽车系统公司的风险管理系统

质量是一种文化、一种态度，是企业文化的沉淀。从产品质量到卓越服务，企业生存的每个细节都渗透着质量，执行严格的质量管理是企业生存的根本。在 YD 汽车系统公司，无论是高层领导还是基层干部都一直坚持狠抓质量管理，通过不断创新质量管理理念，吸收质量管理新工具、新方法，塑造全员参与的质量氛围。该公司同时通过公司内审及客户审核，不断督促并完善公司的质量管理体系，让质量管控做到透明化、条理化、正规化。

工作实训

一、实训目标

通过实训练习，学生能够进行质量策划、质量控制、质量改进等工作，提高开展全面质量管理工作的能力。

二、实训内容

对任意熟悉或感兴趣的企业实施的全面质量管理进行分析，形成《质量管理策划》《质量控制过程》《质量改进项目》等相关报告。

针对每个全面质量管理的实施过程，进行工作过程写实，并将具体内容填写在项目工作单上，包括项目资讯工作单、实施策划工作单、实施计划工作单、项目实施工作单、检查确认工作单、项目评价工作单。

三、实训要求

（一）工作职责

1）按照每组 6～8 人对学生进行分组，每组选一名组长。
2）组长负责小组成员分工、任务进度控制、工作内容检查等组织工作。
3）组员结合实训企业，开展小组讨论，并完成具体实训任务。

（二）汇报考核

1）全体成员参加成果汇报，并用 PPT 展示相关工作成果。
2）实训考核包括工作项目报告、项目工作单、PPT 汇报展示、学生答辩等内容。

四、拓展训练

（一）单项选择题

1. 围绕质量形成全过程的所有管理活动，都可以称为（　　）管理活动。
   A. 经营　　　　　　B. 生产　　　　　　C. 质量
2. 人类通过劳动增加社会物质财富，不仅表现在数量上，还表现在（　　）上。
   A. 外观　　　　　　B. 质量　　　　　　C. 标准
3. 质量是构成社会财富的（　　）内容。
   A. 技术　　　　　　B. 商品　　　　　　C. 物质
4. 质量是一组固有（　　）满足要求的程度。
   A. 特性　　　　　　B. 品质　　　　　　C. 性能
5. 质量定义中的固有特性是指（　　）。
   A. 可区分的特征　　B. 物理的特性　　　C. 行为的特性
6. 有的产品如化学试剂只有一种类别的固有特性，即（　　）。
   A. 化学特性　　　　B. 时间特性　　　　C. 感官特性
7. 以下不属于感官特性的是（　　）。
   A. 可靠　　　　　　B. 噪声　　　　　　C. 气味
8. 以下不属于时间特性的是（　　）。
   A. 可靠性　　　　　B. 舒适性　　　　　C. 准时性

9. 以下在硬件上属于固有特性的是（　　）。

    A. 保修时间　　　　　B. 供货时间　　　　C. 设备接通电话时间

10. 以下在硬件上不属于固有特性的是（　　）。

    A. 保修时间　　　　　B. 机器生产率　　　C. 设备接通电话时间

11. 以下在运输服务上属于固有特性的是（　　）。

    A. 保修时间　　　　　B. 供货时间　　　　C. 设备接通电话时间

12. 下面属于非明示要求的是（　　）。

    A. 顾客提出的要求

    B. 化妆品对皮肤的保护性

    C. 文件规定要求

13. 下面属于必须履行的是（　　）。

    A. 食品安全法

    B. 食品的味道要求

    C. 文件规定要求

14. 社会对汽车提出的要求是（　　）。

    A. 省油　　　　　　　B. 轻便　　　　　　C. 无污染

15. 质量必须在同一等级上比较，等级是指功能用途相同但（　　）要求不同所做的分类或分级。

    A. 质量　　　　　　　B. 时间　　　　　　C. 价格

16. 过程可包括产品实现过程和（　　）支持过程。

    A. 商贸　　　　　　　B. 产品　　　　　　C. 服务

17. 产品是指（　　）的结果。

    A. 要求　　　　　　　B. 过程　　　　　　C. 输入

18. 下面属于非硬件产品的是（　　）。

    A. 汽车　　　　　　　B. 零件　　　　　　C. 字典

19. 下面属于非软件产品的是（　　）。

    A. 程序　　　　　　　B. 零件　　　　　　C. 字典

20. 下面属于非服务产品的是（　　）。

    A. 运输　　　　　　　B. 零件　　　　　　C. 商贸

（二）多项选择题

1. 质量特性可以有各种类别的特性，如（　　）。

    A. 物理特性　　　　　B. 感官特性　　　　C. 时间特性

    D. 所有属性　　　　　E. 功能特性　　　　F. 廉价性

2. 质量特性可以是（　　）。

    A. 固有的　　　　　　B. 赋予的　　　　　C. 内在的

    D. 外在的　　　　　　E. 行为的

3．硬件产品的价格、供货时间及运输要求和售后服务是（　　）特性。

    A．固有的　　　　　　B．赋予的　　　　　　C．增加的　　　　　　D．永久的

4．运输服务的供货时间及运输方式是（　　）特性。

    A．赋予的　　　　　　B．固有的　　　　　　C．增加的　　　　　　D．内在的

5．要求可以是（　　）。

    A．明示的　　　　　　B．隐含的　　　　　　C．必须履行的

    D．多方面的　　　　　E．以上皆不对

6．质量具有（　　）特点。

    A．广义性　　　　　　B．时效性　　　　　　C．相对性　　　　　　D．以上皆不对

7．软件产品包括（　　）。

    A．电流　　　　　　　B．方法　　　　　　　C．论文　　　　　　　D．字典

8．产品质量特性有内在特性，包括（　　）。

    A．性能　　　　　　　B．气味　　　　　　　C．结构　　　　　　　D．色泽

9．服务质量特性包括（　　）。

    A．时间性　　　　　　B．功能性　　　　　　C．经济性　　　　　　D．安全性

    E．舒适性　　　　　　F．文明性　　　　　　G．维修性

10．有些服务质量特性，顾客是可以直接观察或感觉到的，如（　　）。

    A．服务时间　　　　　B．服务设施　　　　　C．服务用语

    D．服务环境　　　　　E．保修期等

11．具有代表性的质量概念主要有（　　）概念。

    A．符合性质量　　　　B．适用性质量　　　　C．狭义质量　　　　　D．广义质量

12．质量管理活动主要包括（　　）。

    A．制定质量方针和质量目标　　　　　　B．确定环境指标

    C．建立安全管理体系　　　　　　　　　D．质量控制

    E．质量改进　　　　　　　　　　　　　F．质量保证

13．质量方针是（　　）。

    A．经营方针的一部分　　　　　　　　　B．环境方针的一部分

    C．对质量的承诺　　　　　　　　　　　D．对质量的指导思想

    E．总的质量方向　　　　　　　　　　　F．总的质量宗旨

14．质量策划致力于（　　）。

    A．制定质量目标　　　B．建立安全体系　　　C．规定必要资源

    D．确定环境指标　　　E．实现质量目标

15．质量控制适用于（　　）。

    A．安全管理　　　　　B．产品设计　　　　　C．环境保护

    D．服务提供　　　　　E．市场营销

（三）不定项选择题

1．质量与质量管理是（　　）。
 A．一个古老的话题　　　　　　　B．一门新兴的管理科学
 C．企业的永恒主题　　　　　　　D．20 世纪 50 年代出现的

2．质量的内涵很丰富，应该包括（　　）。
 A．气味　　　　　　B．价格　　　　　C．精度
 D．所有者　　　　　E．结构

3．费根堡姆博士对全面质量管理的定义包括（　　）。
 A．在最经济水平上
 B．充分满足用户需求
 C．进行市场研究
 D．把各项质量活动构成一体的有效体系
 E．保证安全无污染

（四）简答题

1．简述质量管理发展的历史阶段及其特点。
2．简述质量的定义及对质量的理解。
3．简述质量特性的概念及硬件产品的质量特性。

二维码资源

一、项目工作单

工作步骤	工作过程	项目实施	实施记录	二维码
1	资讯	项目问题确认	项目资讯工作单	
2	决策	实施方案策划	实施策划工作单	
3	计划	工作计划制订	实施计划工作单	

续表

工作步骤	工作过程	项目实施	实施记录	二维码
4	实施	工作任务实施	项目实施工作单	
5	检查	项目检查确认	检查确认工作单	
6	评估	项目评估整理	项目评价工作单	

二、信息化资源

序号	资源类型	教学内容	二维码
1	教学实录	质量是什么	
		为什么学习质量管理	
2	微课	质量强国战略下的质量内涵	
3	职业拓展	ISO9001:2015 质量管理体系 要求	

三、拓展训练答案

项目 二

顾客满意管理

职业能力目标 ☞

知识目标
· 掌握顾客满意管理原则和方法。
· 掌握顾客满意管理的实施步骤。

能力目标
· 能应用顾客满意管理的实施步骤。
· 能使用顾客满意测评指标体系判断顾客满意管理的效果。

素质目标
· 换位思考、设身处地、准确地将顾客的需求落实到位。
· 培养学生将工作做到尽善尽美的工作作风，增加自信心和求知欲。

思政目标
· 以顾客为中心、第一次就做对、敢于否定、持续改进，树立顾客满意质量观。

职业岗位描述 ☞

管理岗位
· 企业顾客满意调研、顾客满意度管理。
· 企业顾客信息管理。
· 客户服务管理，包括售前、售后支持等。

岗位职责
· 顾客满意度电话回访及结果信息输入。
· 顾客意见的处理、整改、纠正、跟踪；相关数据的统计、分析与编写报告。
· 对顾客投诉处理情况、服务质量的调查及监督，力求公正客观。
· 加强内外部协调沟通，负责顾客满意度信息的收集、汇总和分析，采取措施改进和完善品质工作。

质量文化
· 顾客的利益所在就是企业生存与发展的根本利益所在。企业要以服务决定队伍建设的宗旨，以顾客满意度作为衡量一切工作的准绳（华为服务承诺）。

2017 年发布的《中共中央 国务院关于开展质量提升行动的指导意见》中强调激发质量创新活力：建立质量分级制度，倡导优质优价，引导、保护企业质量创新和质量提升的积极性；开展新产业、新动能标准领航工程，促进新旧动能转换；完善第三方质量评价体系，开展高端品质认证，推动质量评价由追求"合格率"向追求"满意度"跃升，满足绿色环保、可持续发展、消费友好等需求；鼓励以用户为中心的微创新，改善用户体验，激发消费潜能。

新时代我国社会经济发展迈向了高质量发展阶段，质量强国战略的实施对企业质量管理提出了更高要求。高质量发展、供给侧结构性改革的实质核心方向在于不断完善产品的质量管理，主攻方向是提高供给体系质量，促进有效供给的形成，打破产品"低端供给"，这就要求企业树立以顾客需求为核心的思想，增强顾客满意度，提高顾客忠诚度。

企业案例

华为曾提出：华为的追求是实现顾客的梦想。今天，华为形成了无线、固定网络、业务软件、传输、数据、终端等完善的产品及解决方案，为客户提供端到端的解决方案及服务。全球有 700 多个运营商选择华为作为合作伙伴。"为客户服务是华为生存的唯一理由；顾客需求是华为发展的原动力。"这是华为一直以来的认识，也是华为企业战略的核心。

一、生存下去才能为顾客服务

企业追求顾客满意度，但是究竟什么是真正的顾客满意？究竟怎样才能帮助客户成功？

（一）真正认识到为顾客服务是华为生存的唯一理由

华为的生存本身是靠满足顾客需求，提供顾客所需的产品和服务并获得合理的回报来支撑的。企业不为顾客服务，还能为谁服务？顾客是企业生存的唯一理由。既然决定企业生死存亡的是顾客，提供企业生存价值的是顾客，企业就必须为顾客服务。现代企业竞争已不是单个企业与企业的竞争，而是供应链与供应链的竞争。企业的供应链就是一条生态链，顾客、合作者、供应商、制造商的命运在"一条船"上。只有加强合作，关注顾客、合作者的利益，追求多赢，企业才能活得长久。因为，只有帮助顾客实现他们的利益，企业才能在利益链条上找到自己的位置。只有真正了解顾客需求，了解顾客的压力与挑战，并为其提升竞争力提供满意的服务，顾客才能与企业长期共同成长与合作。所以，华为需要聚焦顾客关注的挑战和压力，提供有竞争力的通信解决方案及服务。

（二）真正认识到顾客需求是华为发展的原动力

具体而言，企业应明确将技术导向战略转为顾客需求导向战略。过去一味崇拜技术，导致很多企业全面破产。技术在哪个阶段最有效、最有作用呢？企业应看清顾客的需求，顾客需要什么企业就做什么。能销售出去的产品，或抢先市场的产品才是顾客的真正技术需求。超前太多的技术，当然也是人类的瑰宝，但必须以牺牲自己来完成。IT（internet technology，互联网技术）泡沫破灭的浪潮使世界损失了 20 万亿美元的财富。从统计分析中可以得出，几乎 100% 的企业并不是因技术不先进而倒闭的，而是技术先进到别人还没有对它完全认识与认可，以致产品销售不出去，而企业已消耗了大量的人力、物力、财力，丧失了竞争力。但是企业没有先进技术也不行。华为的观点是，在产品技术创新上，华为要保持技术领先，但只能是领先竞争对手半步，领先三步就会失败。为此，华为一再强调产品的发展路标是顾客需求导向。通过对顾客需求的分析，提出解决方案，以这些解决方案引导开发出低成本、高增值的产品。以顾客的需求为目标，以新的技术手段去实现顾客的需求，技术只是一个工具。新技术一定能促进质量好、服务好、成本低，不如此是没有商业意义的。世界将来可能不会缺少高科技，而缺少的是自然资源。顾客一般希望在已安装的设备上进一步改进功能，不会因新技术的出现而抛弃现在的设备重建网络。

因此，当全球的主要通信设备制造厂家放弃了对现有的交换机的研究开发，而全面转入 NGN（next generation network，下一代网络）交换机研究时，华为仍然继续投入对传统交换机的研究，结果华为在传统交换机供应量上排名世界第一。西方泡沫经济破灭后，西方公司又开始动摇他们推崇的下一代 NGN 交换机，不知道下一步的潮流走向，产生了迷茫，且由于财务状况不好开始大量裁员，以致精力不足，华为却在 NGN 的研究道路上一直往前冲，进入了世界前列。这就是华为真正理解的顾客需求，把顾客需求看作真理，然后在世界市场上得到了很好的实践结果。

（资料来源：任正非，2011. 为客户服务是华为生存的唯一理由[J]. 秘书工作（5）：13-15.）

二、管理思考

华为不是慈善机构，不可能只为顾客满意而满意，如何实现企业生存与顾客满意共赢？

启示：必须把顾客满意转化为市场机会、合同额等切实有助于企业生存的内容，企业只有持续生存下去，才能为顾客提供更好的服务。

工作说明

一、工作目标

Ponvi 电信运营商是一家通信企业，可以为顾客提供丰富多彩、优质高效的信息通信服务，包括固定电话和移动电话业务、互联网接入及应用、数据通信、视讯服务、国际及我国港澳台通信等多种类综合信息服务，能够满足国际、国内顾客的各种通信及信息服务需求。在竞争激烈的电信市场中，对于电信运营商来说客户已经不仅仅是销售和服务的对象，而是商战中拥有的资本，是在竞争中取胜的关键因素之一。顾客就是上帝。谁了解了顾客，谁就拥有了市场。因此，顾客满意度和顾客忠诚度对企业来说是至关重要的。

网信立国、网络强国、创新驱动、供给侧结构性改革等国家战略，以及"一带一路"倡议的深入实施，为信息通信业提供了难得的发展机遇。企业要发展，要获得最大的利益，就必须学会更多地了解顾客的需求，并且积极与顾客进行交流，对顾客的需求及时做出反应。企业必须将顾客视为其重要的资产，不断地采取多种方式对顾客实施关怀，以提高顾客对本企业的满意度和忠诚度。

二、工作过程

顾客满意管理过程（图 2.1）包括顾客满意管理原则、顾客满意管理方法、顾客满意度调查、顾客满意度评价四个部分。

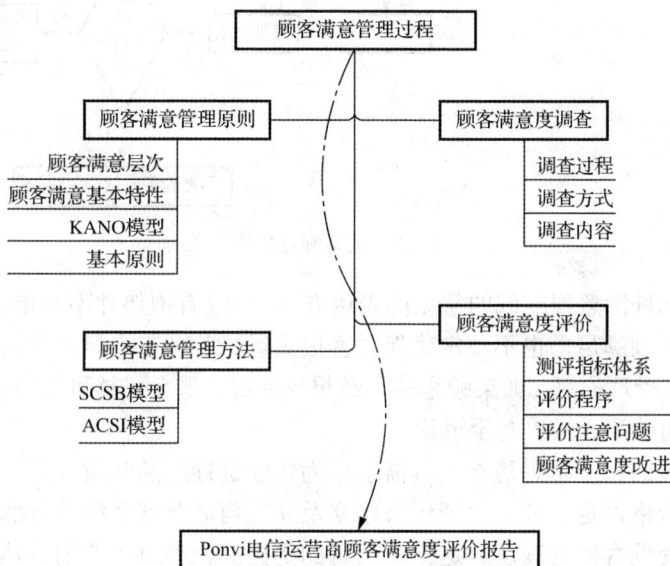

图 2.1　顾客满意管理过程

━━━━ 相 关 知 识 ━━━━

一、顾客满意管理概述

顾客满意（customer satisfaction，CS）是指顾客对其要求已被满足的程度的感受。顾客满意与否取决于顾客的价值观和期望与所接受产品或服务状况的比较。顾客的价值观决定了其要求或期望值（认知质量），而组织提供的产品或服务形成可感知的效果（感知质量）。

（一）顾客满意层次

因为顾客满意是顾客通过对一个产品（或一项服务）的可感知的效果（感知质量）与

他的期望（认知质量）相比较后所形成的感觉状态，所以满意水平是可感知效果和期望值之间的差异函数。顾客可以经历三种不同感觉状态中的一种（图 2.2）。如果可感知效果低于期望，期望得不到满足，顾客就不满意；如果可感知效果与期望相匹配，期望得到满足，顾客就满意；如果可感知效果超过期望，顾客就会高度满意，直至产生忠诚。

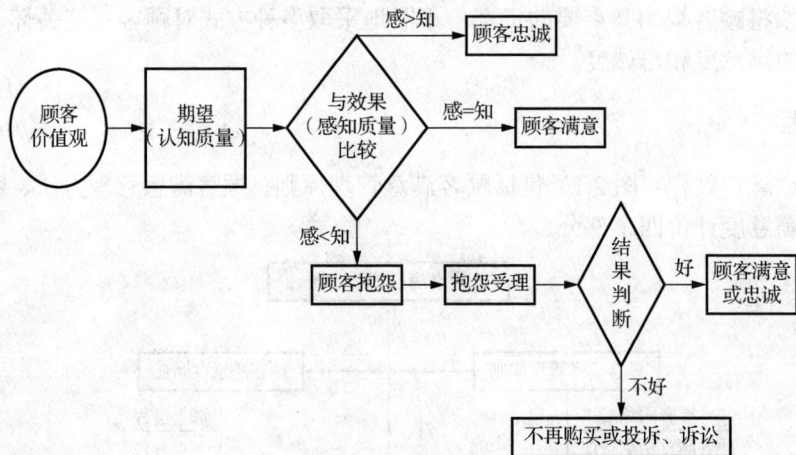

图 2.2 顾客满意层次

顾客抱怨是一种满意程度低的常见的表达方式，但没有抱怨并不一定表明顾客很满意，即使顾客的愿望得到满足，也不一定确保顾客很满意。若顾客抱怨，则须观察组织是如何对待的。企业一旦受理抱怨，如果顾客感知结果判断好，那么仍然可以使顾客满意或忠诚。否则，顾客将不再购买、投诉甚至诉讼。

顾客满意管理的指导思想是将顾客需求作为企业进行产品开发或服务设计的源头，在产品功能设计、价格设定、分销促销环节建立及完善售后服务系统等方面以顾客需求为导向，最大限度地使顾客感到满意。这样做的目的是提高顾客对企业的总体满意程度，营造适合企业生存发展的良好的内、外部环境。企业要及时跟踪研究顾客对产品或服务的满意程度，并以此设定改进目标，调整营销措施，在赢得顾客满意的同时树立良好的企业形象，以提高企业的竞争力。

（二）顾客满意基本特性

顾客满意有以下基本特性。

1. 主观性

顾客的满意程度建立在其对产品或服务的体验上，感受的对象是客观的，而结论是主观的。顾客的满意程度与顾客的自身条件如知识和经验、收入状况、生活习惯、价值观念等有关，还与媒体传闻等有关。

2．层次性

处于不同层次需求的人对产品或服务的评价标准不同，因而不同地区、不同收入水平的人或一个人在不同条件下对某个产品或某项服务的评价不尽相同。

3．相对性

顾客对产品的技术指标和成本等经济指标通常不熟悉，他们习惯把购买的产品和其他同类产品，或和以前的消费经验进行比较，由此得到的满意或不满意有相对性。

4．阶段性

任何产品都具有寿命周期，服务也有时间性，顾客对产品或服务的满意程度来自使用产品过程中的使用体验，是在过去多次购买或提供的服务中逐渐形成的，因而呈现阶段性。

（三）KANO 模型

日本质量专家狩野（Kano）把质量依照顾客的感受及满足顾客要求的程度分成三种，即理所当然质量、一元质量和魅力质量（图 2.3）。

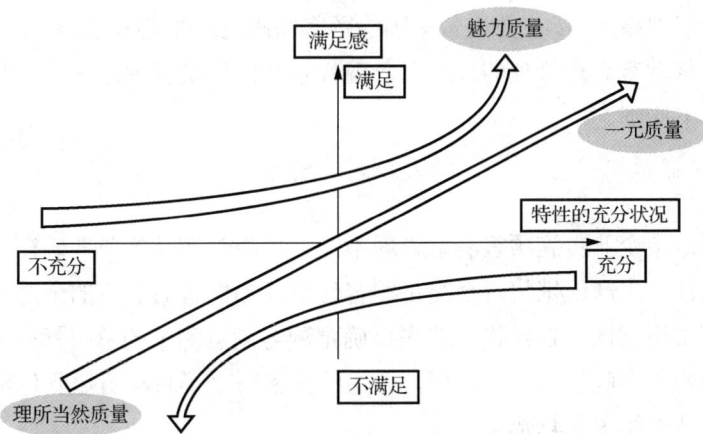

图 2.3　KANO 模型

1．理所当然质量

当质量特性不充足（不满足顾客要求）时，顾客很不满意；当质量特性充足（满足顾客要求）时，无所谓满意不满意，顾客充其量是满意。理所当然质量是基线质量，是最基本的需求满足。

以冰箱为例，冰箱制冷这一特性就属于理所当然质量，不制冷，顾客肯定很不满意，制冷这是理所当然的，这是基本要求。同样，安全属于理所当然质量。一台冰箱具有的基本质量是安全操作，不存在满意或不满意的问题，这是隐含或必须履行的需求。然而，如果出现短路或电击，人们就会不满意。

2. 一元质量

当质量特性不充足时，顾客不满意；当质量特性充足时，顾客满意。质量特性越不充足，顾客越不满意；质量特性越充足，顾客越满意。一元质量是质量的常见形式。

同样以冰箱为例，能耗是冰箱的质量特性之一，如果冰箱的能耗小，人们就很满意。相反，如果冰箱的能耗大，人们就会不满意，一般这是明示的需求。

3. 魅力质量

当质量特性不充足时，顾客无所谓；当质量特性充足时，顾客十分满意。魅力质量是质量的竞争性元素。它通常有以下特点：有全新的功能，以前从未出现过；能极大地提高顾客满意度；引进一种没有见过甚至没考虑过的新机制，顾客忠诚度得到了极大的提高。

（四）基本原则

在顾客满意管理指引下，企业应紧紧围绕顾客需求这一中心开展整个企业的经营活动。根据这一特点，将顾客满意管理的理念引入现代企业的质量管理过程中，开展顾客满意管理时必须坚持以下原则。

1. 全程性原则

全程性原则是指企业实施顾客满意管理不能只局限于产品的前期研究开发阶段，必须贯穿从开发、设计、生产、销售直至交付顾客使用及提供售后服务的全过程。顾客满意度测量指标体系可采用层次分析结构。首先，确定顾客满意测量的总目标——顾客满意；然后，将其分解为若干个测量和评价目标，并继续分解每个子目标直至具体测量目标。顾客满意度指标体系结构如图 2.4 所示。

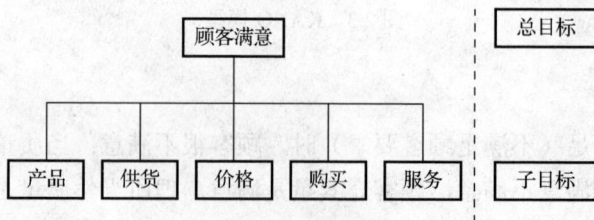

图 2.4　顾客满意度指标体系结构

2．面向顾客原则

实施顾客满意管理的核心内容就是以顾客需求为导向，这需要从顾客需求结构的调查、反映顾客需求的项目指标及指标权值体系的确定和对顾客主观感受的调查等方面予以保证。ISO 9001:2000 标准使追求高品质产品或服务质量标准的企业必须应用顾客满意管理，同时，国际标准化组织（International Organization for Standardization，ISO）明确提出质量持续改进的作业流程（PDCA 循环系统，参见图 1.3）。

顾客满意研究关键要获得以下两个信息。

1）顾客的期望/要求：以便设定与顾客要求相吻合的产品或服务质量标准。

2）顾客满意度：检测各项措施的有效性，并提出下一步改进、调整的措施。

3．持续改进原则

在现代企业质量管理中实施顾客满意管理，其重要目的就在于时刻推动企业质量管理工作的改进。顾客满意本身是一个动态的概念，顾客的需求处在不断变化和发展之中。因此，在现代企业中实施顾客满意管理不是一蹴而就的事情，必须坚持持续改进的原则，这样才能取得更大的、持续的成功。

二、顾客满意管理方法

顾客满意度指数（customer satisfaction index，CSI）是对顾客要求已被满足的程度的一种量值表示。CSI 调研是实施顾客满意管理的重要推进方法，既量化体现了顾客满意，又量化反映了供方组织努力追求顾客满意的成效。20 世纪 90 年代以来，许多国家开展了全国性的顾客满意度指数测评工作，以此提高本国企业的竞争力。瑞典率先于 1989 年建立了全国性的顾客满意度指数 SCSB（Sweden Customer Satisfaction Barometer，瑞典顾客满意指数）模型，此后，美国和欧洲相继建立了各自的顾客满意度指数——ACSI（American Customer Satisfaction Index，美国顾客满意度指数）模型和 ECSI（European Customer Satisfaction Index，欧洲顾客满意度指数）模型，其中最具影响和代表性的是 ACSI 模型。

（一）SCSB 模型

SCSB 模型（图 2.5）中的核心概念是顾客满意，它是指顾客对某一产品或者某一服务提供者迄今为止全部消费经历的整体评价，不同于代表顾客对于某件产品或某次服务经历评价的特定交易的顾客满意（transaction-specific satisfaction），这是一种累积的顾客满意（cumulative satisfaction）。现行的各国顾客满意度指数模型均采用这一概念，主要是因为消费者不是以某一次消费经历，而是以迄今为止累积起来的所有消费经历为基础来做出未来是否重复购买的决策。因此，与特定交易的顾客满意相比，累积的顾客满意能更好地预测消费者后续的行为（顾客忠诚）及企业的绩效，以它作为指标来衡量经济生活的质量也更有说服力。

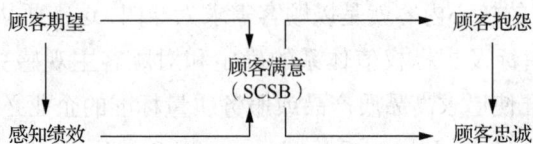

顾客期望 → 顾客满意（SCSB） → 顾客抱怨

感知绩效 → → 顾客忠诚

图 2.5　SCSB 模型

1．基本前置因素

在 SCSB 模型中，顾客满意有两个基本的前置因素（antecedent factor）：顾客期望（customer expectation）和感知绩效（perceived performance）。感知绩效又称感知价值（perceived value），即商品或服务的质量与其价格相比在顾客心目中的感知定位。感知绩效越高，顾客满意度也越高。SCSB 模型中的顾客期望是指顾客预期将会得到何种质量的产品或服务，这是一种"将会的预期"（will expectation），而不是该产品或服务应该达到何种质量水平的预期，即"应当的预期"（should expectation）。顾客通常具备一种学习的能力，他们会通过以前的消费经历、广告、周围人群的口头传播等渠道获得信息，对自身的期望值进行理性的调整。经过反复调整之后的期望值能够比较准确地反映目前的质量，因而它对感知绩效具有正向的作用。

2．顾客满意结果

SCSB 模型将顾客抱怨作为顾客满意的结果。当顾客对某一组织所提供的产品或服务不满意时，他们会选择两种渠道来表达这种不满意——停止购买该产品或服务，或者向该组织表达自己的抱怨或不满，以获得赔偿。顾客满意度的提高会直接减少顾客的抱怨行为。

从顾客抱怨到顾客忠诚的方向和大小可表明组织的顾客抱怨处理系统的工作成果：若测评得出顾客抱怨和顾客忠诚之间的关系为正，则意味着组织通过良好的抱怨处理系统将不满的顾客转化成忠诚顾客；反之，则意味着这些对组织不满的顾客极有可能流失。

SCSB 模型的最终变量是顾客忠诚，在此被宽泛地定义为顾客重复购买某一特定产品和服务的心理趋势。忠诚的顾客意味着持续的重复购买、较低的价格敏感度、较少的促销费用等，是组织盈利能力的一种表现。

（二）ACSI 模型

ACSI 模型（图 2.6）是由美国密歇根大学商学院国家质量研究中心的费耐尔（Fornell）博士等在 SCSB 模型的基础上创建的，自 1994 年首次在美国应用，目前已成为影响广泛的模型。

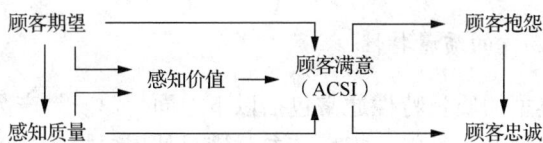

图 2.6　ACSI 模型

1．顾客满意程度

ACSI 模型认为，顾客满意程度是由顾客期望、感知质量及感知价值共同决定的。如果顾客对服务质量不满意，就会产生抱怨；顾客的忠诚取决于顾客的满意程度和事后抱怨的处理。与其他模型相比，该模型科学地利用了顾客的消费认知过程，能客观反映消费者对服务质量的评价，综合地反映顾客满意程度。同时，该模型得出的结果可以在不同行业里进行比较，有利于企业服务质量的不断改进，但是对于服务质量中的具体因素的分析不够深入。

2．感知质量

ACSI 模型的主要创新之处在于增加了一个潜在变量——感知质量，将质量感知从价值感知中分离出来。增加感知质量这一概念和相关的路径有两大优势：一是通过质量的三个标示变量，可以清楚地知道定制化和可靠性在决定顾客的感知质量中所起的不同作用；二是感知质量侧重单纯的质量评判，而感知价值偏重价格因素方面的评判，通过比较，可以明确地分辨顾客满意的源头，是质量制胜还是成本领先，以便管理者采取相应的管理措施。

3．顾客满意度

企业的顾客满意是以构成顾客满意度的各个要素为评价基础的。通常决定企业的顾客满意水平主要有两项影响因素，即顾客经历的产品或服务质量、顾客感知价值和顾客预期的产品或服务质量，它们决定了顾客满意水平。但顾客满意水平的不同导致了顾客对于某项产品或服务的反应不同，即顾客满意度评价的两个结果变量：顾客抱怨和顾客忠诚。

三、顾客满意度调查

顾客满意度是评价顾客满意程度的依据。要对顾客满意程度进行评价，首先就要对顾客满意度进行调查，掌握顾客满意度状况。为了获得有关顾客满意的信息，组织应考虑各种数据的收集办法，包括通过定量或定性调查确定顾客满意度。在定量调查中，可通过面谈、由顾客填写调查表或通过观察顾客的行为等方式来收集数据；在定性调查中，可深入研究所调查的问题，了解顾客的感受，体验顾客的感觉，对问题做出准确的判断。

（一）调查过程

组织对顾客满意的调查通常采用以下过程。

1．确定影响顾客满意的质量特性

影响顾客满意的典型的质量特性通常包括以下方面。第一是产品，包括品种、规格、型号满足广泛适用性的程度；性能、指标、参数满足使用要求的程度。第二是服务，包括产品说明书、产品安装使用说明书、产品维修说明书的说明情况；产品安装服务的质量和等候时间；产品维修服务的质量和等候时间；与顾客联系、沟通的程度和及时性。第三是交付，包括产品的完整性、包装的完好性、交付的及时性、运输的安全性。第四是承诺，包括合同的合法性及法律法规遵守情况；质量承诺的内容及兑现情况；顾客投诉及处理情况。

2．抽样调查

抽样调查方案的设计包括四个方面：一是确定调查对象，包括现有的顾客和潜在的顾客；二是根据确定的质量特性，设计调查表，确定调查的内容；三是确定调查方式，如问卷调查、电话调查、会晤调查等；四是按确定的抽样调查方案进行调查。

3．数据处理

对所有的质量特性进行打分，换算成 0～100 的数字，0 代表极端不满意，100 代表极端满意；计算出所有被调查者对每项质量特性的平均分值，用其乘以 100%，即为该项质量特性的顾客满意度；对每项质量特性规定其权数，把每项质量特性的平均分值加权平均，得出综合质量满意数值，再乘以 100%，即为综合顾客满意度。

组织应将顾客满意度的监测结果转化为评价报告。顾客满意度评价报告应包含监测活动的结果、信息来源及其收集方法，以及对影响顾客当前满意程度的因素的评价。其中，最重要的是能使顾客满意的关键特性指标，以评价组织当前的业绩状况，提出增强顾客满意度的改进措施。如果可能，报告还应包括与以前结果的对比、发展趋势、行业标准或有关竞争方面的信息。

（二）调查方式

顾客满意度调查有两种方式：一是由本企业组织人员进行调查；二是企业委托社会第三方专业调查机构进行调查。

1．由本企业组织人员进行调查

企业组织的顾客满意度调查应定期进行，最好每季度进行一次，至少每 6 个月进行一次。由于顾客满意度调查工作量大，且烦琐、复杂，企业最好设立专门机构或专职人员负责该项工作。每次调查前，企业应制订调查方案，规定抽样方法，设计简单易填、能充分反映用户意愿的调查表，并在调查表上印有鼓励用户认真填写调查表奖励的规定。企业应对反馈回的调查表做好统计、计算、评价和分析。

2．企业委托社会第三方专业调查机构进行调查

社会第三方专业调查机构进行的顾客满意度调查，方法科学、客观、公正、可信度高，但费用较大。这种方式的调查频次应基本与企业进行的顾客满意度调查频次相同，一季度或6个月一次。

（三）调查内容

对顾客满意度进行调查，不管是企业自行组织调查，还是委托社会第三方机构进行调查，至少应包括以下内容和要求。

1）对企业产品和服务满意的程度（很满意、满意、一般、不满意、很不满意）。
2）对产品或服务的哪些特性和特征不满意（有什么问题和建议）。
3）对所列调查产品或服务特性及特征重要度的排列顺序。
4）再购买时是否仍购买本企业产品。
5）是否愿意向其他人推荐本企业产品。
6）不再购买本企业产品的原因。

四、顾客满意度评价

（一）测评指标体系

顾客满意度测评指标体系是一个多指标的结构，运用层次化结构设定测评指标，能够由表及里、清晰地表述顾客满意度测评指标体系的内涵。人们通过长期的实践总结，将测评指标体系划分为四个层次（四级）。四个层次的顾客满意度指标体系如下。

1）第一层次指标，即一级指标，顾客满意度指数。它是顾客满意度研究的总目标。
2）第二层次指标，即二级指标，包括上述六大指标：顾客期望、感知质量、感知价值、顾客满意度、顾客抱怨和顾客忠诚。这六大指标间相互联系，构成顾客满意度指数的一个较完美的模型。反映这种关系的模型有很多，但是最有代表性的是 ASCI 模型。
3）第三层次指标，即三级指标，就是将这六大指标进一步分解。对六大指标的分解如表 2.1 所示。

表 2.1　顾客满意度测评指标

一级指标	二级指标		三级指标
顾客满意度指数	顾客期望		① 对产品或服务质量的总体期望 ② 对产品或服务质量满足顾客需求程度的期望 ③ 对产品或服务质量稳定性的期望
	感知质量	感知产品质量	① 顾客对产品质量的总体评价 ② 顾客对产品质量满足需求程度的评价 ③ 顾客对产品质量可靠性的评价
		感知服务质量	① 顾客对服务质量的总体评价 ② 顾客对服务质量满足需求程度的评价 ③ 顾客对服务质量的可靠性的评价

续表

一级指标	二级指标	三级指标
顾客满意度指数	感知价值	① 给定价格时顾客对质量级别的评价 ② 给定质量时顾客对价格级别的评价 ③ 顾客对总成本的感知 ④ 顾客对总价值的感知
	顾客满意度	① 总体满意度 ② 感知与期望的比较
	顾客抱怨	① 顾客抱怨 ② 顾客投诉情况
	顾客忠诚	① 重复购买的类别 ② 能承受的涨价幅度 ③ 能抵制的竞争者的降价幅度

4）第四层次指标，即四级指标，就是二级指标的进一步分解。分解的结果通常称为"问句"，也就是在顾客满意度调查问卷中的每个语句。这些语句综合的结果可以反映二级指标的数值。例如，顾客对产品质量的总体评价可以分解为产品的外观、产品质量的稳定性、产品使用性能、产品安全性等方面。顾客对服务质量的总体评价可以分解为服务的及时性、服务的可靠性、服务的态度、日常服务质量、紧急服务质量等。

实际上建立顾客满意度测评指标体系，主要是设定测评指标体系中的三级和四级指标。三级指标的具体内容共有二十项，这些三级指标是一个逻辑框架，在各行业原则上都可以运用。测评指标体系的四级指标是由三级指标展开而来的，是顾客满意度测评中直接面对顾客的指标，它与顾客满意度测评问卷中的问题相对应。

（二）评价程序

企业一般可采用以下四步程序来进行顾客满意度评价。

1）收集与顾客满意度有关的信息，包括调查报告和顾客满意度值达到的程度。

2）通过对顾客满意度进行纵横对比分析，找出差距。

与企业自身去年同期和前期满意度对比，是提高了，还是下降了？体现在产品或服务的哪些特性和环节上？

与竞争对手的满意度对比，是高还是低？例如，某企业进行满意度调查后得知，它的顾客满意度为80%，比过去有了很大提高，但与竞争对手的顾客满意度90%相比，差距还较大。

3）分析差距，找出顾客不满意的问题点。对找出的差距进行分析，找出并确定顾客不满意的问题点。这些问题点就是企业提高顾客满意度的改进机会和切入点，要分析是产品质量特性不能满足用户需求的问题点，还是服务存在不能满足顾客需求的薄弱环节。

4）反馈信息，组织改进。通过评价和分析找出不能满足顾客要求的问题点和薄弱环节的信息，及时向有关部门反馈，由有关部门组织改进，要把一个用户层的不满意改进到满意，企业要做出极大的努力。

（三）评价注意问题

对顾客满意度进行分析时，应注意以下几个问题。

1）不同的顾客，其好恶不同，衡量满意度的标准不同。例如，以送货来衡量，有的顾客在约定时间提前送到才满意，有的顾客准时送到就满意，衡量的标准不同。再如，两个顾客对企业质量和服务都很满意，但一个是容易有满足感的顾客，企业很容易做到使他满意，而另一个是不容易有满足感的顾客，企业很难做到使他满意，是由于某次确实做得很好他才满意。

2）对顾客满意度进行调查时，不要为了获得较高的顾客满意度而在调查前有意多做一些服务工作，讨好顾客。反之，也不要出现顾客知道企业在调查顾客满意度，就提出额外的要求，不满足这些要求，就反馈不满意。总之，这两种情况都会使调查的真实性掺"水分"。

3）向不同的市场提供同一类产品，顾客满意度就较低；反之，向同一市场提供同一类产品，顾客满意度就较高。

4）能吸引顾客重复购买的企业，其顾客满意度通常比较高。

（四）顾客满意度改进

顾客满意度可以从完全不满意到非常满意这样一个尺度上来监测。顾客满意度受到三个因素的影响：顾客不满意的因素、顾客满意的因素和顾客非常满意的因素。

1．顾客不满意的因素

引起顾客不满意的因素一般情况下是无效过程或非预期的产品特性。当这些因素存在时，顾客满意度显著下降；如果不存在这些因素，顾客满意度就不会下降（顾客满意度不下降并不意味着顾客满意度上升，顾客满意度能否上升取决于顾客满意因素能否增加）。需要特别注意的是，顾客对这些不满意因素往往看得非常重要，而组织对这些不满意因素的重视程度则远远低于顾客。

2．顾客满意的因素

能使顾客满意的因素是所期望的过程或产品特性。一个产品或一项服务能使顾客满意当然是一件好事，但对组织来说，这只是质量管理成功的第一步。这一次顾客满意了，但下一次该顾客不一定仍然购买该企业的产品。获得稳定的质量经济收益的决定因素是顾客忠诚。不断提高经济效益是通过由顾客忠诚所证实的顾客满意度来实现的。

3．顾客非常满意的因素

使顾客非常满意的因素是顾客在使用产品或享受服务时获得超出其期望的、令人赞赏的且当初未曾规定的产品特性或过程特性。使顾客非常满意的因素往往能迅速地培养顾客的忠诚。企业应不断地识别那些能使顾客非常满意的因素，并努力将这些因素包括到内部控制程序之中，使企业能通过规范化的工作不断地给顾客惊喜。

工作实操

Ponvi 电信运营商顾客满意度评价报告

通信行业同质化日趋严重，随着营销的同质化加剧，要想冲破盈利的瓶颈，创造更多的附加值，且可以快速提升顾客感知、区隔竞争对手的有效手段就是为顾客提供优质的服务。

一、顾客满意度测评指标体系

Ponvi 电信运营商通过各种途径不断提升业务水平，吸引顾客，提升竞争水平。顾客满意度测评指标体系如图 2.7 所示。

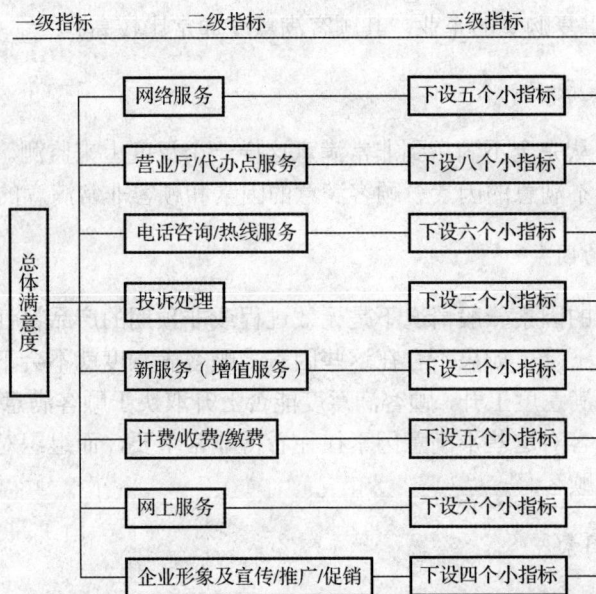

一级指标	二级指标	三级指标
	网络服务	下设五个小指标
	营业厅/代办点服务	下设八个小指标
	电话咨询/热线服务	下设六个小指标
总体满意度	投诉处理	下设三个小指标
	新服务（增值服务）	下设三个小指标
	计费/收费/缴费	下设五个小指标
	网上服务	下设六个小指标
	企业形象及宣传/推广/促销	下设四个小指标

图 2.7　Ponvi 电信运营商顾客满意度测评指标体系

顾客满意度测评指标体系由八类 40 个指标构成。二级指标构成对一级指标的最终评价，三级指标构成对二级指标的最终评价。

从图 2.7 中可以获得的信息如下。

1．找到目前的工作重点（顾客所关注的焦点领域）

图 2.8 显示，对 Ponvi 电信运营商而言，顾客目前在"网络服务""投诉处理""电话咨询/热线服务""计费/收费/缴费"方面的关注程度较高。但在这些工作领域中，下一步的工作重点应首先放在哪里？哪些领域的工作可以更快、更有效地提高顾客满意度？具体应从

哪里切入？怎样调整？如图 2.8 所示的分析可以给出答案。

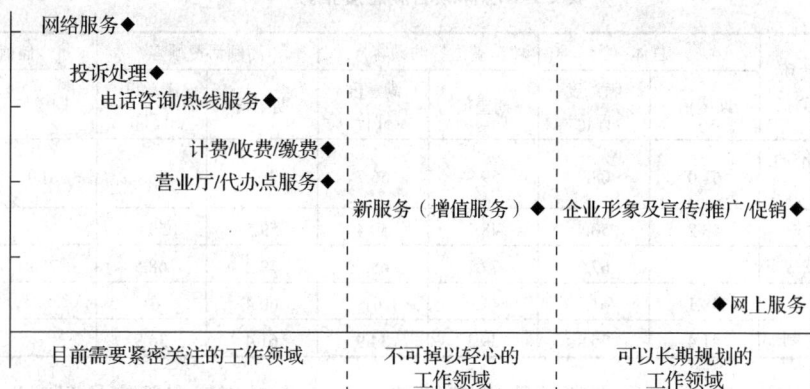

图 2.8 Ponvi 电信运营商工作领域划分

2. 找到目前经营上的薄弱环节或需要调整的领域

Ponvi 电信运营商期望值与满意度评价对比如图 2.9 所示。

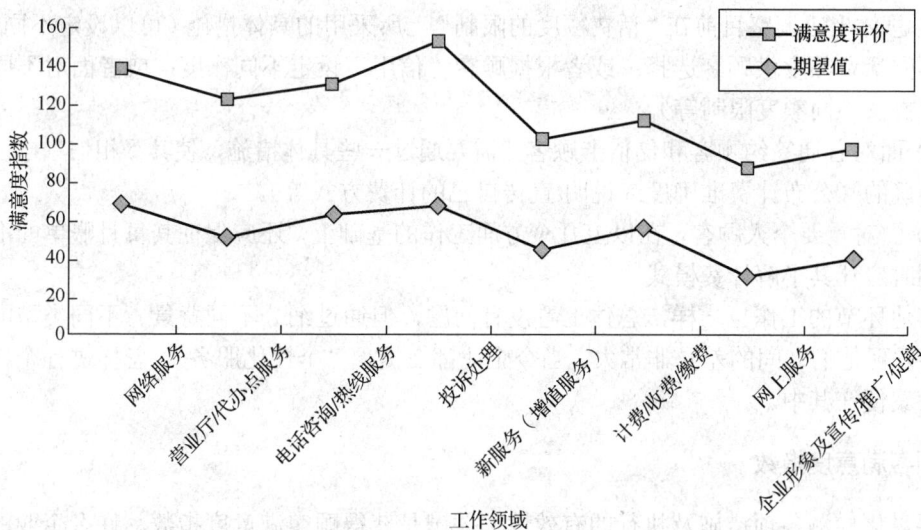

图 2.9 Ponvi 电信运营商期望值与满意度评价对比

从总体上看，Ponvi 电信运营商在各环节的工作都超出了顾客目前的期望（满意度评价均高于顾客期望值），但这并不代表该企业在各方面的工作已经做得完美无缺，没有调整、改进的余地；对数据进行深入分析后，发现顾客对二级指标满意度评价高于期望值，针对各三级指标内容，不同类型的顾客给予了不同的评价，而且差异较大，这里以指标"计费/收费/缴费"为例进行分析（表 2.2）。

表 2.2　总体顾客满意度指数　　　　　　　　　　　　单位：%

计费/收费/缴费所包含的三级指标	总体		普通签约顾客		高额话费顾客		储值卡顾客	
	期望值	满意度评价	期望值	满意度评价	期望值	满意度评价	期望值	满意度评价
顾客对收费标准的了解	61.0	68.7	59.9	66.7	100	66.7	100	58.3
账单的可得性	48.2	50.4	48.2	50.4	59.5	50.4		
计费准确性	76.5	67.7	77.1	68.5	79.2	68.5	75.9	74.6
缴费方式	48.1	61.9	46.9	61	60.4	61		
话费额度的限制	41.4	35.4	39.3	34.9	61.4	34.9		

分析显示：首先，顾客在"计费/收费/缴费"指标中对"话费额度的限制"表示不满；其次，面对不同的顾客群体，不满的原因也不相同，普通签约顾客担心"计费准确性"，高额话费顾客除"缴费方式"外都不满意，而储值卡顾客在可提供的两项服务内都表示不满意。因此，Ponvi 电信运营商下一步应该有的放矢地调整这部分领域的工作，可从以下几个方面介入。

1）总体上应调整目前在"话费额度的限制"上所采用的具体措施（可以设定不同条件，提供不同话费额度供顾客选择；或者根据顾客"信用"设定不同额度；或者面对不同类型的顾客提供不同额度限制等）。

2）面对普通签约顾客和储值卡顾客，需要通过一些具体措施，使其"相信"自己的计费是准确的（公布计费准确度或说明/宣传自己的计费方式等）。

3）面对重要个人顾客，在以上几个方面工作的基础上，还应保证其每月账单的准确获得，同时应让其了解计费模式。

其他环节的工作也一样，总体上看没有问题，但通过细分不同背景、不同类型的顾客后，会发现他们之间的差异非常大。当今企业都在提倡"个性化服务"，怎样进行个性化服务？答案便在其中。

二、顾客满意度指数

要量化检测各项措施及执行的有效性，关键是获得顾客满意度指数。许多企业的顾客满意度研究最终获得的结论是顾客满意度达到的比例。此结论传递的信息是"企业的产品或服务在顾客眼里被界定的'质量'水准"，是顾客对产品或服务所包含多种属性的一个综合评价，而不是多少人中有多少人对企业满意。

（一）各环节顾客满意度指数

Ponvi 电信运营商的顾客满意度指数为 67，竞争对手的顾客满意度指数为 63。可能有人认为这一数字"怎么这么低"？事实上，美国 ACSI 机构发布的 2016 年美国电信行业顾客满意度指数也只有 70.1。该案例中各类型顾客的满意度指数如下。

1）普通签约顾客的满意度指数为 67.9，其中 2015 年之前入网的顾客的满意度指数为 66.16；2016~2018 年入网的顾客的满意度指数为 67.23；2019 年以后入网的顾客的满意度指数为 68。

2）高额话费顾客的满意度指数为 63.31。

3）储值卡顾客的满意度指数为 69.1。

这几组数据传递的信息是入网越久，话费越高，满意度越低。这对于一个网络运营企业来讲是一个非常危险的信号。今后网络运营商的利润增长点很大程度上来源于用户的话费支出，而高额话费用户无疑是企业需要特别重视的对象，否则未来企业的利润增长、回报率可想而知。

另外，顾客对各环节工作的满意度评价可综合为一个指数，通过连续性对比，评价企业经营成效或经营措施的有效性。表 2.3 为 Ponvi 电信运营商各环节的顾客满意度指数。

表 2.3　Ponvi 电信运营商各环节的顾客满意度指数

指标类别	顾客满意度指数	指标类别	顾客满意度指数
网络服务	73.91	新服务（增值服务）	71.42
营业厅/代办点服务	69.37	计费/收费/缴费	72.38
电话咨询/热线服务	66.06	网上服务	56.42
投诉处理	53.8	企业形象及宣传/推广/促销	68.84

国家制定的全国性的行业指数，对企业下一步的决策将会有更大、更实质性的帮助。

（二）了解顾客对企业的期望

顾客满意度评价数据和顾客满意度指数是不一样的，二者的差别如下。

顾客满意度评价不考虑顾客的期望，单纯计算满意度，以便更直观地了解顾客期望与顾客目前评价两者之间的差距；而顾客满意度指数考虑各指标对满意度的影响程度或贡献，并通过各因素所占的不同权重最终综合而成的一个指数。

顾客对同行业企业不同的期望值如表 2.4 所示。

表 2.4　顾客对同行业企业不同的期望值

指标名称	顾客期望	
	竞争对手	××公司
网络覆盖面	66.9	65.7
呼叫接通率	68.9	67.6
话音质量	73.4	71.2
通话稳定性（断音掉线频率）	74.3	72.3
国内漫游服务	56.5	56.2

从另一个角度来看，针对同一个指标，顾客满意度评价有可能非常高，而顾客满意度指数有可能非常低，这是因为顾客的评价是通过"对比"而得出的；与竞争对手相比，这部分的工作可能做得不错，但顾客可能对企业的期望也比对竞争对手高，认为企业做到这

样的程度是应该的，或者顾客认为企业应该做得更好；因此，两者综合后的指数自然有可能低于单纯的满意度评价。由此可见，顾客期望很重要，而现在很多企业在进行顾客满意度调查时并没有了解顾客期望值。

顾客期望值的变化如表 2.5 所示。

表 2.5　顾客期望值的变化

名称	期望值		名称	期望值	
	2019 年	2020 年		2019 年	2020 年
本地网络覆盖面	4.43	4.58	投诉渠道的方便性	4.17	4.42
呼叫接通率	4.45	4.63	投诉处理的有效性	4.20	4.58
话音质量	4.45	4.68	缴费方式	4.26	4.27
国内漫游	4.27	4.36	账单的可得性	4.07	4.14
营业厅的整体形象	3.83	4.13	优惠与促销活动	4.12	3.83

通过顾客满意度测评指标体系可以掌握顾客期望或要求的变化趋势。

构成顾客满意与否的因素会随着多种因素的变化而变化，进行顾客满意度研究的同时可以了解这一变化趋势。

很明显，顾客在"优惠与促销活动"方面的关注程度在下降。

工作实训

一、实训目标

通过实训练习，学生能够进行顾客满意管理的顾客满意度调查、顾客满意度评价等工作，提高为顾客服务的工作能力。

二、实训内容

对任一家熟悉或感兴趣的企业实施的顾客满意管理进行分析，形成"实施顾客满意策划""顾客满意度调查表""顾客满意度评价""顾客满意质量标准"等相关报告。

对每个顾客满意管理的实施过程进行工作过程写实，并将具体内容填写在项目工作单上，包括项目资讯工作单、实施策划工作单、实施计划工作单、项目实施工作单、检查确认工作单、项目评价工作单。

三、实训要求

（一）工作职责

1）按照每组 6～8 人对学生进行分组，每组选一名组长。

2）组长负责小组成员分工、任务进度控制、工作内容检查等组织工作。

3）组员结合实训企业，开展小组讨论，并完成具体实训任务。

（二）汇报考核

1）全体成员参加成果汇报，并用 PPT 展示相关工作成果。

2）实训考核包括工作项目报告、项目工作单、PPT 汇报展示、学生答辩等内容。

四、拓展训练

（一）单项选择题

1．内部顾客不包括（　　）。

    A．帮助服务的代理人

    B．生产线上的装配工

    C．最终使用者

2．外部顾客不包括（　　）。

    A．消费者　　　　　　B．生产人员　　　　　C．委托人

3．没有抱怨表示（　　）。

    A．满意　　　　　　　B．很满意　　　　　　C．不一定满意

4．顾客习惯把购买的产品和同类其他产品进行比较，因此，其满意度具有（　　）。

    A．相对性　　　　　　B．主观性　　　　　　C．阶段性

5．顾客满意与价格无关的指标是（　　）。

    A．物有所值　　　　　B．费率/折扣　　　　　C．供货方式

6．顾客原来认为质量好的产品，因消费的欲望变化而不再喜欢它，这说明质量具有（　　）。

    A．广义性　　　　　　B．时效性　　　　　　C．相对性

7．如果顾客可感知的效果与期望相匹配，顾客就（　　）。

    A．满意　　　　　　　B．忠诚　　　　　　　C．不满意

8．下列关于顾客满意的论述不正确的是（　　）。

    A．顾客满意是顾客对其要求已被满足的程度的感受

    B．满意水平是可感知的效果和期望之间的差异函数

    C．如果顾客不满意，就会产生抱怨，因此没有投诉，即可认为顾客满意

    D．顾客满意度是对顾客满意程度的定量化描述

9．顾客对产品和服务的满意程度来自过去的使用体验，是逐渐形成的，这反映了顾客满意的（　　）。

    A．主观性　　　　　　B．层次性　　　　　　C．相对性　　　　　　D．阶段性

10．顾客满意是顾客对其要求已被满足的程度的感受，如果可感知效果低于顾客期望，顾客就会（　　　）。

  A．满意   B．投诉   C．抱怨   D．访问

11．重复多次购买该企业的产品并向他人推荐的顾客属于组织的（　　　）。

  A．直接顾客   B．忠诚顾客   C．最终顾客   D．老顾客

12．（　　　）不是组织的顾客。

  A．产品的购买者   B．产品的最终使用者

  C．银行或供方   D．批发零售商   E．代理商

13．当前情况下对企业的产品有购买欲望但没有购买力的是（　　　）。

  A．关键顾客   B．竞争对手顾客   C．潜在顾客   D．普通顾客

14．组织应确定顾客和市场需求、期望和偏好的方法，建立顾客关系，（　　　）顾客满意度的过程。

  A．测量   B．计算   C．测量和改进   D．改进提高

15．组织确定顾客群和细分市场的目的是（　　　）。

  A．有利于组织间的交流和学习

  B．了解顾客和市场，确保产品符合市场需要

  C．为组织销售提供方便条件

  D．达到《卓越绩效评价准则》（GB/T 19580—2012）的要求

16．（　　　）不属于顾客功能性满足。

  A．产品功能令人满意   B．服务质量令人满意

  C．服务制度令人满意   D．从众心理的满足

17．（　　　）是顾客需求的愿望和实现需求的具体行为，以及实现需求的事前、事中、事后的感受。

  A．合适的时间   B．合适的场合   C．合适的客户   D．合适的需求

18．（　　　）不但是全面质量管理的目标，而且是企业客户服务质量管理的指导思想。

  A．信息资源   B．组织结构   C．顾客满意   D．控制系统

（二）多项选择题

1．外部顾客可包括（　　　）。

  A．中间商   B．消费者   C．零售商   D．生产工人

2．顾客满意的基本特性包括（　　　）。

  A．主观性   B．层次性   C．相对性

  D．阶段性   E．不变性

3．顾客满意与产品有关的指标包括（　　　）。

  A．可靠性   B．公司名誉   C．沟通

  D．安全性   E．经济性

4．在进行顾客满意度调查时，以"顾客满意"为总目标下还可以分成（　　　）等子目标。

　　A．产品　　　　　　B．服务　　　　　　C．购买　　　　　D．价格
　　E．供货　　　　　　F．快捷　　　　　　G．方便

5．顾客满意度测量需要有明确测量的指标，其中重要的指标包括（　　　）。

　　A．质量优　　　　　B．供货及时　　　　C．技术服务配套　　D．价格适中
　　F．积极因素或相反的因素　　　　　　　F．企业数量

6．通常企业的顾客可以分为（　　　）。

　　A．内部顾客　　　　B．外部顾客　　　　C．潜在顾客　　　　D．长期顾客

7．下列关于顾客满意的陈述，正确的是（　　　）。

　　A．顾客对其要求已被满足程度的感受
　　B．如果顾客可感知效果超过期望，顾客就满意
　　C．如果顾客可感知效果超过期望，顾客就忠诚
　　D．当对顾客的抱怨采取积极措施时，可能会赢得顾客满意乃至产生忠诚

（三）简答题

1．解释顾客满意的含义。
2．说明顾客认知质量与感知质量之间的关系。

二维码资源

一、项目工作单

工作步骤	工作过程	项目实施	实施记录	二维码
1	资讯	项目问题确认	项目资讯工作单	
2	决策	实施方案策划	实施策划工作单	
3	计划	工作计划制订	实施计划工作单	
4	实施	工作任务实施	项目实施工作单	

续表

工作步骤	工作过程	项目实施	实施记录	二维码
5	检查	项目检查确认	检查确认工作单	
6	评估	项目评估整理	项目评价工作单	

二、信息化资源

序号	资源类型	教学内容	二维码
1	教学实录	顾客满意管理实施过程	
		顾客满意管理原则	
2	实训实录	呷哺呷哺顾客满意度调查	
		鸿星尔克顾客满意度调查	
3	职业拓展	提升顾客满意度"三部曲"	

三、拓展训练答案

项目 三

质量成本管理

职业能力目标 ☞

知识目标
- 掌握质量成本管理内容。
- 掌握质量成本项目归集。

能力目标
- 熟练执行质量成本管理流程。
- 会制作质量成本分析报告。

素质目标
- 有成本意识，可以通过开源节流实现企业良性运营。
- 保持高度的危机感，加强质量成本管理。
- 明确职业岗位的重要位置，不断提高自身的职业能力。

思政目标
- 为伟大祖国的繁荣昌盛，为中华民族的振兴，为自己和家人的幸福而不懈努力。

职业岗位描述 ☞

管理岗位
- 质量成本控制。
- 质量成本管理。

岗位职责
- 建立质量成本核算体系，并不断降低质量成本。
- 质量成本体系的贯彻执行。
- 组织各生产单位收集质量成本基础数据。
- 质量成本的统计、分析。
- 评价质量成本目标完成情况，编制公司级质量成本分析报告。
- 开展质量成本分析，为经营决策提供依据。

质量文化
- 质量是免费的，但它绝对不是赠品。

在党中央的领导下，我国新冠肺炎疫情防控取得重大战略成果，经济发展呈现稳定转好态势，社会生产生活逐步步入正轨。面对世界百年未有之大变局，党中央做出了新时代、新发展、质量强国战略，将高质量发展摆在国家经济发展全局的核心位置。企业要实现高质量发展，不仅需要通过营业收入增长的"向上拉动"，还需要通过成本管理的"向下推动"，即在生产要素投入不变的情况下，通过成本管理创造出更大的利润空间和更高的净现金流水平。企业打造领先的成本管理能力，需要充分结合时代特征和当前的经济形势，将成本管理提升到战略高度，牢固树立战略成本管理理念，将成本管理贯穿到企业战略管理的整个循环之中，贯穿到企业内部价值创造和外部价值转移的整个链条之中，贯穿到企业生产经营的整个过程之中。

"积土而为山，积水而为海"，通过成本管理提升企业的竞争优势，是一个循序渐进的过程，企业要将成本管理融入其管理意识形态中，将每个降低成本的机会看作强化自身价值的潜在措施，日积月累、坚持不懈，方能实现从量变到质变的转变。企业应重点控制的主要成本驱动因素包括设计成本、采购成本和外协成本、质量成本，特别是因产品质量和工作质量问题引起的维护成本等。

企 业 案 例

一、电商 SQC 创新质量管理模式

得物首创 SQC[①]质量管理模式，基于在潮流与时尚消费品领域多年的积累与沉淀，在传统电商模式中嵌入了查验、鉴别的服务，首创"先鉴别，后发货"的购物流程，为国内的消费者带来全新的购物体验，满足了消费者"买到好货、买到真货"的切实需求。

电商 SQC 创新质量管理模式过程包括：查验——商品品质检验，拍照——确保质检结果，鉴别——提供正品保证，防伪——提供正品验证，复检——发货前产品复查核对，发货——确保发货准确，等等。

得物面向线上用户体验的优化方面，基于 AR（augmented reality，增强现实）和 3D（three dimension，三维）技术打造优质的产品试穿购买体验，保障交易安全的同时使消费者更轻松地买到喜爱的商品。得物不断追求卓越质量和技术创新，赋能企业科技创新高质量发展。另外，得物利用人工智能基于图像识别的技术在商品的查验和鉴别上深入研究并

---

① "S"即 supplier，是指优质商品的供给方；"Q"即 quality，是指得物对商品进行查验鉴别服务，确保为消费者提供正品好货；"C"即 customer，是指优质商品的消费者。

应用，实现了巨大的技术进步。

得物创造的 SQC 质量管理模式完善了消费品产业价值链，对产品的上下游进行合理的整合，为上游品牌方、生产方提供合理的建议和要求，引导其提升设计、生产及工艺要求质量，从而带动产业链质量管理水平提升，实现优势互补，创建良性的质量生态共赢体系。

二、管理思考

质量管理是一项需要巨资的管理项目吗？

启示：企业只有实现供需两端的动态平衡，促进产品提质升级，以质量和创新赢得消费者的认可与信任，更好满足消费者不断升级的消费需求，才能实现降本增效。

工作说明

一、工作目标

三洋制冷公司从 1992 年成立以来，以差异化战略为经营战略，取得了良好的业绩，迅速成长为行业的领先者。然而，在行业进入成熟期后，企业的增长势头受到抑制。2002 年，为进一步提高企业的管理水平，三洋制冷公司开始引进日本丰田的精益生产方式，特别是对现场中的库存、制造过多（早）、等待、搬运、加工等 7 种浪费的存在有了比较清醒的认识，并且在实际工作中努力加以消除。但是随着活动的深入，三洋制冷公司发现，现场中的浪费许多是由相关的管理工作引起的，而且难以度量这些浪费会造成多大损失。如果这些问题得不到有效的解决，将阻碍活动深入、持久地进行。

随着中国加入世界贸易组织（World Trade Organization，WTO），国际竞争一体化的一个显著特点是国内竞争国际化，跨国集团蜂拥而入使竞争呈现白热化，在产品过剩、价格大幅下降的价格战局面下，降低成本已成为每个企业的重点工作。三洋制冷公司在设计工艺、采购、制造、营销等各环节上采取了通常的降成本措施之后，降成本工作遭遇瓶颈，需要通过质量成本管理工作选择新的突破口。

二、工作过程

质量成本管理过程（图 3.1）包括质量成本内容、质量成本管理流程、质量成本项目归集、质量成本分析方法、质量成本控制程序五个部分。

```
                        ┌─────────────────┐
                        │  质量成本管理过程  │
                        └─────────────────┘

   ┌─────────────┐                            ┌───────────────┐
   │  质量成本内容  │────────────┬──────────── │  质量成本分析方法  │
   └─────────────┘             │             └───────────────┘
    质量成本的定义               │               结构比分析法
    质量成本的原理               │               相关比分析法
                               │               质量损失成本分析法
   ┌─────────────┐             │               质量成本控制步骤
   │  质量成本管理流程 │──────────┤
   └─────────────┘             │             ┌───────────────┐
    质量成本管理内容             │──────────── │  质量成本控制程序  │
    质量成本管理流程及其要点       │             └───────────────┘
    质量成本管理途径              │                目的
                               │                适用范围
   ┌──────────────┐           │                职责
   │  质量成本项目归集  │─────────┘                工作程序
   └──────────────┘
    质量成本标准
    质量成本项目

              ┌──────────────────────┐
              │  三洋制冷公司质量成本报告   │
              └──────────────────────┘
```

图 3.1　质量成本管理过程

──────────────── **相 关 知 识** ────────────────

一、质量成本内容

（一）质量成本的定义

关于质量成本，国外的许多质量管理专家曾经对它下过不同的定义，具有代表性的有以下几种。

1）ISO 9000:2000 标准中将质量成本定义为"为确保和保证满意的质量而发生的费用，以及没有达到满意的质量所造成的损失"，并把质量成本分为运行质量成本和外部质量保证成本，而运行质量成本又分为预防成本、鉴定成本、内部损失成本和外部损失成本。

2）GB/T 13339—91《质量成本管理导则》（已废止）曾对质量成本下过定义："将产品质量保持在规定的水平上所需的费用。它包括预防成本、鉴定成本、内部损失成本和外部损失成本，特殊情况下，还需增加外部质量保证成本。"

上述两种质量成本定义虽然在内容及文字表述上有所差异，但对质量成本的性质和内容的规定是一致的，其实质内容是质量成本包括为保证满意的质量而发生的费用和没有获得满意的质量而导致的损失。

（二）质量成本的原理

1. 质量经济效果与质量成本的关系

质量成本管理的理论基础之一是质量与成本的关系。组织的营业收入从根本上来说取决于产品和服务的质量。任何产品和服务的质量都需要投入一定资源才能达到。任何组织的资源都是有限的，因此需要在质量、成本和收益之间进行权衡、比较和设计。也就是说，使质量与成本的关系处于适宜状态，以最恰当的质量成本投入，争取最理想的质量经济效果，获得最好的质量经济效益。

质量经济效果与质量成本之间的关系如图3.2所示。

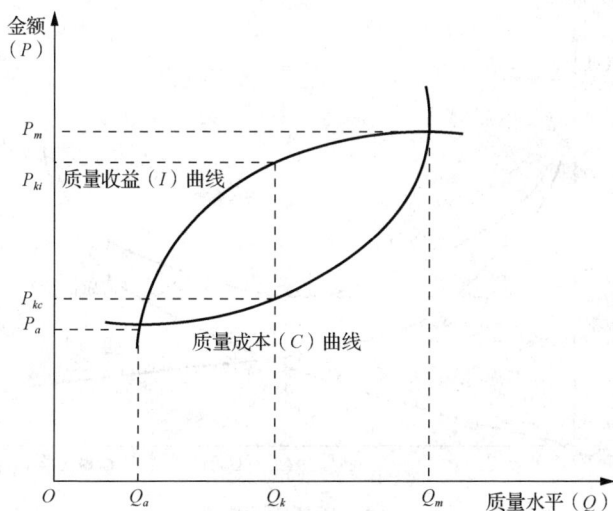

图3.2 质量经济效果与质量成本之间的关系

在图3.2中，横坐标表示质量水平（Q）；纵坐标表示金额（P），既表示质量成本支出的金额，又表示质量收益的金额。

质量成本曲线的含义是：质量成本由 P_a 逐渐增加到 P_{kc} 时，质量水平由 Q_a 提高到 Q_k，即以较小的质量成本投入使质量水平有较大幅度的提高，这段曲线表示这部分质量成本支出非常必要；随着质量成本的进一步增加，由 P_{kc} 增加到 P_m，质量水平也进一步提高，但提高的速度逐渐变慢，这段曲线表示这部分质量成本支出仍然有经济价值；当质量成本的增加超过 P_m 后，质量水平的提高微乎其微，这段曲线表示这部分质量成本支出不经济。

质量收益曲线的含义是：随着质量水平从 Q_a 提高到 Q_k，质量收益明显增加，由 P_a 增加到 P_{ki}，这段曲线表示这部分质量改进对提高质量收益具有十分重要的意义；随着质量水平由 Q_k 提高到 Q_m，质量收益也进一步增加，但增加的速度逐渐变慢，这段曲线表示这部分质量改进仍然有经济价值；当质量水平的提高超过 Q_m 后，质量收益的增长微乎其微，质量成本却大幅度增加，这段曲线表示这部分质量水平的提高在经济上不合算。

质量成本曲线和质量收益曲线共同表明：当质量成本大于 P_a 小于 P_m 时，质量水平保

持在 Q_a 和 Q_m 之间，这种条件可以带来质量收益；当质量成本处于最佳点 P_{ki} 时，质量水平也处于最佳点 Q_k，这时会产生最大的质量收益 $P_{kc}\sim P_{ki}$。进行质量经济性管理就是采取有效措施，使质量成本控制在最合理的范围内（P_{kc} 附近），使质量水平保持在最适宜的状态（Q_k 附近），从而获得最理想的质量收益（P_{ki} 附近）。

2. 质量成本模型

质量成本模型如图 3.3 所示，其基本思想是：任何组织在质量方面的投资都是有限的。不同的质量投资对应不同的质量水平。从质量成本与质量水平之间的关系出发，可以寻求一种适宜的质量成本，使质量水平的提高最为明显，从而使组织在有限的质量成本条件下，最大限度地实现顾客满意。

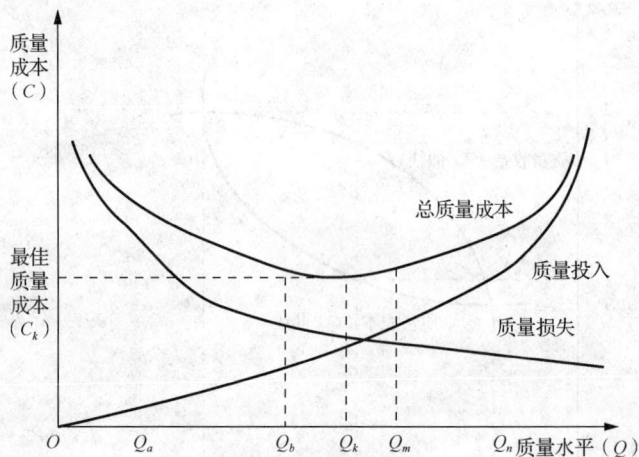

图 3.3　质量成本模型

在图 3.3 中，横坐标表示质量水平（Q），纵坐标表示质量成本（C）。

质量投入曲线的含义是：质量投入（包括为防止不合格所发生的质量预防费用和进行产品检验所发生的质量鉴定费用投入）越多，质量水平就越好。当质量水平很低时（$Q_a\sim Q_b$），较少的质量投入就可明显提高质量水平；当质量水平已经相对比较高时（$Q_m\sim Q_n$），质量投入大幅度增加，但质量水平的提高逐渐缓慢。

质量损失曲线的含义是：当质量水平较低时，质量损失（包括返工损失、废品损失、质量赔偿等）较大；随着质量水平的不断提高，质量损失逐渐减少。

总质量成本曲线的含义是：总质量成本是质量投入与质量损失之和。当质量水平较低时（$Q_a\sim Q_b$），质量投入较少，质量损失较大；随着质量投入的增加，总质量成本逐渐下降；当质量投入使质量水平超过 Q_b 之后，总质量成本的下降趋于平缓；在质量水平达到 Q_k 时，总质量成本达到最低点 C_k；然后，随着质量投入的进一步增加，在 $Q_k\sim Q_m$ 范围内，总质量成本开始缓慢上升；当质量投入的增加使质量水平超过 Q_m 以后，尽管质量损失进一步减少，但所需的质量投入金额大幅度增加，由此导致总质量成本急剧增加，在市场上必然表现为商品价格昂贵，销售量很少。因此，$Q_m\sim Q_n$ 范围内的质量水平表现为大多数顾客在价格上难以接受的质量过剩。在新产品开发投入市场初期，质量成本水平落在 Q_m 至 Q_n 这段曲线内是正常情况。在产品大量生产阶段，质量成本水平则应保持在最佳质量成本 C_k 附近，质量水平相应地保持在 Q_b 至 Q_m 之间，这是质量成本与质量水平比较适宜的状态。

质量成本模型的核心在于寻求质量成本的最佳状态，使总质量成本在结构上合理，质量预防成本、质量鉴定成本和质量损失成本在比例上适当，质量水平保持在适宜状态，以获得良好的质量经济效益。

二、质量成本管理流程

质量与经济的关系是商品经济社会固有的特性。质量对经济的影响及其结果则不是固有的特性。在短缺经济和卖方市场形势下，质量对经济的影响较弱；在社会经济繁荣和买方市场形势下，质量对经济的影响较强。在不同的社会经济条件下，人们对质量的要求也表现出巨大差异。因此，质量经济性不能直接包括在质量特性之中。质量经济效果是指由质量因素（特别是质量改进因素）导致的经济上的有益结果。

（一）质量成本管理内容

1. 质量经济效果的内容

1）由于产品质量和工作质量提高，产品合格品率增加，不良品率降低，废品率降低，产品等级提高，可靠性增强，寿命延长，从而可以使产品的生产成本降低，价值增加，利润增长；因为可维修性提高，维修费用降低，所以使用成本和维护成本降低，使消费者在获得高质量享受的同时减少其费用支出。对社会而言，总体质量水平提高，总体费用相对降低。

2）由于产品质量创新、改善，功能增加、增强，市场销售量增加，企业市场扩大，销售收入增长，利润增长；生产规模扩大，可获得规模经济效益；提高企业的信誉，增加其无形资产。对社会而言，市场经济总量增大。

质量经济效果的主要指标有新开发产品产值、质量改进产品产值、产品品种结构改善的收益、销售收入增加额、利润增加额、市场占有率、企业信誉、产品品牌价值等。

2. 质量经济性管理的含义

质量经济性管理有两层含义：一方面是指在一定的经济规模和技术条件下，为了得到最好的销售收入和利润，策划其产品和服务的质量；另一方面是指在一定的质量水平条件下，策划其价值增值和降低成本的活动。

（二）质量成本管理流程及其要点

组织采用如图 3.4 所示的质量成本管理流程，有助于持续改进其业绩，保证其在实现基本目的的同时获得良好的质量经济效益。从识别和评审过程开始，识别过程中的各项活动和影响顾客满意的因素，进而使组织能够确定、监测和报告组织运行过程中的各项活动及成本费用情况，确定、监测和报告顾客的满意程度，获得提高顾客满意的机会；通过管理评审，确定需要改进的过程和活动；通过成本和（或）收益分析，确定需要采取的措施；然后付诸实施，并对实施的结果进行监控。

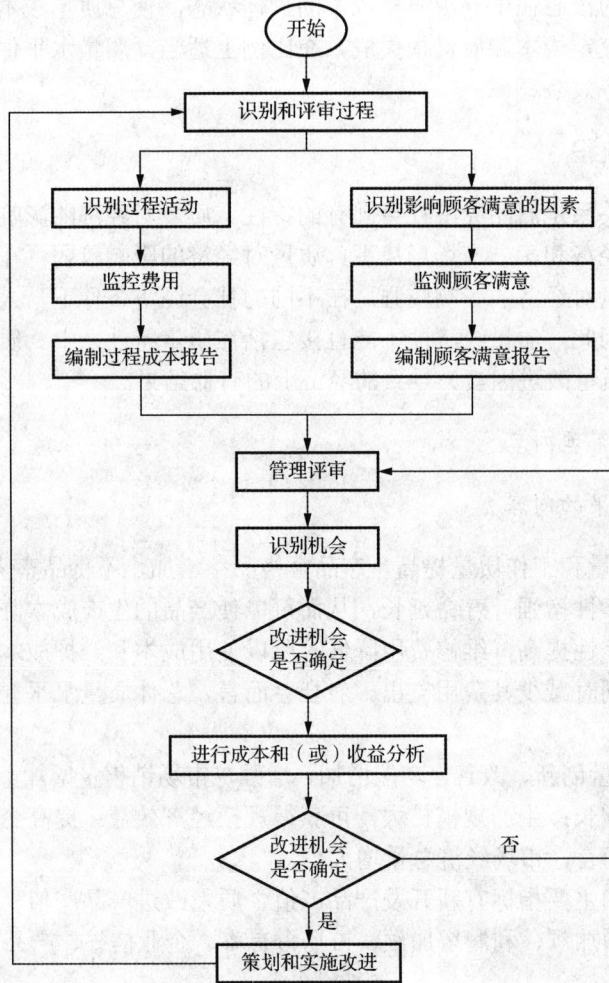

```
                        ┌──────┐
                        │ 开始 │
                        └──┬───┘
        ┌──────────────────▼──────────────────┐
        │          识别和评审过程              │
        └──────┬───────────────────┬──────────┘
        ┌──────▼──────┐     ┌───────▼──────────┐
        │ 识别过程活动 │     │ 识别影响顾客满意的因素 │
        └──────┬──────┘     └───────┬──────────┘
        ┌──────▼──────┐     ┌───────▼──────────┐
        │  监控费用    │     │   监测顾客满意    │
        └──────┬──────┘     └───────┬──────────┘
        ┌──────▼──────┐     ┌───────▼──────────┐
        │ 编制过程成本报告 │   │  编制顾客满意报告  │
        └──────┬──────┘     └───────┬──────────┘
               └─────────┬──────────┘
                  ┌──────▼──────┐
                  │  管理评审    │◄───────┐
                  └──────┬──────┘         │
                  ┌──────▼──────┐         │
                  │  识别机会    │         │
                  └──────┬──────┘         │
                     ◇───▼───◇            │
                    ◇ 改进机会 ◇           │
                    ◇ 是否确定 ◇           │
                     ◇───┬───◇            │
                  ┌──────▼────────────┐   │
                  │ 进行成本和（或）收益分析 │  │
                  └──────┬────────────┘   │
                     ◇───▼───◇            │
                    ◇ 改进机会 ◇  否        │
                    ◇ 是否确定 ◇───────────┘
                     ◇───┬───◇
                        │ 是
                  ┌──────▼──────┐
                  │ 策划和实施改进 │
                  └─────────────┘
```

图 3.4　质量成本管理流程

质量成本管理流程的要点如下。

1. 识别和评审过程

用过程的观点识别组织的所有活动。过程是一组将输入转换为输出的相互关联或相互作用的活动。所有过程的最终目标是满足顾客要求。识别和评审过程的目的是使过程相对完善、优化，以最有效的过程活动确保实现满足顾客要求的目的。

过程的经济效益通过顾客满意和成本这两个方面的指标来度量。顾客满意度是用数字指标表示的顾客满意程度，它与市场占有率和营业收入密切相关。组织应特别强调根据过程对顾客满意的影响识别关键过程（原来的传统观念是根据技术复杂性识别关键过程），加强对这些关键过程的管理，从而最有效地使过程控制与市场销售密切结合。成本是指列入规定成本开支范围内的费用，它与资源的占用和消耗密切相关。成本是计算出来的，但成本的增加或减少不是计算出来的，而是人在生产过程中产生出来的。要想在一定的质量水平下降低成本，只有通过识别、分析和改进等过程才能达到。

2．识别和监测影响顾客满意的因素

任何组织能够存在的根本原因都在于它能够满足某些顾客的需求。质量管理的核心和关键就是采取有效措施满足顾客的需求并不断提高顾客满意的程度。由于顾客明确的和隐含的需求不断发生变化，因此，组织应持续地对顾客满意进行监视和测量，以便分析顾客需求和顾客满意的变化趋势，发现改进的机会。

3．识别和监控组织的过程活动及费用

所有费用都是在过程活动中发生的。要控制费用，必须首先识别和控制过程。组织要识别过程中的活动，就要明确过程活动的每项输入和输出，明确各项活动的对象和最终的顾客，明确所有过程运行所需的资源和控制手段。在明确过程及其活动的基础上，识别和监控那些与过程活动有关的费用，包括直接的和间接的人工费、材料费、设备费、管理费等。

各项费用的数据可以从实际统计中获得，也可以通过费用分配计算或根据历史实际发生的情况估算出来。费用数据可以从现有的财务控制系统分离出来，由组织建立专门用于内部质量控制的质量成本账户；也可以不从现有的财务控制系统分离出来，而只给出从现有财务账户中识别质量成本的路径，对那些不易与特定成本项目相联系的费用，应予以估算。在对费用进行汇总的基础上编制过程成本报告。

（三）质量成本管理途径

进行质量成本管理的途径包括以下两个方面。

1）增强顾客满意度。只有顾客对产品和服务的质量满意，才会购买产品，企业才能有营业收入；只有不断地增强顾客满意度，企业才能在激烈的市场竞争中不断地吸引顾客，扩大市场，形成源源不断的营业收入。持续增强顾客满意度的结果能培养顾客对企业的忠诚，使顾客长期忠诚地购买认准的品牌，从而给企业带来长期稳定的营业收入。

2）降低成本。在保证增强顾客满意度的前提下，只有通过合理配置资源、减少浪费、降低成本，才能提高效率、增加利润。需要强调的是，组织不应仅从眼前利益出发采取降低成本的措施，某些降低成本的临时措施在短期内可能会增加利润，但从长期看可能对产品和服务的信誉、顾客的信心和忠诚产生持久的负面影响。因此，组织对质量成本的考虑必须兼顾当前利益和长远利益，制定短期目标和长期目标，并定期评价其适应性。把所有的质量经济性因素按图 3.5 排列后，可以有助于组织发现和确定提高质量经济效益的关键因素和优先事项，并在此基础上进一步提出拟采取的质量改进措施。

```
                                                        ┌──────────────────┐
                                                        │  开发特有的产品或服务  │
                                                        └──────────────────┘
                                                        ┌──────────────────┐
                                                        │   改进产品或服务    │
                                          ┌────────┐    └──────────────────┘
                                          │ 开发新产 │    ┌──────────────────┐
                                          │ 品或服务 ├────┤ 开发产品或服务的技术革新 │
                                          └────────┘    └──────────────────┘
                                                        ┌──────────────────┐
                                                        │  减少进入市场的时间  │
                                                        └──────────────────┘
                              ┌──────────┐                    ……
                              │ 增强顾客满意度 │
                              └──────────┘              ┌──────────────────┐
                                                        │   提高满意和忠诚度   │
                                          ┌────────┐    └──────────────────┘
                                          │ 开拓现行 │    ┌──────────────────┐
                                          │ 产品或服 ├────┤     赢得信誉     │
                                          │ 务的市场 │    └──────────────────┘
                                          └────────┘    ┌──────────────────┐
                                                        │    增加市场份额    │
              ┌────────┐                                └──────────────────┘
              │ 提高企业经 │                                    ……
              │ 济效益   │
              └────────┘                                ┌──────────────────┐
                                                        │    重新设计过程能力   │
                                                        └──────────────────┘
                                          ┌────────┐    ┌──────────────────┐
                                          │ 降低符合 ├────┤   提高现行过程能力   │
                                          │ 性成本   │    └──────────────────┘
                                          └────────┘    ┌──────────────────┐
                                                        │     提高技能     │
                              ┌──────────┐              └──────────────────┘
                              │  降低成本   │                    ……
                              └──────────┘
                                                        ┌──────────────────┐
                                                        │     减少浪费     │
                                                        └──────────────────┘
                                                        ┌──────────────────┐
                                                        │   减少废品和返修    │
                                                        └──────────────────┘
                                          ┌────────┐    ┌──────────────────┐
                                          │ 降低非符 │    │    减少停工损失    │
                                          │ 合性成本 ├────┤                  │
                                          └────────┘    └──────────────────┘
                                                        ┌──────────────────┐
                                                        │     降低超支     │
                                                        └──────────────────┘
                                                        ┌──────────────────┐
                                                        │     减少污染     │
                                                        └──────────────────┘
                                                        ┌──────────────────┐
                                                        │    减少顾客退货    │
                                                        └──────────────────┘
                                                              ……
```

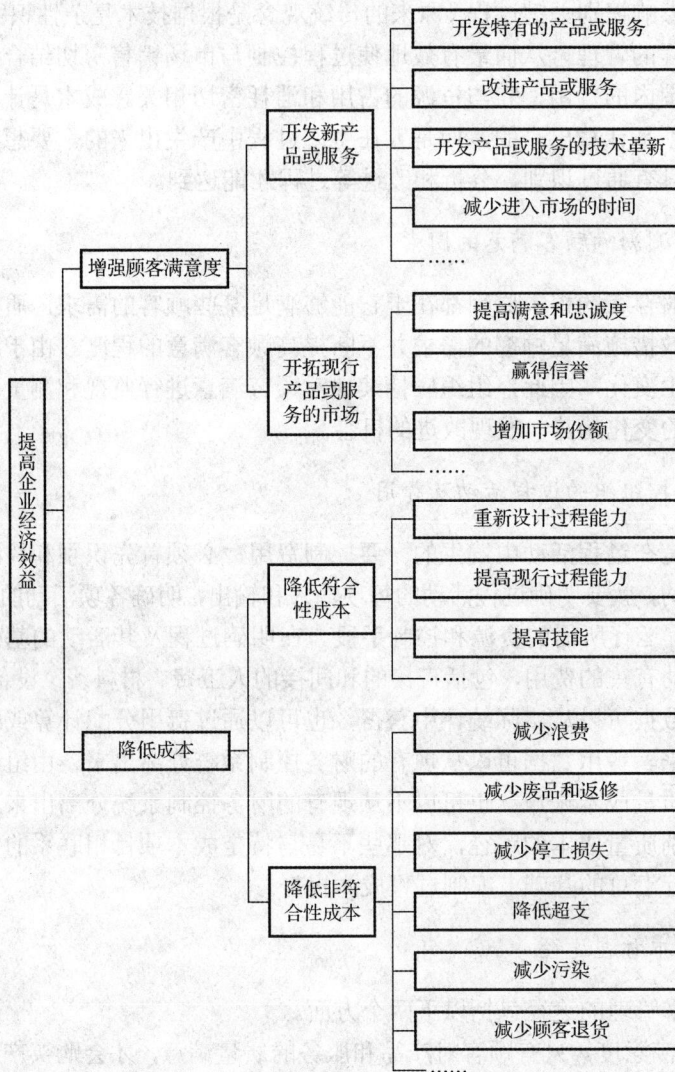

图 3.5 实施质量经济管理并改进经济效益的层次结构

（资料来源：ISO/TR 10014《质量经济性指南》。）

三、质量成本项目归集

（一）质量成本标准

1. 质量成本标准的形成

质量成本用于质量经济性管理，其主要作用是通过质量成本分析和设置，改进与控制产品和服务的质量水平，提高组织运行的质量经济效益。质量成本分析着重成本对质量水平和质量收益的影响，包括分析已经发生的质量活动及其经济影响，预测未来的质量活动及其经济影响，特别是针对某些特定的质量事项，提出可能的选择方案，作为质量管理决策的依据。质量成本分析的这种特点使质量成本在具体核算上既涉及对已经发生的质量活动的经济统计，又涉及对未来质量活动的经济预测。质量成本项目按存在形式分为显见的质量费用（如产品检验费）和现行会计账簿上反映不出来的隐含的价值增值和损失（如产品品牌、服务态度对企业商誉的影响）。因此，质量成本具有不精确性。

由于质量成本有以上特点，各组织在核算质量成本时有很大差异。质量成本内容不同，核算方法不同，质量成本报告的内容不一致，甚至同一项目名称下的数据也可能代表不同的含义，这就导致各组织之间的质量成本无法比较。一个行业管理组织或一个跨国集团公司，如果下属各企业的质量成本项目不同，核算方法不同，那么不但这些企业之间无法进行质量成本比较，而且该行业管理组织或该集团公司将无法进行统一的质量成本管理，这会使企业在质量经济分析、质量管理决策方面遇到困难。

2．主要质量成本标准

为了解决上述问题，各国开始研究和制定质量成本标准，以便指导企业正确地核算质量成本和有效地进行质量经济性管理。1959 年，美国国防部发布了美国军用标准 MIL-Q-9858A《质量大纲要求》，其中明确提出了质量成本的要求。1981 年，英国颁布了国家标准 BS 6143《质量成本的确定和使用指南》。1987 年，ISO 发布的国际标准 ISO 9004《质量管理体系业绩改进指南》中，把质量成本作为质量管理体系的要素，提出了关于质量成本的指南，包括质量成本科目、质量成本类型和质量成本报告等内容。1988 年，我国国防科学技术工业委员会发布了我国军用标准 GJB/Z 4—88《质量成本管理指南》。1991 年，我国正式颁布了国家标准 GB/T 13339—91《质量成本管理导则》（已废止）。我国的这两个标准为我国国防工业和各行业企业实施质量成本管理提供了指南。

（二）质量成本项目

质量成本标准中的核心内容是规定质量成本项目。国际上流行的"预防、鉴定和故障"质量成本模式将质量成本项目分为以下五大类。

1．预防成本

预防成本是指预防质量问题发生的费用。

2．鉴定成本

鉴定成本是指为评定产品、过程是否符合规定的质量要求而进行的检验、试验、检查、审核的费用。

3．内部故障成本

内部故障成本是指交货前因产品未能满足规定的质量要求所造成的损失，如重新提供服务、返工、返修、重新试验、降级、报销等。

4．外部故障成本

外部故障成本是指交货后因产品未能满足规定的质量要求所发生的费用，如产品维修、退货、产品召回和更换的费用，以及产品责任赔偿等。

5．外部质量保证成本

外部质量保证成本是指为提供顾客所要求的客观证据而支付的费用，如在国家认可的实验室进行检验、试验的费用，以及进行质量认证所支付的费用等。

上述各类质量成本项目的质量成本科目和具体费用开支范围如表3.1所示。

表3.1　质量成本费用范围归集明细表

二级科目	三级科目	归集内容	费用开支范围	费用来源
预防成本	质量培训费	为达到质量要求或改进产品质量的目的，提高职工的质量意识和质量管理的业务水平进行培训所支付的费用	授课人员和培训人员的有关书籍费、文具费、资料费及授课补助费	管理费用
	质量管理活动费	为推动质量管理所支付的费用和为制定质量方针、目标、计划，编制质量手册及有关文件等一系列活动所支付的费用，以及质量管理部门的办公费；质量管理体系的研究和管理费用	质量管理协会经费、质量管理咨询诊断费、质量奖励费、质量控制小组活动费、质量审核费、质量情报费、印刷费、办公费、差旅费及有关的行政费	制造费用、管理费用
	质量改进措施费	为保证和改进产品质量所支付的费用	有关的购置设备、工艺研究、检测手段改进费，包括产品创优、整顿质量的措施费	制造费用、管理费用
	质量评审费	对本部门、本企业的产品进行质量检验的费用，以及新产品鉴定前进行质量评审所支付的费用	资料费、会议费、办公费及有关费用	管理费用
	工资及福利基金	从事质量管理人员工资总额及提取的职工福利基金	工资及提取的职工福利基金	制造费用、管理费用
	顾客调查费	掌握顾客需求的费用	办公费、差旅费等	管理费用
	质量情报及信息费	供应商评价等费用	收集产代销各环节工作质量的信息、基本数据、原始记录等产生的费用	管理费用
鉴定成本	检验试验费	对外购原材料、零部件、元器件和外协件，以及生产过程中的在制品、半成品、产成品，按质量要求进行检验、试验所支付的费用；实验室或计量服务费用	委托外部检验和鉴定支付的费用、送检人员的差旅费、材料费、能源费、劳保费、破坏性试验费及有关费用	制造费用、管理费用
	办公费	质量检验部门为开展日常检验工作所支付的办公费	办公费	管理费用
	工资及福利基金	从事质量检验、试验工作人员的工资总额及提取的职工福利基金	工资及提取的职工福利基金	制造费用、管理费用
	检测设备维修折旧费	检测设备的维修、校准、修理和折旧费	大修折旧费，中、小修理费，维护费，校准费	制造费用、管理费用
	顾客满意度调查费	了解顾客满意程度所支付的费用	办公费、差旅费等	管理费用

二级科目	三级科目	归集内容	费用开支范围	费用来源
内部故障成本	报废损失费	产成品、半成品、在制品达不到质量要求且无法修复或在经济上不值得修复造成报废所损失的费用，以及外购元器件、零部件、原材料在采购、运输、仓储、筛选等过程中因质量问题所损失的费用	在生产、采购、运输、仓储、筛选等过程中报废的产成品、半成品、在制品、元器件、零部件、原材料费用，以及人工费用和能源、动力等消耗	材料、工资、制造费用
	返工返修费	为修复不合格产品并使之达到质量要求所支付的费用	人工费及所更换零部件、原材料的费用	材料、工资
	降级损失费	因产品质量达不到规定的质量等级而降级所损失的费用	原等级产品价格与降级产品之间的差额损失	制造费用
	停工损失费	因质量问题造成停工所损失的费用	停工期间损失的净产值	制造费用
	产品质量事故处理费	因处理内部产品质量事故所支付的费用	重复检验费用、重新筛选费用等	制造费用、管理费用
	纠正措施费	内、外审等的纠正措施费用	解决内、外审过程中发现的管理和产品质量问题所支出的费用，包括防止问题再发生的相关费用	管理费用
外部故障成本	索赔费、产品责任费	因产品质量未达到标准，对用户提出的申诉进行赔偿、处理所支付的费用	支付用户的赔偿金（包括罚金）、索赔处理费及差旅费等	管理费用
	退货损失费	产品质量未达到标准造成用户退货、换货所损失的费用	产品包装损失费、运输费和退回产品的净损失等	营业费用
	折价损失费	因产品质量未达到标准折价销售所损失的费用	销售价格与折价后的差额损失	营业费用
	保修费	根据保修规定，为用户提供修理服务所支付的费用，以及保修服务人员的工资总额和提供的职工福利基金	差旅费，办公费，劳保费，更换零部件成本所需材料、工具、运输费用，以及工资总额和提取的职工福利基金等	营业费用
	诉讼费	用户认为产品质量低劣，提出申请、要求索赔的费用	处理产品质量申诉产生的费用	管理费用
外部质量保证成本	产品外部检验、试验费	为用户提供产品质量合格依据，在国家认可的实验室进行检验、试验的费用	委托外部检验和鉴定支付的费用、送检人员的差旅费及有关费用	制造费用、管理费用
	认证费	进行质量认证所支付的费用，质量体系审核费用	质量体系审核费用、审核人员的差旅费及有关费用	管理费用
	专项措施费	按合同要求，向用户提供的、特殊附加的质量保证措施、程序、数据等所支付的专项措施费用	提供证据的费用及有关人员的差旅费	管理费用

在表 3.1 所列的质量成本构成中，预防成本、鉴定成本和外部质量保证成本是质量方面的投入，这种投入是减少质量损失、增加质量收益和提高竞争能力的必要前提；内部故障成本和外部故障成本是不可能完全避免的，它们的减少取决于技术水平、管理水平的进步，这种进步又与质量投入密切相关。合理的质量成本构成，可使质量总成本降低，使质量效益增加。

四、质量成本分析方法

为实施质量管理而建立的企业质量管理体系，其有效性直接影响企业的盈利或亏损。因此，保持和提高企业质量管理体系的有效性是质量管理的一项中心工作；又因为企业的内、外环境经常会发生变化，所以它又是一项需要经常予以关心、不断做出修改的、持久的中心工作。质量成本管理正是企业实现上述目的的一个重要手段。本节侧重阐述企业质量损失成本总额及相关指标的分析、企业质量损失成本的差异分析，为企业开展质量损失成本分析提供有效的工具。

（一）结构比分析法

在进行质量成本分析时经常会使用质量成本的结构比例指标。相关计算公式为

$$预防成本率 = \frac{预防成本}{质量成本}$$

$$鉴定成本率 = \frac{鉴定成本}{质量成本}$$

$$故障(损失)成本率 = \frac{故障(损失)成本(内部 + 外部)}{质量成本}$$

预防成本率：鉴定成本率：故障成本率的最佳构成为 $1:4:5$，合理的质量成本构成可使质量总成本降低，使质量效益增加。

（二）相关比分析法

有时，也经常用质量成本占销售额的比例来反映质量成本水平。相关计算公式为

$$质量成本率 = \frac{质量成本}{销售额}$$

表 3.2 所示为不同工业质量成本标准值。据一些企业的数据统计，最优比例为质量成本占销售额的 1%，理想的为 5%～15%。

表 3.2　不同工业质量成本标准值

工业类别	质量成本占销售额的比例/%
简单工业	0.5～2.0
传统机械	1.0～5.0
精密工业	2.0～10.0
复杂电子、航天工业	5.0～25.0

（三）质量损失成本分析法

由于引起企业质量损失成本的原因是多方面的，涉及企业各部门和环节，并且质量损失成本的各构成项目对企业的收益和成本有着综合的、系统的影响，可采用责任质量损失

成本差异分析对企业的质量损失成本展开差异分析。

开展企业责任质量损失成本差异的分析，对于企业质量管理体系的持续改善有重要作用。但是在实际中这项工作很难开展，因为造成质量损失成本差异的原因往往是多方面的，发生质量损失成本的场所不一定就是质量损失成本源。在这种情况下，可采取如下步骤进行分析。

1）质量损失成本按产品分类进行汇总统计，然后根据计算结果制作排列图进行 ABC 分析。以某企业为例，如图 3.6 所示。

从图 3.6 中可得出结论：板式产品占质量损失的 69%，要作为 A 类产品重点分析。另外，如果控制住板式产品损失，质量成本将减少 69%。

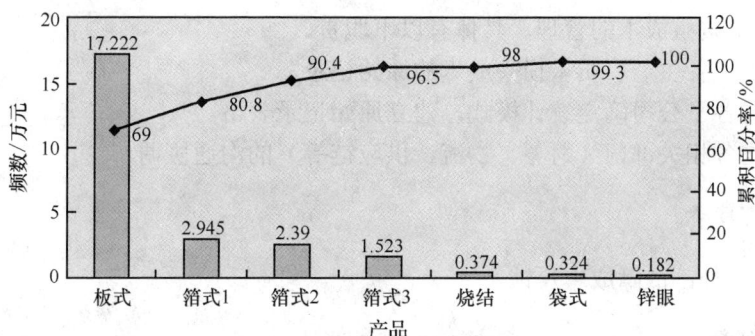

图 3.6　某企业各类产品质量损失成本排列图

2）对 A 类产品进行质量损失成本源分析，目的在于发现和确定质量管理工作的薄弱环节，确定质量损失成本源的方法可采用矩阵数据分析法。以某企业为例，如图 3.7 所示。

从图 3.7 中可得出结论：制造分厂和技术处是主要的故障部门，要作为重点来调查其产生故障的原因。如果这些部门的产品损失减少 1/2，公司的质量损失就会大幅下降。

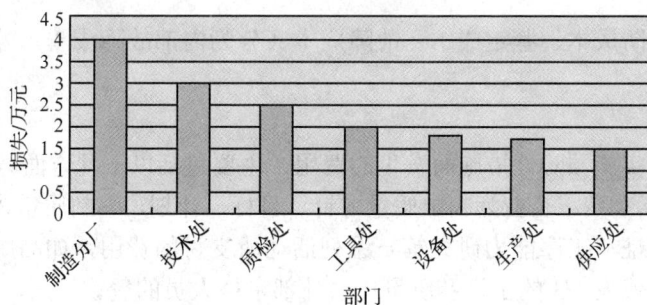

图 3.7　某企业质量损失成本源分布图

五、质量成本控制程序

（一）目的

质量成本控制的目的是通过对质量成本统计分析评定质量体系的有效性。

（二）适用范围

质量成本控制程序适用于企业质量成本的管理。

（三）职责

1．财务部职责

财务部是质量成本管理的统计部门，负责收集、统计、编制相关数据并分析相互关系。

2．品质部职责

品质部负责质量成本的管理，具体有以下职责。
1）负责建立各生产厂质量损失成本的原始记录。
2）负责与各子公司确定统计模式，建立原始记录表格。
3）负责与各相关部门（财务、物流、供应链等）的沟通协调。

3．营销部职责

营销部负责外部故障成本反馈。

4．其他职责

财务部、ISO 9000 办负责质量成本的稽查、复核。研发部、生产部、物资部负责故障成本的控制。

（四）工作程序

1．质量成本构成

质量成本由预防成本、鉴定成本、故障成本（分为内部故障成本、外部故障成本）三个科目组成。

（1）预防成本

预防成本是为实施预防性措施而发生的费用，主要包括以下几方面。

1）质量管理活动费：企业为制定质量方针、目标、计划，编制质量体系文件，开展质量管理所产生的认证、工序能力研究等一系列活动所支付的费用，如品质部经理及文员的工资福利、管理者代表 1/3 的工资及质量体系外部审核人员的餐饮费用，由财务部统计。

2）质量培训费：为达到质量要求或改进产品质量的目的，提高职工素质而对有关人员进行质量意识、质量管理、检测技术、操作技术等培训的费用，由品质部通知财务部统计。

3）质量评审费：新产品设计方案评审（暂不统计）、ISO 9001 认证所需费用（证书年费需要平均到各月），由财务部统计。

4）质量改进措施费：为提高产品质量的工作质量，改变产品设计、调整工艺，开展工序控制，进行技术改进的措施费用，如生产部除铜试验的相关费用，由各部门报财务部。

5）奖励费：为确保和改进产品质量而支付的各种奖励费用，如生产部、品质部、研发部反馈本部门的奖励费（生产部操作工有质量奖）。

（2）鉴定成本

鉴定成本是为评定产品是否达到规定的质量要求而进行检验、试验和检查所支付的费用，主要包括以下几方面。

1）检测试验费：对进厂的原材料、外协件及生产过程中的在制品、半成品、产成品按质量要求进行检测和计量校准所发生的费用，如产品质量及安全认证费用（年费平均到每月，新增加的认证费用统计在报账的月份）；外协测试及计量费用由品质部以报账的形式通知财务部；水电费用（包括品质部及生产部老化房电费）由生产部机电工向财务部提供（在没有安装各部分电表之前由电工评估，并说明理由）；铁路产品的合格证费用。

2）检测设备折旧和修理费：质量检测设备的折旧和维修、修理费用，由财务部统计；设备的折旧费按公司方法进行计算（生产检测所有设备的折旧费中除去波峰焊的折旧费）。

3）工资及福利基金：专职检验和计量人员的工资及福利，包括 IQC（incoming quality control，来料质量控制）/FQC（final quality control，最终质量控制）及生产线插件 QC（quality control，质量控制）/补焊及 QC/成测 QC 的工资福利，向生产部报相关的部分，其余由财务部统计。

4）品质部办公费用：因为检验报告打印和复印产生的费用，由财务部统计。

（3）故障成本

故障成本是指生产前、制程中、交货前因产品或服务未能满足规定的质量要求所造成的损失，主要包括以下几方面。

1）废品损失：因在制品、半成品、成品达不到质量要求且无法修复造成报废所发生的损失费用，以及物料因为种种原因报废的费用，具体包括物资部向财务部报设计更改等原因导致无法使用的物料费用及封存一个月未解封的物料金额、生产部报生产报废数据及退货报废的产品数量。

2）返工修理费用：为修复不合格品所发生的费用，如生产部统计返工的人工费用、修理费用，财务部统计修理组领用的物料金额。

3）停工损失：因质量问题而引起的停工损失。

4）事故分析和处理费用：对质量问题进行分析和处理所发生的直接损失，如生产部报财务部修理人员工资、财务部统计品质部工程师的工资福利，有客户投诉出差的费用由营销部报财务部。

5）产品降级损失：产品降级处理所造成的损失，如财务部统计生产部入库的 A 品数量及金额（包括生产及退货 A 品），降级损失以物料成本统计。

6）赔偿、降价费用：交货出厂后因达不到质量标准，对用户提出的申诉进行赔偿或降价、处理所支付的费用，由营销部报财务部。

7）退货损失：产品的质量原因导致退、换货产生的运输费用，有证据表明客户投诉导致的订单的流失，由营销部统计，报财务部。

2．质量成本实施

1）各部门具体负责归口管理的相关资料及原始数据的收集整理，报送财务部。

2）财务部根据有关质量成本统计表进行质量成本汇总及核算，并做出分析，提出初步质量成本分析报告。主要内容为结合缺陷与缺陷原因报告费用的高低、经过及其分析情况。

3）各相关部门收到财务部提交的初步质量成本分析报告后，要进行深入的技术分析，提出质量改进措施和建议，同时按经济责任制的要求对有关部门归口管理的指标及经济效果进行考核。

3．质量成本控制步骤

质量成本控制一般分为三步，即事前工作、事中控制和事后处置。

1）事前工作：确定质量成本控制的标准。

2）事中控制：监督质量成本的形成过程，这是控制的重点。

3）事后处置：查明造成实际质量成本偏离目标质量成本的原因。

4．质量成本分析

质量成本指标体系主要包括预防成本率、鉴定成本率、故障损失成本率、质量成本率。

5．拟订对策

1）对分析出来的各项结果予以整理，并提供给总经理及管理者代表，以了解目前质量成本的结构及状况，最后绘制成趋势图。

2）当有预防和鉴定成本不足而造成无法对产品进行有效把关时，应由品质部提出改善措施报管理者代表批准实施，以便能有效地对产品进行把关，避免不合格品流出。

3）对各项改善对策应加以确认，确认方法由财务部执行，执行的方式只需看下个月或未来 3 个月的质量成本的结构，即可了解实施的措施是否有效、故障损失成本所占的比例是否下降。

4）记录由财务部保存。

6．相关文件

相关文件有《质量记录控制程序》。

7．质量记录

与质量记录有关的表格包括质量成本状况月报表和质量成本反馈表。

工作实操

三洋制冷公司质量成本报告

三洋制冷公司早在1996年就在中央空调行业率先通过了 ISO 9001 质量管理体系认证，在质量管理上取得了非常好的成绩。但是企业在经营中经常发现，一些质量损失仍然难以度量，比较难以从财务核算的角度对质量体系的有效性进行测量；而在企业的日常管理活动中存在着许多无效的管理，它们按照通常的管理方法，所造成的损失是难以测量的，因此，常常被作为正常的管理成本而不被发现，使企业的经营管理难以得到持续改进。为此，在经过反复比较后，三洋制冷公司选择了质量成本管理来解决这一问题。

一、质量成本控制流程

质量管理部是质量成本管理的归口部门，质量成本控制流程如图 3.8 所示。

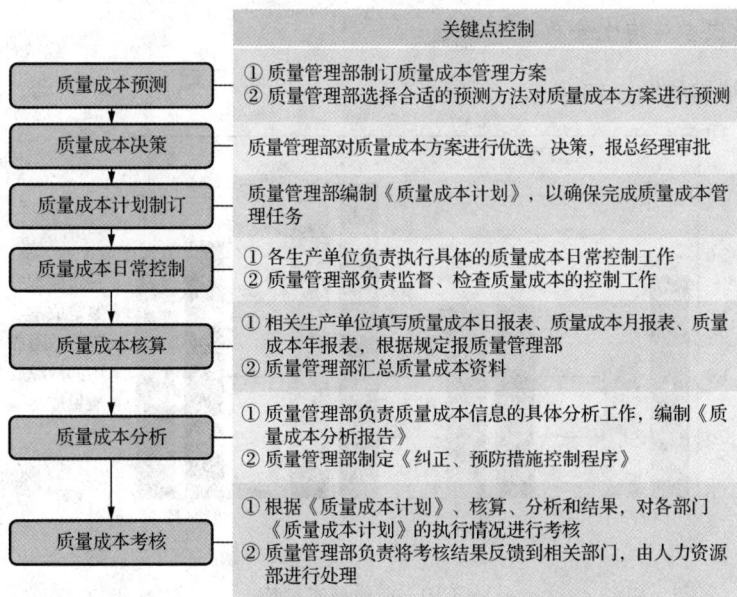

	关键点控制
质量成本预测	① 质量管理部制订质量成本管理方案 ② 质量管理部选择合适的预测方法对质量成本方案进行预测
质量成本决策	质量管理部对质量成本方案进行优选、决策，报总经理审批
质量成本计划制订	质量管理部编制《质量成本计划》，以确保完成质量成本管理任务
质量成本日常控制	① 各生产单位负责执行具体的质量成本日常控制工作 ② 质量管理部负责监督、检查质量成本的控制工作
质量成本核算	① 相关生产单位填写质量成本日报表、质量成本月报表、质量成本年报表，根据规定报质量管理部 ② 质量管理部汇总质量成本资料
质量成本分析	① 质量管理部负责质量成本信息的具体分析工作，编制《质量成本分析报告》 ② 质量管理部制定《纠正、预防措施控制程序》
质量成本考核	① 根据《质量成本计划》、核算、分析和结果，对各部门《质量成本计划》的执行情况进行考核 ② 质量管理部负责将考核结果反馈到相关部门，由人力资源部进行处理

图 3.8 质量成本控制流程

二、质量成本控制分析

独立的质量成本对于企业来说毫无意义，质量成本只有显示出特定领域方面的财务投入情况，并且明确成本改进的机会，才有其存在的价值。因此，财务部在对一段时间内发生的质量成本进行汇总统计后，品质部又组织相关部门共同分析，对损失金额较大的优先解决，拟订对策并推动实施，并进行检查和考核。如此经过多次循环，使问题逐步得到有效解决，也使降低成本工作的困局得以突破。

（一）质量成本趋势分析

2016 年 1～4 月的质量成本变化趋势如图 3.9 所示，质量成本总额和累计占比的趋势均平稳，且远低于目标值。

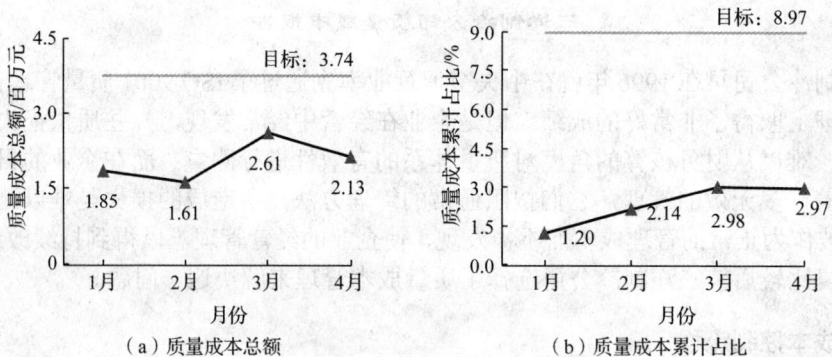

图 3.9 质量成本趋势

（a）质量成本总额 （b）质量成本累计占比

（二）质量成本结构比分析

质量成本结构如图 3.10 所示。

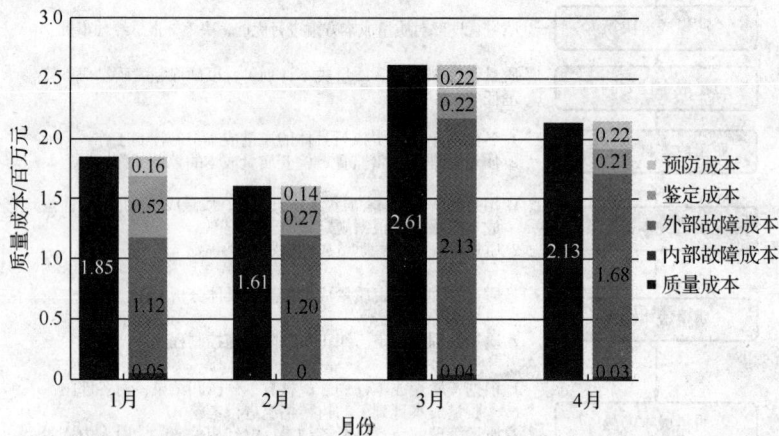

图 3.10 质量成本结构

从图 3.10 中可看出：4 月较 3 月的质量成本有所下降，主要体现在外部故障成本上；4 月外部故障成本占比=(1.68/2.13)×100%≈78.87%，此结构为不合理结构比。

（三）外部故障成本分析

1. 外部故障成本构成

从图 3.11 中可看出：外部故障成本总计 1.68 万元，质量问题处理费用减去售后费用是 1.2 万元，占总计的主要部分，应该继续分析其费用较高的原因。

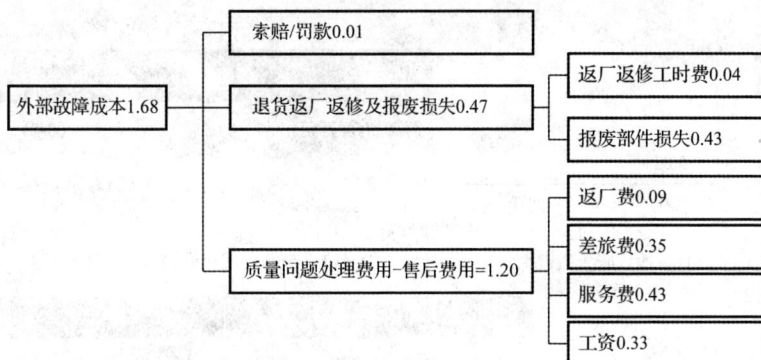

图 3.11 外部故障成本构成（单位：百万元）

2．外部故障成本分析

外部故障成本分析如图 3.12 所示。

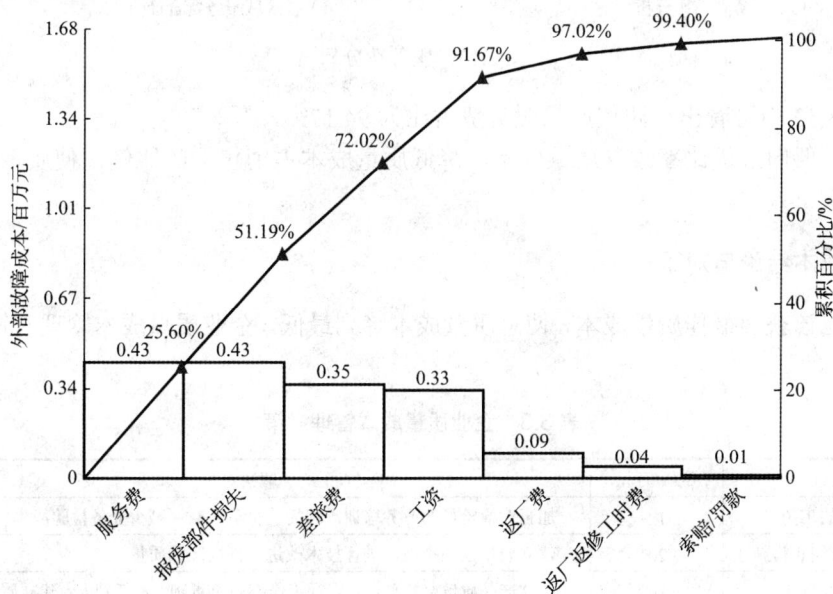

图 3.12 外部故障成本分析

从图 3.12 中可看出：服务费、报废部件损失、差旅费三者的占比为 72.02%，是外部故障成本的主要部分，可作为降低外部故障成本的入手点。

3．服务费分析

服务费分析如图 3.13 所示。

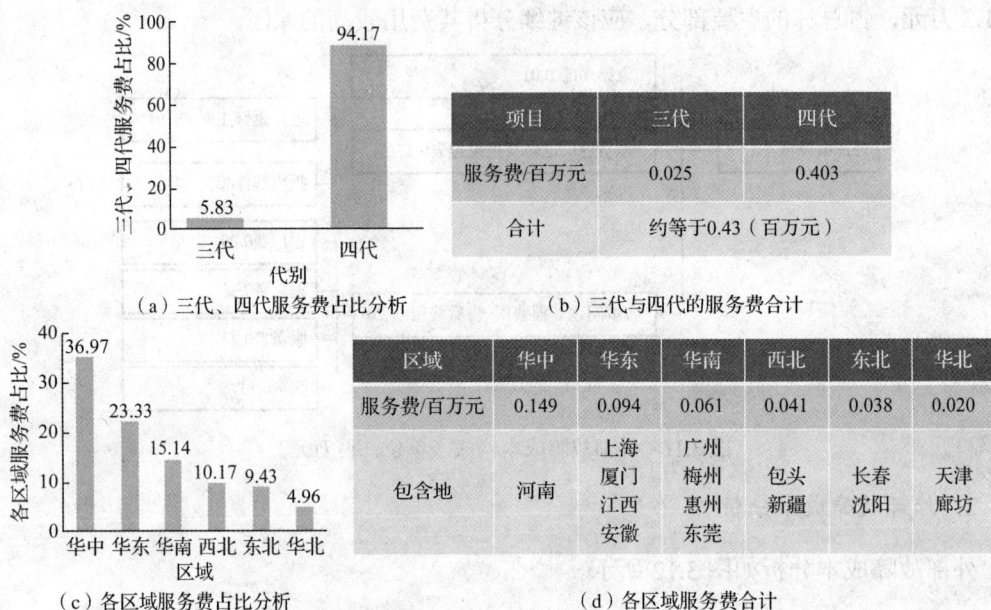

项目	三代	四代
服务费/百万元	0.025	0.403
合计	约等于0.43（百万元）	

（a）三代、四代服务费占比分析　　　　（b）三代与四代的服务费合计

区域	华中	华东	华南	西北	东北	华北
服务费/百万元	0.149	0.094	0.061	0.041	0.038	0.020
包含地	河南	上海 厦门 江西 安徽	广州 梅州 惠州 东莞	包头 新疆	长春 沈阳	天津 廊坊

（c）各区域服务费占比分析　　　　（d）各区域服务费合计

图 3.13　服务费分析

从图 3.13 中可看出：四代产品服务费占比为 94.17%。

因此，要向最优比率改善质量成本，降低质量成本占销售额的比例，使质量总成本降低，增加质量效益。

三、质量成本结论与对策

企业应该获得最佳质量成本，使总质量成本降到最低。企业质量成本管理对策如表 3.3 所示。

表 3.3　企业质量成本管理对策

项目	金额/万元	解决对策
检验员的工资	12	加强对检验员的业务培训，精简检验员人数；减少业务检验成本
内、外审等纠正措施	20	建立质量控制小组，进行技术改进，提高产品质量
不合格及返工	80	建立产品质量监督部门，实行工作部门负责制，责任到人；建立质量奖惩制度
检验费	18	建立严格的企业标准，严格要求产品的质量，创质量免检品牌，减少不合格产品的数量
零缺陷计划	10	由质量检验部门加强对产品的设计、制造、标识、技术局限的缺陷的控制，使产品的缺陷降到最低
最终产品检验	10	制定一套完整有效的产品检验制度，将产品检验相关费用降到最低

在预防措施上进行一定投入以使质量得到提高，对于一个组织来说是很有益的。当然，这也取决于管理的注意力是否集中在质量和可靠性上。例如，若公司希望通过更好的产品设计和流程设计来提高质量水平，而不是通过解决原有产品设计和流程设计中的质量问题

来提高质量，则生产管理人员要做的主要工作是在产品的质量、反应时间和灵活性等竞争因素上下功夫，以期在市场竞争中取得优势。在这种情况下，有关质量的其他成本的减少并不能弥补预防成本的增加。所以，管理人员通常不得不提高产品或服务的价格，从而采取以质量取胜而不是以价格取胜的生产运作策略。一般来说，如果管理人员提高了质量可靠性水平，由此增加的预防成本就会较高。但是与此同时，因质量提高而使各种浪费减少所带来的收益也是巨大的。这就是众多公司投入大量人力、物力、财力来提高产品质量或服务质量的原因。

四、改进方案

1. 流程现状

以生产现场中发生的质量问题为例：根据公司 ISO 9001 质量管理体系的要求，当出现质量问题时，由员工填写工序质量反馈单，经部长确认后，由品质人员给出处理意见。当员工按处理意见完成后，还需要填写纠正预防措施表，由品质人员确认。当确认为报废时，只有填写废品报告单并通知财务部和库房后，才能重新下料。在整个过程中，所造成的工时等损失并没有单独核算，而是计入正常工时。因此，按照这种方法，虽然质量体系得到维持运行，但是质量成本损失无法计算，更谈不上有的放矢地进行改善了。

2. 流程优化

在实施质量成本控制后，品质部把工序质量反馈单、纠正预防措施表、废品报告单合并为工序质量反馈处理单，并重新规划了流程，即由制造人员填写"质量问题"以上的栏目，经部长确认后，交由品保人员填写"产生原因及解决措施"栏目，并进行质量责任判定，提出处理意见，交给责任部门及责任人签字，根据不同的处理意见，进行相应的流程处理。

1）处理意见为索赔时，生产人员直接持本单据财务联、仓库联到仓库重新换货，无须再开领料单。工时处理分为两种情况：①如果没有进行生产，换料后生产按照正常生产填写工时；②如果已进行生产，换料后按照返工的工时处理流程进行。送回仓库的物品按《索赔物品管理规定》执行处理。

2）处理意见为返工、报废、改为他用时，由品保人员下达派工单，制造部根据派工单重新开具出库单，把派工单号码作为新的产品编号，到财务部签字后，到库房领料，并在重新生产或者返工作业完成后，由操作者填写处理记录。检查者填写检查结果，经品保人员确认后，到库房领料，并在重新生产或者返工作业完成后，由操作者填写处理记录，检查者填写检查结果，经品保确认后，由生产人员将本单据与生产工时记录单、停工工时记录单一同交给品保人员。品保人员将本单据财务联及相关工时记录单等直接转给财务，同时根据本单据做好日常台账登录工作，定期发送财务部。

通过上述改善，企业的降低成本工作得到贯彻实施，企业在具有原来的差异化战略优势的同时，在成本上接近主要竞争对手，从而获得了竞争优势。

工作实训

一、实训目标

通过实训练习，学生能够进行质量成本控制分析、编制质量成本管理对策表等工作，增强对质量成本管理的理解能力。

二、实训内容

对任一家熟悉或感兴趣的企业实施的质量成本管理进行分析，形成《质量成本分析》《质量成本控制程序》等相关报告。

针对每个质量成本管理的实施过程进行工作过程写实，并将具体内容填写在项目工作单上，包括项目资讯工作单、实施策划工作单、实施计划工作单、项目实施工作单、检查确认工作单、项目评价工作单。

三、实训要求

（一）工作职责

1）按照每组 6～8 人对学生进行分组，每组选一名组长。
2）组长负责小组成员分工、任务进度控制、工作内容检查等组织工作。
3）组员结合实训企业，开展小组讨论，并完成具体实训任务。

（二）汇报考核

1）全体成员参加成果汇报，并用 PPT 展示相关工作成果。
2）实训考核包括工作项目报告、项目工作单、PPT 汇报展示、学生答辩等内容。

四、拓展训练

（一）单项选择题

1．质量问题实际上是一个（　　）问题。
　　A．政治　　　　　　　B．学术　　　　　　　C．经济
2．质量经济涉及利益和（　　）等诸因素。
　　A．成本　　　　　　　B．速度　　　　　　　C．管理
3．提高质量（　　）是企业追求成功的关键。
　　A．经济性　　　　　　B．科学性　　　　　　C．先进性
4．最先提出质量成本概念的质量专家是（　　）。
　　A．朱兰　　　　　　　B．费根堡姆　　　　　　C．休哈特

5. 质量成本按存在形式可以分为（　　　）。

　　A．显见质量成本和隐含质量成本

　　B．内部质量成本和外部质量成本

　　C．符合性质量成本和非符合性质量成本

6. 预防成本应包括（　　　）。

　　A．供应商评价费用　　B．检验费　　　　　　C．实验费

7. 外部活动成本包括（　　　）。

　　A．外部质量保证费用　　　　　　B．检验费　　　　　　C．试验费

8. 降级损失费应列入（　　　）。

　　A．预防成本　　　　B．鉴定成本　　　　C．故障损失成本

9. 对顾客投诉进行处理所开支的费用应列入（　　　）。

　　A．预防成本　　　　　B．内部故障成本　　　C．外部故障成本

10. 鉴定成本包括（　　　）。

　　A．供应商评价费用　　　　　　　B．实验费

　　C．顾客调查费用　　　　　　　　D．质量审核费

11. 一些企业经常称自己的产品没有抱怨，这种说法（　　　）。

　　A．正确　　　　　　B．错误　　　　　　C．不一定正确

12. 企业可通过（　　　），确保过程朝满足顾客需要的方向而努力。

　　A．质量经济性管理　　　　　　　B．人力资源管理

（二）多项选择题

1. 对顾客来说，质量成本必须考虑（　　　）。

　　A．减少费用　　　　　　　　　B．改进适用性

　　C．提高满意度和忠诚度　　　　D．减少污染

2. 对企业来说，质量成本需考虑（　　　）。

　　A．提高利润　　　　　　　　　B．提高市场占有率

　　C．改进适用性　　　　　　　　D．增强顾客满意

3. 企业搞好质量经济性管理有利于（　　　）。

　　A．顾客　　　　　　B．相关方　　　　C．社会　　　　D．科学发展

4. 内部运行成本包括（　　　）。

　　A．预防　　　　　　B．鉴定　　　　　C．故障　　　　D．运行

5. 内部故障成本包括（　　　）。

　　A．报废损失费　　B．保修费　　　C．实验费　　　D．纠正措施费

6. 外部故障成本包括（　　　）。

　　A．产品责任费　　B．质量评审费　　C．实验费　　　D．保修费

7. 为达到顾客满意，组织应调查研究和分析（　　）。

    A．谁是顾客   B．顾客要求特点   C．顾客满意程度   D．社会要求

8. 预防成本包括（　　）。

    A．顾客调查费   B．认证费   C．质量评审费

    D．检验费   E．质量培训费

9. 顾客在成本方面必须考虑（　　）。

    A．购置费   B．运行费   C．保养费

    D．维修费   E．鉴定费

10. 企业在成本方面必须考虑（　　）。

    A．产品返工   B．返修   C．更换

    D．现场维修费   E．购置费

11. 质量管理是以质量为中心，努力开发和提供顾客满意的（　　）。

    A．管理   B．形象   C．产品

    D．服务   E．环境

12. 企业提高经济效益主要考虑（　　）。

    A．增加收入   B．降低成本   C．引入外资

    D．银行贷款   E．以上皆有

13. 质量体系研究和管理费用是指用于质量体系的（　　）。

    A．设计费   B．管理费   C．辅助费用   D．安全费

14. 外部担保费是指（　　）。

    A．外部实验室酬金   B．保险检查费   C．培训费

（三）综合分析题

1. 假设一家公司的年销售额为 1000 万元，全年的预防成本为 12 万元，鉴定成本为 4 万元，内部故障成本为 2 万元，外部故障成本为 2 万元，请回答以下问题。

（1）预防成本率为（　　）。

    A．60%   B．50%   C．40%

（2）鉴定成本率为（　　）。

    A．30%   B．20%   C．15%

（3）故障损失率为（　　）。

    A．30%   B．10%   C．15%

（4）质量成本占销售额的（　　）。

    A．2%   B．3%   C．1%

（5）该企业的质量成本水平（　　）。

    A．优   B．一般   C．比较好

2．某企业实施质量成本管理，统计 2020 年度质量成本费用，质量培训费 20 万元，生产前预评审费用 10 万元，供应商评价费 10 万元，外购材料检验费 20 万元，顾客投诉问题分析返工返修检验费 5 万元，鉴定费 20 万元，顾客满意度调查费 10 万元，返工返修费用 50 万元，内部质量审核费 2 万元，内部纠正措施费 5 万元，顾客退货损失 50 万元。

（1）该企业的鉴定成本费用是（　　　）万元。

　　A．40　　　　　　　B．57　　　　　　　C．62　　　　　　　D．52

（2）该企业的符合性成本费用为（　　　）万元。

　　A．72　　　　　　　B．40　　　　　　　C．92　　　　　　　D．55

（3）该企业的非符合性成本费用为（　　　）万元。

　　A．100　　　　　　B．130　　　　　　C．120　　　　　　D．110

（4）若要反映该企业的质量管理水平，可采用（　　　）。

　　A．非符合性成本

　　B．鉴定成本率

　　C．质量成本与销售额的比例

　　D．符合性与非符合性成本的比例

（四）简答题

1．简述质量经济性管理的途径。

2．简述质量成本的构成。

二维码资源

一、项目工作单

工作步骤	工作过程	项目实施	实施记录	二维码
1	资讯	项目问题确认	项目资讯工作单	
2	决策	实施方案策划	实施策划工作单	
3	计划	工作计划制订	实施计划工作单	
4	实施	工作任务实施	项目实施工作单	

续表

工作步骤	工作过程	项目实施	实施记录	二维码
5	检查	项目检查确认	检查确认工作单	
6	评估	项目评估整理	项目评价工作单	

二、信息化资源

序号	资源类型	教学内容	二维码
1	教学实录	质量与经济的关系	
		质量成本控制体系	
2	实训实录	丰田汽车质量成本报告分享与点评	

三、拓展训练答案

项目四

标准化管理

职业能力目标

知识目标
- 掌握标准的基础知识与企业标准制定的一般程序。
- 熟悉国家有关标准化的法律、法规、方针和政策。

能力目标
- 能应用企业标准化管理方法。
- 能策划、实施企业标准体系。

素质目标
- 养成良好的安全生产意识，能够自觉按标准规章操作。
- 具有一定的组织协调能力、计算机应用及语言文字表达能力。

思政目标
- 遵法守纪、诚实守信，履行道德准则和行为规范，具有社会责任感。

职业岗位描述

管理岗位
- 标准化管理员。
- 各级各类项目的标准化管理员。

岗位职责
- 贯彻国家标准化工作方针、政策，组织实施与标准化有关的法律法规，负责标准化宏观管理和指导工作。
- 制定标准化工作的规划和具体实施办法，草拟地方性标准方面的规范性文件并组织实施和监督管理。
- 贯彻国家标准、行业标准和地方标准，并对标准的实施进行监督。
- 官方文件的接收和处理，企业标准起草、备案，本部门第三层文件起草、修订。

质量文化
- 质量来源于标准，建立以客户为导向的产品质量目标，满足客户需要。

2020 年 5 月，习近平总书记强调要"逐步形成以国内大循环为主体、国内国际双循环相互促进的新发展格局"[①]。大力倡导高新科技自主自强，大力振兴实体经济，大力实施标准化战略，坚定不移实施制造强国、质量强国战略，推动高质量发展。

2017 年 9 月 5 日，《中共中央 国务院关于开展质量提升行动的指导意见》出台，强调加快标准提档升级：改革标准供给体系，推动消费品标准由生产型向消费型、服务型转变，加快培育发展团体标准；推动军民标准通用化建设，建立标准化军民融合长效机制；推进地方标准化综合改革；开展重点行业国内外标准比对，加快转化先进适用的国际标准，提升国内外标准一致性程度，推动我国优势、特色技术标准成为国际标准；建立健全技术、专利、标准协同机制，开展对标达标活动，鼓励、引领企业主动制定和实施先进标准；全面实施企业标准自我声明公开和监督制度，实施企业标准领跑者制度；大力推进内外销产品"同线同标同质"工程，逐步消除国内外市场产品质量差距。

在高新技术领域，"标准化在前、产品化在后，然后才是产业集群"，这是数字经济发展带来的新商业模式。标准作为经济社会活动的技术依据、世界的通用语言，正在引领中国经济社会向高质量转型发展。

企业案例

一、上海地铁细节

上海地铁一号线是由德国人设计的，看上去并没有特别的地方，直到中国人自己设计的地铁二号线投入运营才知道其中有许多细节被忽略了，导致地铁二号线运营成本远远高于一号线。现将地铁二号线忽略的细节罗列如下。

（一）三级台阶

地铁一号线的每个室外出口都不是和地面齐平的，要进入地铁口，必须踏上三级台阶，然后往下进入地铁站。不要小看这三级台阶，在下雨天它可以阻挡雨水倒灌，从而减轻地铁的防洪压力。事实上，地铁 号线内的防汛设施几乎从来没有动用过，与之相较，地铁二号线曾发生过雨天被淹的情况。

（二）转弯

地铁一号线的每个出口都会转一个弯，不会直接通到室外。这个转弯大大减少了地铁站台和外部的热量交换，从而减轻了空调的压力，使地铁一号线的电费大大小于地铁二号线的电费。

---

① 习近平，2020. 坚持用全面辩证长远眼光分析经济形势 努力在危机中育新机于变局中开新局[N]. 人民日报，2020-05-24（1）.

（三）地面装饰线

地铁一号线的站台最外边采用金属装饰，里面用黑色大理石嵌了一条边，在里面铺设同一色彩的地砖。这样的装饰，会给乘客心理上的暗示，从而使乘客下意识地站在地砖所在的范围内，和地铁轨道保持大约 50 厘米的距离，以保证安全。地铁二号线地面全部用同色的地砖铺成，稍不注意就会过于靠近轨道，使地铁公司不得不安排专门的人员来提醒乘客。

（四）站台宽度

地铁一号线的站台比较宽，上下车比较方便，而地铁二号线的站台比较窄，尤其是其一层和二层之间的楼梯比较窄，在高峰时间，显得非常拥挤。站台较窄，也使乘客不容易看清楚对面的本站站牌，容易坐过站。后来地铁二号线重新装饰了所有的柱子，使每个站台的柱子都不相同，以方便乘客辨认。但地铁二号线也丧失了在柱子上做广告的收入。

（五）小缺口

地铁一号线在设计的时候留有站台门，地铁到达的时候，地铁门和站台门会对准，同时打开。没有地铁的时候，站台门关闭。这进一步保存了站台的热量，节省了电费，同时保证了旅客的安全，避免旅客不慎掉入站台。然而在实际运营的时候，最初并没有安装站台门。

（资料来源：汪中求，2004. 细节决定成败[M]. 北京：新华出版社：47.）

二、管理思考

地铁的设计尚且有如此多的细节需要掌握，那么学习和引入一种制度呢？有多少细节需要完善，进而形成标准化管理？又有多少人真正努力去研究和思考这些呢？

启示：企业的成败在很大程度上由细节决定。投入大笔的资金，往往仅有百分之几的利润，而任何一个细节的失误，就可能将这些利润完全吞噬。

工作说明

一、工作目标

时代物业有限公司（以下简称时代物业）是一家以物业服务为主，业务覆盖房地产策划营销、园林绿化、弱电安防、城市服务的物业服务企业。时代物业的在管物业服务项目有 50 余个，其项目类型涵盖住宅、写字楼、机关办公楼、学校、产业园区、大型公建等多种业态，管理面积为 450 余万平方米。

时代物业"以承担社会责任为己任，创建中国物业管理行业的名牌企业"的企业愿景，坚持"以人为本，以客户满意为目标，为客户、为社会提供最佳物业管理服务"的企业使命，推动公司的横向拓展及纵向产业链的延伸。全体员工秉承"敬业、奉献、创新、责任"的企业价值观和"时代相伴，真诚无限"的服务理念，贯彻"质量为先、信誉为重、管理为本、服务为诚"的质量理念和"以人为本、制度至上、精细精准、重抓落实"的安全理念，创造公司卓越的服务品质，实现良好的经济效益与社会效益。

时代物业遵照国家"高质量新发展"的战略，坚持标准、质量、品牌、信誉四位一体，致力创新、不断改进，提升质量标准化管理。

二、工作过程

标准化管理过程（图 4.1）包括标准的概念、种类及级别，标准化的概念及形式，企业标准体系，企业标准制定四个部分。

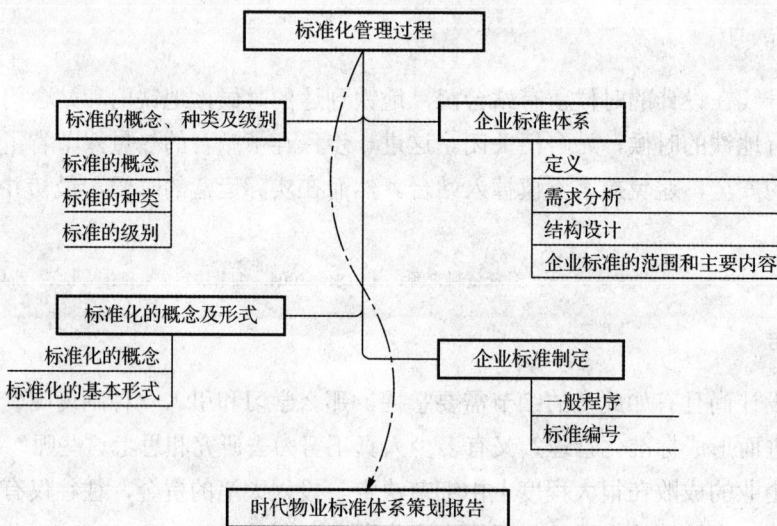

图 4.1　标准化管理过程

=== 相 关 知 识 ===

《中华人民共和国标准化法》（以下简称《标准化法》）于 1988 年由全国人民代表大会常务委员会通过，2017 年修订，旨在加强标准化工作，提升产品和服务质量，促进科学技术进步，保障人身健康和生命财产安全，维护国家安全、生态环境安全，提高经济社会发展水平。

一、标准的概念、种类及级别

（一）标准的概念

标准应以科学、技术和经验的综合成果为基础，以促进最佳社会效益为目的。标准有以下含义。

1）标准是一种规范性文件，是指对某种活动或其结果做出的规定、导则，或者对某种活动或其结果的特性做出的规定的文件。规定是对某种活动或其结果做出的明确的书面要求；导则是对某种活动或其结果做出的指导性、原则性的书面要求；某种活动或其结果的特性的文件是对该种活动或其结果的特性的明确表述或说明。该文件经协商一致制定并由公认机构批准。标准的内容、编写及格式必须符合规定的标准文件格式。

2）标准的对象是反复出现的"活动或其结果"。例如，量体裁衣是一种反复出现的活动。尽管顾客不同、所裁衣服不同，但这种活动是反复出现或重复发生的。批量生产的定型产品，在不同时间、不同地点被多次生产出来，其生产过程及其产品都是反复出现或重复发生的。某些概念、方法、符号在某行业、某专业或某地域具有同样的含义并被广泛应用，这些知识作为思维活动的结果，也是反复出现或重复发生的。标准的关键就在于从这些反复出现或重复发生的"活动或其结果"中找出共同的、可反复使用或重复应用的规律。孤立的、偶然的活动或其结果不是标准的对象。

3）标准以科学、技术和经验的综合成果为基础。对反复出现、重复发生的活动或其结果制定标准是在总结以往经验的基础上进行的，通过应用先进的科学方法和技术手段，使过去成功的经验上升为能普遍应用的方法和原则，使更多的人在更广泛的范围内能够反复地获得成功。

4）标准不是通过法律手段、行政手段或其他强制手段制定的，而是采用民主的方法进行协商，在协商的基础上达成一致，然后经过一个公认机构批准后正式出台的。标准的批准有规定的程序。

协商一致是指普遍同意，表征为对实质性问题，有关各界的重要一方没有坚持反对意见，并且表征为经过寻求，考虑所有有关方面的意见，并协调争端的过程。协商一致并不意味着全无异议。

5）标准的目的是在一定的范围内获得最佳秩序和最佳社会效益。

（二）标准的种类

1. 按性质分类

标准按性质可以分为强制性标准和推荐性标准。

（1）强制性标准

《标准化法》第十条规定："对保障人身健康和生命财产安全、国家安全、生态环境安全以及满足经济社会管理基本需要的技术要求，应当制定强制性国家标准。

"国务院有关行政主管部门依据职责负责强制性国家标准的项目提出、组织起草、征求意见和技术审查。国务院标准化行政主管部门负责强制性国家标准的立项、编号和对外通报。国务院标准化行政主管部门应当对拟制定的强制性国家标准是否符合前款规定进行立项审查，对符合前款规定的予以立项。

"省、自治区、直辖市人民政府标准化行政主管部门可以向国务院标准化行政主管部门提出强制性国家标准的立项建议，由国务院标准化行政主管部门会同国务院有关行政主管部门决定。社会团体、企业事业组织以及公民可以向国务院标准化行政主管部门提出强制性国家标准的立项建议，国务院标准化行政主管部门认为需要立项的，会同国务院有关行政主管部门决定。

"强制性国家标准由国务院批准发布或者授权批准发布。

"法律、行政法规和国务院决定对强制性标准的制定另有规定的，从其规定。"

（2）推荐性标准

《标准化法》第十一条规定："对满足基础通用、与强制性国家标准配套、对各有关行业起引领作用等需要的技术要求，可以制定推荐性国家标准。

"推荐性国家标准由国务院标准化行政主管部门制定。"

行业标准、地方标准是推荐性标准。国家鼓励采用推荐性标准。

2．按习惯分类

标准按习惯可以分为技术标准、管理标准和工作标准。

（1）技术标准

技术标准是指对标准化领域中需要协调统一的技术事项所制定的标准。对企业而言，企业技术标准是对企业标准化领域中需要协调统一的技术事项所制定的标准。企业技术标准的形式可以是标准、规范、规程、守则、操作卡、作业指导书等。

通常技术标准以产品标准为核心，还包括材料、能源、设备等物的标准和工艺、检验等方法的标准，以及术语、图形、符号等概念的标准。

（2）管理标准

管理标准是指对企业标准化领域中需要协调统一的管理事项所制定的标准。

管理事项主要指在营销、设计、采购、工艺、生产、检验、能源、安全和卫生环保等管理中与实施技术标准有关的重复性事物和概念。

管理标准通常是关于事务的标准。

（3）工作标准

工作标准是指对企业标准化领域中需要协调统一的工作事项所制定的标准。

工作事项主要指在执行相应管理标准和技术标准时与工作岗位的职责、岗位人员基本技能、工作内容、要求与方法、检查与考核等有关的重复性事物和概念。

工作标准通常是关于人和作业的标准。

3．按对象分类

标准按对象可以分为基础标准、产品标准、过程标准、试验标准、服务标准和接口标准。

（1）基础标准

基础标准是具有广泛的普及范围或包含一个特定领域的通用规定的标准，可被作为直接应用的标准或其他标准的基础。

（2）产品标准

产品标准是规定一个产品或一类产品应符合的要求以保证其适用性的标准。

1）一个产品标准除了包括适用性的要求，也可直接包括或以引用的方式，包括诸如术语、抽样、试验、包装和标记等方面的内容，有时还可包括工艺要求。

2）一个产品标准可以是全面的或部分的，依其所规定的是全部的必要要求还是其中的一部分必要要求而定。在这一方面，标准可以按照尺寸、材料和验收规格等标准来区分标准之间的差异。

（3）过程标准

过程标准是规定一个过程应符合的要求，以保证其适用性的标准。

（4）试验标准

试验标准是与试验方法有关的标准，有时补充与试验有关的其他的规定，如抽样、统计方法的应用，试验顺序。

（5）服务标准

服务标准是规定一项服务应符合的要求，以保证其适用性的标准。

（6）接口标准

接口标准是规定关于产品或系统在其互联部位的兼容性要求的标准。

（三）标准的级别

标准包括国家标准、行业标准、地方标准、团体标准、企业标准。

1. 国家标准

国家标准是由国家标准机构通过并公开发布的标准。

2. 行业标准

行业标准是由国家有关行业行政主管部门通过并公开发布的标准。对没有推荐性国家标准、需要在全国某个行业范围内统一的技术要求，可以制定行业标准。行业标准由国务院有关行政主管部门制定，报国务院标准化行政主管部门备案。

3. 地方标准

为满足地方自然条件、风俗习惯等特殊技术要求，可以制定地方标准。地方标准由省、自治区、直辖市人民政府标准化行政主管部门制定；设区的市级人民政府标准化行政主管部门根据本行政区域的特殊需要，经所在地省、自治区、直辖市人民政府标准化行政主管部门批准，可以制定本行政区域的地方标准。地方标准由省、自治区、直辖市人民政府标准化行政主管部门报国务院标准化行政主管部门备案，由国务院标准化行政主管部门通报国务院有关行政主管部门。

4．团体标准

国家鼓励学会、协会、商会、联合会、产业技术联盟等社会团体协调相关市场主体共同制定满足市场和创新需要的团体标准，由本团体成员约定采用或者按照本团体的规定供社会自愿采用。制定团体标准，应当遵循开放、透明、公平的原则，保证各参与主体获取相关信息，反映各参与主体的共同需求，并应当组织对标准相关事项进行调查分析、实验、论证。国务院标准化行政主管部门会同国务院有关行政主管部门对团体标准的制定进行规范、引导和监督。

5．企业标准（《标准化法》第十九条）

企业可以根据需要自行制定企业标准，或者与其他企业联合制定企业标准。

企业标准按照不同的分类规则可以划分为不同类别。例如，企业标准按照标准属性可以划分为基础标准、技术标准、管理标准、工作标准等；按照标准化对象可以划分为产品实现标准、基础保障标准和岗位标准；按照标准在服务提供过程中的位置，可以划分为服务通用基础标准、服务提供标准和服务保障标准。企业可结合自身特色，以适用、管用为原则选择标准分类方法。

二、标准化的概念及形式

（一）标准化的概念

GB/T 20000.1—2014《标准化工作指南 第1部分：标准化和相关活动的通用术语》对标准化的定义：为了在既定范围内获得最佳秩序，促进共同效益，对现实问题或潜在问题确立共同使用和重复使用的条款以及编制、发布和应用文件的活动。

标准化有以下含义。

1）标准化是一种制定共同的和重复使用的规则的活动，主要包括制定、发布及实施标准的过程。

标准化活动与标准密切相连，标准是标准化活动的载体。这主要体现在两个方面：一方面，标准是标准化活动的结果，它是通过标准化活动制定出来的；另一方面，标准是标准化活动的手段，通过发布和实施标准，达到标准化活动的目的。

2）标准化的根本目的是在一定范围内获得最佳秩序，改进产品、过程和服务的适用性，防止产生贸易壁垒，促进技术合作。

标准化活动的特定目的包括适用性、兼容性、互换性、品种控制、产品保护、健康、安全、环境保护、相互理解、经济性、贸易。

（二）标准化的基本形式

标准化的基本形式包括简化、统一化、系列化、通用化和组合化。

1．简化

简化（品种简化）是标准化的一种形式，即在一定范围内减少产品型号的数量，直至被保留下来的型号可以在一定时期内适应一般需要为止。简化的对象除产品外，还包括过程、服务，以及一切重复性的事物和概念。

简化是标准化的基本形式或手段。通俗地讲，简化就是设法把复杂的事变得简单。从表面上看，简化是减少事物的种类数量，限制其多样化发展，使事物繁杂混乱的表现形式得到控制。其实，简化并不简单。简化绝不是简单地去掉事物的一部分，哪怕是最不重要的一部分，而是用少而精的种数去适应和满足同类多样事物的一般性要求。简化的本质是通过选择，即对原事物种类采取否定或保留的措施，使简化后保留下来的较少的种类数量，能够更突出、更有效、更经济地代表或反映事物整体。

2．统一化

统一化是标准化的一种形式，它把两个或更多的规格合并成一个，从而使产品在使用中可以互换。

统一化的过程不仅包括保留一种品种，还包括新创造一种品种来代替原来所有的品种。

统一化有两种类型：一种是绝对的统一，如名称、代号、编号、颜色标记、图形标志、螺纹方向、交通规则等，不允许有任何偏差；另一种是相对的统一，如零件加工精度的上下限、零部件配合的公差等，在规定的允许范围内可以有差别。

3．系列化

系列化是对同一类产品中的一组产品同时进行标准化的一种形式。

系列化既是简化的高级形式，又是简化与多样化的协调统一。当对同一类事物的简化需要用一组类别的形式加以表现时，这一组类别就形成了一个系列。

产品系列化的突出优点是能用较少规格型号的产品覆盖较广阔的市场，以便快速开发新产品，适应市场的多样化需求。

4．通用化

通用化是在互相独立的系统中，选择和确定具有功能互换性或尺寸互换性的子系统或功能单元的标准化形式。

通用化的突出优点是能最大限度地扩大同一产品的使用范围，扩大生产批量，方便维修，节约生产费用和使用费用。

5．组合化

组合化是设计并制造一系列通用性较强的单元，根据需要拼合成不同用途的产品的一种标准化形式。

组合化的特点在于从设计方面实现简化与多样化的协调统一。它不是单纯从一种产品及其特性的角度考虑简化，而是从多种产品及其多种特性的角度，综合考虑组合元件或组合单元的简化、产品构成形式上的统一化和产品最终形式上的多样化。

从上述五种标准化的形式可以看出，简化是标准化的最基本形式，是在产品层次上的简化；统一化是在一定范围内完全彻底的简化；系列化是在产品层次上对同一种类、不同型式或规格的产品的简化；通用化是在产品的零部件层次上的简化；组合化是在产品设计阶段，对同一类、不同品种的产品，在产品构成单元层次上的简化。从根本上说，标准化在提高工作效率和经济效益方面的作用不是产品品种增多或减少，而是通过简化克服了生产中的混乱，使生产系统的结构和运行更为有序和优化。

三、企业标准体系

GB/T 15496—2017《企业标准体系 要求》对企业标准化体系注重强调了 PDCA 等工具方法的运用，以需求分析为切入点，以企业战略为导向，分析相关方的需求和期望，以及企业标准化现状，从而形成企业标准体系构建规划、标准化方针、目标，以及适用的法律法规和指导标准的要求，进而构成企业标准体系（图4.2）。

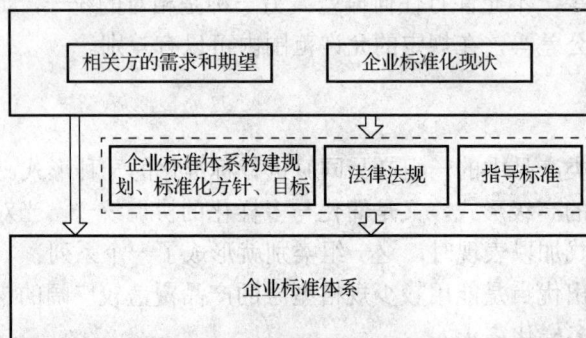

图 4.2　企业标准体系构建

（一）定义

《企业标准体系 要求》对企业标准体系的定义是"企业内的标准按其内在联系形成的科学的有机整体"。企业标准体系由产品实现标准体系、基础保障标准体系和岗位标准体系三个体系组成。

产品实现标准体系是企业为满足顾客需求所执行的，规范产品实现全过程的标准按其内在联系形成的科学的有机整体。基础保障标准体系是企业为保障生产、经营、管理有序开展所执行的，以提高全要素生产率为目标的标准按其内在联系形成的科学的有机整体。岗位标准体系是企业为实现基础保障标准体系和产品实现标准体系有效落地所执行的，以岗位作业为组成要素标准按其内在联系形成的科学的有机整体。

（二）需求分析

全面而有效的需求分析，是构建企业标准体系、促进企业高效发展的基础。通过表 4.1，企业经营者能够充分地认知自我，也能够充分听取企业员工、相关方、顾客的声音，进而促进相对应的企业标准体系更好地服务于企业经营，能够促进企业各相关方充分交流和沟通，激励广大员工和其他相关方不断开拓进取，均衡各方利益，实现互利共赢、和谐发展。

表 4.1 相关方的需求和期望

相关方	需求和期望
顾客	产品的质量、价格、交付及服务
企业所有者、股东	持续的盈利能力
	透明度
企业员工	良好的环境
	职业安全
	职业发展
	得到承认和奖励
供方和合作伙伴	互利和连续性
社会	遵守法律法规，保护环境
	道德行为

注：相关方的需求和期望可不限于本表所列内容。

（三）结构设计

企业标准体系由标准体系结构图、标准明细表和标准体系编制说明三部分组成，通过这三者之间的连接满足企业实际需求。

1. 标准体系结构图

标准体系结构图（图 4.3）直接定位了它的功能并体现出与其他标准的相互关系，从生产、采购、物流、质控、供应商管理、工艺、研发设计、检测、财务、企管、营销和售后服务等部门全方位成套构建。产品实现标准体系结构图（图 4.4）按照 GB/T 15497—2017《企业标准体系 产品实现》的要求构建，基础保障标准体系结构图（图 4.5）按照 GB/T 15498—2017《企业标准体系 基础保障》的要求构建，岗位标准体系结构图如图 4.6 所示。

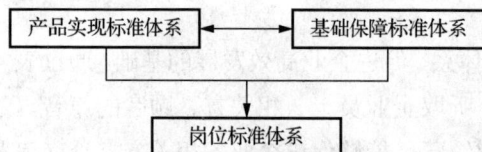

图 4.3 标准体系结构图

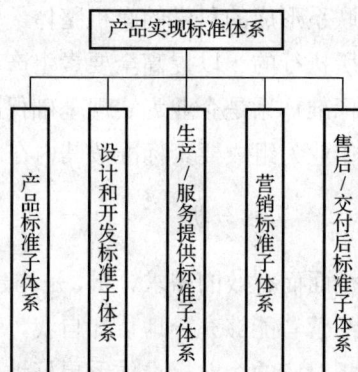

图 4.4 产品实现标准体系结构图

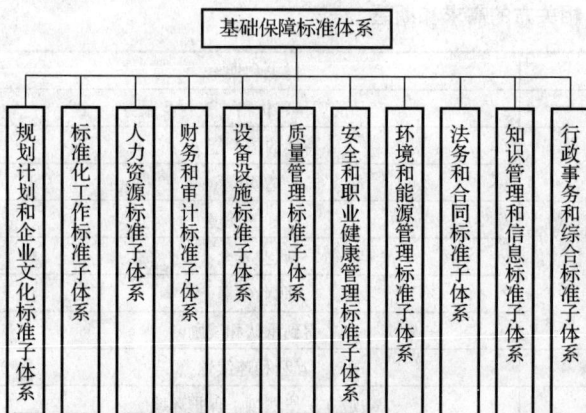

图 4.5 基础保障标准体系结构图

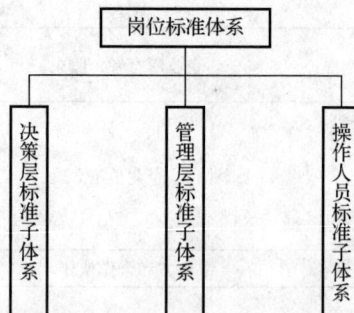

图 4.6 岗位标准体系结构图

2．标准明细表

标准明细表是展现企业具体执行标准体系中的各项标准。根据企业需求设计的标准体系结构图来细化标准，具体对应产品实现、基础保障和岗位标准体系下的标准，将各标准之间的逻辑关系一一展现。明细表（表 4.2）的表头通常包括序号、体系代码、标准编号、标准名称、责任部门等信息，体系代码和标准编号要体现出产品实现、基础保障和岗位标准体系的区别。例如，基础保障可用 BZ 代码，岗位可用 GW 代码来区分，依据企业自身实际需求制定的《企业代码编写规则》来编号。

表 4.2 安全和职业健康标准子体系示例

序号	体系代码	标准编号	标准名称	责任部门
1	BZ0701	GB 13495.1—2015	消防安全标志 第 1 部分：标志	办公室
2	BZ0701	Q/××××—××××	消防安全管理规范	办公室
3	BZ0701	Q/××××—××××	应急预案管理办法	办公室

序号	体系代码	标准编号	标准名称	责任部门
……	……	……	……	……
10	GW0702	Q/××××—××××	职业健康管理办法	办公室
……	……	……	……	……

3．标准体系编制说明

标准体系编制说明是对标准体系结构图和标准明细表的具体说明。因此，制定标准时，一方面要结合自身的管理、技术和经验问题，另一方面要结合法律法规和国内外行业先进标准情况，灵活运用标准化的形式（简化、统一化、系列化、通用化、组合化等）来制定符合企业自身需求的标准，确定标准存在的形式（如流程图、制度和图片等），紧紧抓住企业标准需求的命脉，为企业的效益目标建立根基。

（四）企业标准的范围和主要内容

1．企业标准的范围

GB/T 35778—2017《企业标准化工作　指南》规定，企业标准的范围包括以下五种。

1）没有相应或适用的国家标准、行业标准、地方标准、团体标准时制定的产品/服务标准。

2）为满足相关方需求制定的产品实现标准，要素覆盖《企业标准体系　产品实现》的规定。

3）为支持产品实现或服务提供制定的基础保障标准，要素覆盖《企业标准体系　基础保障》的规定。

4）为支撑产品实现标准和保障标准的实施而制定的岗位标准，以及满足生产、经营、管理的其他标准。

2．企业标准的主要内容

在长期的标准化实践中，我国企业逐渐形成包括以下主要类别和内容的企业标准。

（1）基础标准

企业基础标准是关于制定企业标准的标准，对制定各项技术标准、管理标准和工作标准具有广泛的指导意义。

基础标准的主要内容如下。

1）标准化工作导则，包括标准编写的基本规定、标准出版印刷的规定等。这些标准是企业标准化工作的指导性标准。

2）通用技术语言标准，包括术语标准，符号、代号、代码、标志标准，技术制图标准等。这些标准是为使技术语言统一、准确，便于相互交流和正确理解而制定的标准。

3）量和单位标准。企业既可直接采用关于量和单位的强制性国家标准，又可根据需要选择部分内容，转化为企业标准。

4）数值与数据标准，包括企业在生产技术活动中对各种数值的修约规则，对各种极限数值的判定与表示的规定，对包含特性值和数据的规定。

5）公差、配合、精度、互换性、系列化标准。

6）健康、安全、环境保护方面的通用技术要求标准。

7）信息技术、人类工效学、价值工程和工业工程等通用技术方法标准。

8）企业适用的专业技术导则。

（2）产品标准

产品标准的主要作用是规定产品的质量要求，包括性能要求、适应性要求、使用技术条件、检验方法、包装及运输要求等。企业内的所有活动最终表现为产品销售或交付，企业、顾客、最终使用者或消费者的关注焦点集中表现为产品质量，因此，产品标准是企业内所有标准的核心。

产品标准既可以是一个标准，又可以由若干个标准组成（如产品标准、产品检验标准、产品包装标准等）。一个完整的产品标准在内容上应包括产品分类（型式、尺寸、参数）、质量特性、技术要求、试验方法、合格判定准则，以及产品标志、包装、运输、贮存、使用等方面的要求。

为了在不同经济水平或不同使用目的方面使产品满足不同的需要，产品标准可以分等分级。

产品标准的制定，一般应以面向市场、顾客、最终使用者或消费者为主，主要规定的是产品的性能要求和使用要求，而不是产品的设计要求及工艺要求。

产品标准内容应满足不同环境下的技术要求。

产品标准按使用性质不同，通常分为产品出厂标准和产品内控标准。

1）产品出厂标准。产品出厂标准是指用于产品出厂检验、顾客验收或质量仲裁检验用的标准。产品出厂标准必须是符合《标准化法》要求的标准，主要包括强制性的国家标准、行业标准；有安全、卫生要求及其他法律法规要求的地方标准；企业声明①执行的推荐性国家标准、行业标准、地方标准；经备案的企业产品标准，包括没有国家标准或行业标准的企业产品标准；企业为提高产品质量制定的严于国家标准或行业标准的并作为出厂交货依据的企业产品标准；对国家标准或行业标准加以补充规定，并作为出厂交货依据的企业产品标准。

2）产品内控标准。产品内控标准是指企业为保证和提高产品质量而制定的严于国家标准或行业标准的内控标准。通常情况下，产品内控标准用于企业内部质量控制，不作为产品出厂检验的依据。有些情况下，产品内控标准作为企业产品出厂检验的依据，但不作为交货的依据。顾客判定产品质量是否合格或国家实施监督检查，仍以企业执行的产品出厂标准为依据。企业可根据实际需要，自己规定本企业的产品内控标准用作产品出厂检验的

---

① 企业声明是指在产品或其包装上，或在产品的声明书、质量保证书、装箱单、交货单、产品标签上，注明采用的产品标准。

依据，或仅用作产品质量内部控制的依据，并在标准的"适用范围"中写明。

（3）设计标准

设计标准是指为保证与提高产品设计质量而制定的技术标准。设计的任务是将顾客的期望和要求转化为产品标准，以及相关的材料、外购件、工艺等技术标准，进行样品试制和小批量产品试制，并最终完成产品定型。设计的质量从根本上决定产品的质量。设计标准通过规定设计的过程、程序、方法、技术手段，起到保证设计质量的作用。

设计标准的主要内容如下。

1）设计图形、符号、代号、术语标准。

2）设计准则和专业设计规范，包括设计项目任务书，设计评审、设计验证、设计确认的程序和要求，设计参数与数据标准，设计计算方法标准，设计的工程施工及验收规范，设计中用于评价产品和工具的试验方法及验收规则。

3）计算机辅助设计标准。

4）设计输入要求，包括市场调查和顾客信息反馈的技术要求，顾客提出的实物样品、技术资料中的技术要求，合同中的技术要求。

5）设计文件标准，包括设计图样与文件的格式、设计文件的完整性、设计文件的编号。

（4）采购标准

采购标准是指对企业在产品生产过程中需要外购的直接转移到产品中的原材料、燃料、零部件、元器件、包装物，以及在产品生产过程中直接消耗的低值易耗品（如模具、工具、清洗剂）等外购物品的质量要求制定的标准。采购标准的主要内容包括采购物品的质量要求和验收准则。

采购标准的主要作用是为采购物品提供技术依据并确保采购物品的质量。

（5）工艺标准

工艺标准是指依据产品标准要求，对原材料、零部件、元器件进行加工或装配的方法，以及有关技术要求和指标制定的标准。

工艺标准的主要作用在于规定正确的产品生产、加工、装配方法，使用适宜的设备和工艺装备，使生产过程确定、稳定，以生产出符合规定要求的产品。

工艺标准的主要内容如下。

1）工艺基础标准，包括工艺符号、代号、术语标准，工艺分类编码标准，工艺文件标准，工艺余量标准（如毛坯余量和工序余量）。

2）工艺流程，包括工艺流程图。

3）工艺规程，包括工艺规范、工艺卡、工序操作规程、通用工艺标准、特殊工序工艺标准。

4）工序能力标准。

5）工序控制标准。

（6）基础设施和工作环境标准

基础设施和工作环境标准是指对产品质量特性起重要作用的基础设施和工作环境的质量要求制定的技术标准。对产品质量特性起重要作用的基础设施包括生产厂房、供电、供热、供水、供压缩空气、产品运输及贮存设施等。对产品质量特性起重要作用的工作环境包括温度、湿度、空气清洁度等。

基础设施和工作环境标准的主要作用是保证生产技术条件和环境满足产品生产的质量要求。

（7）设备和工艺装备标准

设备和工艺装备标准是指对产品制造过程中所使用的通用设备、专用工艺装备（包括刀具、夹具、模具、工位器具）、工具及其他生产器具的要求制定的技术标准。

设备和工艺装备标准的作用主要是保证设备的加工精度，以满足产品的质量要求；维护设备使之保持良好状态，以满足生产要求。

设备和工艺装备标准的主要内容如下。

1）设备及主要备件标准。外购设备的标准，凡是法律法规有明确的产品标准要求的，如强制性认证产品的标准，必须符合法律法规规定的标准要求；同时要保证能充分满足本企业生产的具体要求。对常用设备及主要附件、配件、备件、易损件，应制定技术标准。

2）设备操作规程和设备维护、保养规程。

3）工艺装备标准，包括专用工具、工位器具、夹具、模具的技术标准。

（8）检验和试验标准

检验和试验标准是指对产品（包括产成品、半成品、采购物品）的质量进行检验和试验，对生产过程的质量特性进行监视和测量，以及有关检验、试验、监视、测量方法和有关仪器、设备、装置的技术标准。

检验和试验标准是判断产品质量是否合格、过程是否处于受控状态的依据，也是衡量产品质量水平和质量管理体系运行水平的依据。

检验、试验、监视和测量装置的质量水平和技术状态直接关系到检验、试验、监视和测量结果的有效性。检验、试验、监视和测量装置标准规定了这些装置必须具有的用于检验、试验、监视和测量活动的技术要求。

检验和试验标准的主要内容如下。

1）检验和试验方法标准，包括检验和试验原理、抽样方法、试样采制、试剂和标准样品、检验和试验使用的仪器及试验条件、检验和试验的程序、检验和试验的结果、统计和数值计算方法、合格判定的准则、质量水平评价的方法等。

企业通常对采购物品、半成品、最终产品和过程（工序）制定检验和试验方法标准。

2）检验、试验、监视和测量装置标准，包括设备、仪器、装置的性能、量程、偏移、精密度、稳定性、使用的环境条件等质量要求，设备操作规程和安装、使用程序，计量仪器的检定、校准、校准状态、标志、调整、修理，以及搬运和贮存等方面的技术要求。

（9）职业健康安全标准与环境保护标准

职业健康安全标准是指为消除、限制或预防职业活动中的危险和有害因素而制定的标准，目的在于保护劳动者的身体健康，预防职业病，避免工作中的人身伤害。环境保护标准的目的是消除、限制或预防生产中的污染，保护环境。这些标准通常是法律法规规定强制执行的标准，企业必须严格执行。

1）职业健康标准主要包括作业场所粉尘、污染物等有毒有害物质的浓度限量标准，噪声与振动控制标准，辐射防护标准，气温异常防护标准，生物危险防护标准等。

2）职业安全标准：安全通用类标准，包括安全管理通用标准、安全标志和报警信号标准、危险和有害因素分类分级标准；安全工程标准，包括机械安全标准、电气安全标准、燃气安全标准、消防安全标准、防爆安全标准、爆破安全标准、储运安全标准、建筑安全标准等；生产过程安全标准，包括安全操作规程、设备安全标准、特殊工作环境（如矿井、高温、易燃、易爆环境等）安全标准；安全防护用品标准。

3）环境保护标准主要包括环境质量标准、污染物排放标准、环境监测标准。

（10）管理标准

管理标准是针对管理事项或管理事务制定的标准。管理标准的主要内容如下。

1）管理体系标准。它通常是指 ISO 9000 质量管理体系标准、ISO 14000 环境管理体系标准、OHSAS 18000 职业健康安全管理体系标准。

2）管理程序标准。它通常是在管理体系标准的框架结构下，对具体管理事项的过程、流程、顺序、路径、方法的规定，是对管理体系标准的具体展开。

3）定额标准。它是指在一定时间、一定条件下，对生产某种产品或进行某项工作消耗的劳动、物化劳动、成本或费用所规定的数量限额标准。定额标准是进行生产管理和经济核算的基础。

定额标准通常分为劳动定额标准和物资消耗定额标准两大类。

劳动定额标准是对能计算考核工作量的工种和岗位，在一定的生产技术组织条件下，对劳动消耗的数量所规定的限额标准。劳动定额的基本形式是工时定额和产量定额。工时定额表现为生产单位产品或完成单位工作所需要的劳动时间。产量定额表现为在单位时间内应完成的合格产品的数量。

物资消耗定额标准是在一定的生产技术组织条件下，对生产单位产品或完成某项工作所需要的材料、能源等物资消耗的数量所规定的限额标准。

（11）工作标准

工作标准是针对岗位工作人员作业制定的标准。企业内工作标准的主要内容如下。

1）岗位工作说明书，它主要规定工作岗位的名称、代码、工作内容、职责、权限、本岗位与组织内部其他岗位纵向和横向的联系、本岗位与外部的联系、本岗位所实施监督与所受监督的关系、对本岗位员工的能力和资格的要求等。岗位工作说明书的作用是告诉人们这个岗位的工作是什么。

2）岗位作业指导书，它主要规定岗位工作或作业的方法，包括岗位位置、设施、设备、工具，生产、加工或装配的对象，作业动作、姿势、操作方法、操作规程等。岗位作业指导书的作用是告诉人们这个岗位的工作怎样做。

3）专业技术人员资格和工人技术等级的划分及资格评定标准。

四、企业标准制定

（一）一般程序

《企业标准化工作 指南》规定，企业标准制（修）订程序一般分为立项、起草草案、征求意见、审查、批准、复审和废止七个阶段。

1．立项

对需要制（修）订的标准进行立项，制订计划、配备资源。

2．起草草案

对收集的资料进行整理、分析，必要时进行试验、验证，然后起草标准草案。

3．征求意见

将标准草案发企业内有关部门（必要时发企业外有关单位，如用户、检验机构等）征求意见，对反馈的意见逐一分析研究，决定取舍后形成标准送审稿。

4．审查

可采取会议或函件形式审查标准送审稿。审查内容至少包括：①符合有关法律法规、强制性标准要求；②符合或达到预定的目标和要求；③可操作、可验证；④与本企业相关标准的协调情况；⑤符合本企业规定的标准编写格式。

5．批准

审查后根据审查意见进行修改，编写标准报批稿，准备报批需呈交的相关文件资料，报企业法定代表人或授权人批准、发布。

6．复审

1）企业标准应定期复审，复审周期一般不超过3年；当外部或企业内部运行条件发生变化时，应及时对企业标准进行复审。

2）复审的结论包括继续有效、修订、废止三种。继续有效：标准内容不做修改仍能适应当前需要，确认继续有效。修订：标准内容需要改动才能适应当前使用的需求和科学技术的发展，予以修订。废止：标准已完全不适应当前需要，予以废止。

7．废止

废止的企业标准及时收回，不再执行。

（二）标准编号

1）根据制修订标准的需要，收集和分析与标准化对象相关的以下资料：①政策、经济、社会、环境、顾客需求、国际标准、国外先进标准、国家标准、行业标准、地方标准、团体标准等外部信息；②生产、经营、管理实践中积累的经验数据、员工反馈意见、检查评价结果等内部信息。

2）可采用以下途径进行企业标准编写：①依据 GB/T 1.2—2020《标准化工作导则 第 2 部分：以 ISO/IEC 标准化文件为基础的标准化文件起草规则》的规定进行转化；②对国家标准、行业标准、地方标准或团体标准进行选择和补充；③自主研制。

3）自主研制企业标准时应考虑以下因素：①符合法律、法规、强制性标准，与相关标准协调；②促进新技术、新发明成果转化和提高市场占有率；③降低成本，提高生产、经营和管理效率；④改善环境、安全和健康，节约资源；⑤增强产品/服务的兼容性和有效性；⑥有利于发展贸易，规范市场秩序，保护消费者权益；⑦标准实施的可行性；⑧方便标准使用者使用；⑨其他。

4）产品标准内容的编写应反映产品特性，至少包括满足产品使用需求的功能性指标、技术指标、必要的理化指标及相关检验方法，又可包括环境适应性、人类工效学等方面的要求，还可包括检验规则、标志、包装、储运等要求。具体按 GB/T 20001.10—2014《标准编写规则 第 10 部分：产品标准》的规定编写。

5）服务标准内容的编写应体现功能性、经济性、安全性、舒适性、时间性、文明性等特征要求，至少包括服务流程、服务提供、服务质量与控制及验证等内容。具体按 GB/T 24421.3—2009《服务业组织标准化工作指南 第 3 部分：标准编写》的规定编写。

6）产品/服务标准一般不包括产品的配方、组分、工装等可能涉及企业技术或商业秘密的内容。

企业标准体系的价值在于企业标准体系的运行是否成功有效，它被贯彻落实到生产、采购、质控、技术、经营、服务及管理工作中，使企业成为一个高效的有机整体，实现企业自身发展战略需求。在体系运行发布后，标准化管理部门应立即组织企业内相关部门沟通并落实企业标准体系的内容，确定各部门标准化工作的对接联络人，开展必要的企业标准体系培训工作，以确保企业标准体系有效运行。

工作实操

时代物业标准体系策划报告

公司制订了《服务标准化实施计划》，利用特有的技术管理经验和科技信息化等资源，不断开展技术服务创新，在政府机关后勤服务社会化领域成为物业服务领军企业。

一、标准化实施计划

公司成立了标准化推进工作小组，由品质安全部主管领导担任组长，职能部室经理、品质专员、各项目专业部门经理等担任组员，负责建立并完善专业技术服务标准，保证公司标准化实施计划（表 4.3）的顺利推进。

表 4.3　标准化实施计划

时间	2020 年	2021 年	2022 年
工作内容	持续改进体系运行手册；编制写字楼物业服务标准；建立物业服务规范标准可视化文件	改进完善体系运行手册；编制完善服务规范及可视化标准；编制地方标准	启动职业健康安全管理体系转版，修订体系手册；申请国家级服务业标准化试点单位
责任部门	品质安全部		

二、技术规范体系

公司核心技术规范体系以物业服务标准（表 4.4）为主体构成，包括管理体系文件、管理规范等公司级标准和客户服务、保洁绿化等项目级标准。

表 4.4　物业服务标准

级别	标准名称	主要内容	适用范围
公司	质量/环境/职业健康安全管理手册	方针、目标、要求，运营机制	
公司	程序文件	运行控制	
公司	服务品质管控手册	物业服务质量管控标准	
公司	物业现场核查标准	测量服务质量绩效指标	
公司	创优指导手册	创优达标标准	
公司	设备运行管理办法	设备运行管理规范	
公司	工器具管理办法	工器具管理规范	
公司	设备机房标准化建设参考方案	标识管理规范	各管理处
公司	物业外包服务管理办法	外包管理规范	
公司	安全生产管理办法	安全管理规范	
项目	客户服务运行手册	规范客户服务工作	
项目	保洁绿化运行手册	规范保洁绿化工作	
项目	秩序维护运行手册	规范秩序维护工作	
项目	消防管理运行手册	规范消防管理工作	
项目	工程管理运行手册	规范工程管理工作	

三、服务过程设计

公司对关键服务过程设计，编制客户服务运行手册（表 4.5）、保洁绿化运行手册、秩序维护运行手册、消防管理运行手册、工程管理运行手册，制定服务流程、管理规范等服务技术标准。公司将服务过程分解，并用照片对每个过程做可视化解释说明（图 4.7），确保各项物业服务工作有据可依、有据必依。

表4.5 客户服务运行手册

序号	文件编号	文件名称
1	CPD-客服-WJ-001	《交房服务规范》
2	CPD-客服-WJ-002	《业主档案管理规范》
3	CPD-客服-WJ-003	《装修管理规范》
4	CPD-客服-WJ-004	《客户服务规范》
5	CPD-客服-WJ-005	《社区文化活动组织管理规范》
6	CPD-客服-WJ-006	《收费管理规范》
7	CPD-客服-WJ-007	《公区巡检岗位规范》
8	CPD-客服-WJ-008	《业主满意率调查实施规范》
9	CPD-客服-WJ-009	《报修管理规范》
10	CPD-客服-WJ-010	《空置房管理规范》
11	CPD-客服-WJ-011	《钥匙管理规范》
12	CPD-客服-WJ-012	《遗失物品管理规范》
13	CPD-客服-WJ-013	《投诉管理规范》
14	CPD-客服-WJ-014	《会议服务规范》

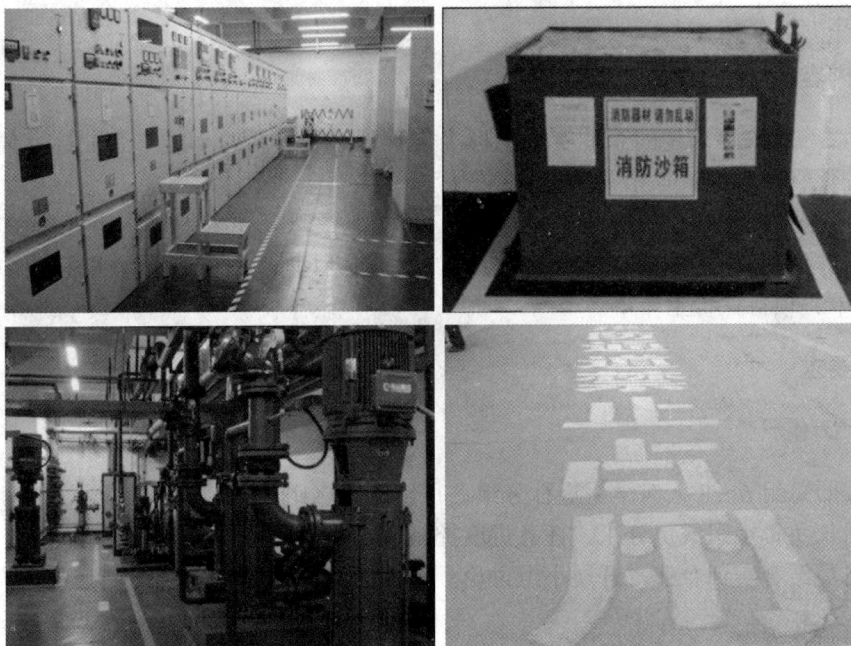

图4.7 现场规划线可视化

四、服务质量定标准

公司注重客户导向，倡导服务创新。根据服务需求，全面为各岗位制定全套的服务流程、服务标准和服务规范，并时刻掌握甲方（一般是指提出目标的一方）的关注点和需求点，灵活调整，统筹调配，做好物资储备，通过高效配合和用心服务，全面实现移动项目管理的"四化"目标，即目标清晰化、管理规范化、服务人性化、操作标准化。在服务、制度、操作、记录、检查、培训等方面不断推进公司标准化建设。

公司结合服务的现实需要和改进提升的需要，通过采用调研、考察、网络查询、学习行业先进经验、与行业标杆对标等途径，跟踪先进技术和服务，进行分析，积极开发、引进和采用先进技术及先进服务。在写字楼、政府机关后勤服务社会化领域打造公司的核心竞争力，在上述两个领域创建时代物业特色品牌。公司专业的核心技术标准已在40余个项目中进行推广和应用，取得"国优"项目1个、"省优"项目6个、"市优"项目2个的成绩，服务省级政府机关项目16个。

工作实训

一、实训目标

通过实训练习，学生能够了解企业标准化的质量管理流程相关工作，提高从事服务质量管理工作的能力。

二、实训内容

对任意熟悉或感兴趣的企业实施的标准化管理进行分析，形成《企业标准体系策划》《企业标准化管理流程》等相关报告。

针对每个标准化管理的实施过程，进行工作过程写实，并将具体内容填写在项目工作单上，包括项目资讯工作单、实施策划工作单、实施计划工作单、项目实施工作单、检查确认工作单、项目评价工作单。

三、实训要求

（一）工作职责

1）按照每组6～8人对学生进行分组，每组选一名组长。

2）组长负责小组成员分工、任务进度控制、工作内容检查等组织工作。

3）组员结合实训企业，开展小组讨论，并完成具体实训任务。

（二）汇报考核

1）全体成员参加成果汇报，并用PPT展示相关工作成果。

2）实训考核包括工作项目报告、项目工作单、PPT汇报展示、学生答辩等内容。

四、拓展训练

（一）单项选择题

1. 我国标准分为（ ）级。
   A. 四　　　　　　　　B. 三　　　　　　　　C. 五

2. 在全国范围内统一和适用的标准是（ ）。
   A. 国家标准　　　　　B. 行业标准　　　　　C. 国际标准

3. 全国性的各行业范围内统一的标准是（ ）。
   A. 国家标准　　　　　B. 社团标准　　　　　C. 行业标准

4. 在省、自治区、直辖市范围内需要统一的标准是（ ）。
   A. 地方标准　　　　　B. 企业标准　　　　　C. 行业标准

5. 企业标准（ ）严于国家标准。
   A. 可以　　　　　　　B. 不能　　　　　　　C. 一定

6. 国家标准化指导性技术文件是（ ）。
   A. 法规　　　　　　　B. 对四级标准的补充　　　　　　C. 参考资料

7. 行业标准代号由（ ）规定。
   A. 国务院标准化行政主管部门
   B. 国务院有关行政主管部门
   C. 行业协会、学会

8. 在相应的国家标准、行业标准实施后，地方标准（ ）。
   A. 及时修订　　　　　B. 自行废止　　　　　C. 继续有效

9. 企业技术标准包括（ ）。
   A. 设计标准　　　　　B. 设备管理标准　　　C. 采购管理标准

10. 企业管理标准包括（ ）。
    A. 工装标准　　　　　B. 产品标准　　　　　C. 生产管理标准

11. 因产品不符合安全强制性国家标准，造成人身、缺陷产品以外的其他财产损害的，生产者（ ）。
    A. 只需退换产品　　　B. 可不承担责任　　　C. 应当承担赔偿责任

12. 企业工作标准包括（ ）。
    A. 操作人员工作标准　　　　　　　　B. 职业卫生标准　　C. 安全管理标准

13. 强制性标准（ ）执行。
    A. 可以　　　　　　　B. 必须　　　　　　　C. 尽量

14. 除强制性标准外的标准是（ ）标准。
    A. 推荐性　　　　　　B. 指导性　　　　　　C. 临时性

15. 企业一经申明采用推荐性标准，明示消费者，就应该（ ）。
    A. 严格执行　　　　　B. 尽量执行　　　　　C. 参照执行

16. 企业生产的产品，产品质量应当符合（　　）。

    A．国家推荐的标准

    B．在产品或其包装上注明采用的产品标准

    C．国际标准

17. 标准化是为在一定的范围内获得最佳秩序，对实际的或潜在的问题制定共同的和（　　）的规则的活动。

    A．重复使用　　　　　B．统一采用　　　　　C．长期采用

18. 地方标准应报（　　）备案。

    A．行业协会学会

    B．国务院有关部门

    C．国务院标准化行政主管部门和国务院有关行政主管部门

19. 标准应以科学、技术和（　　）的综合成果为基础，以促进最佳社会效益为目的。

    A．管理　　　　　　　B．经验　　　　　　　C．经济

20. 强制性标准可以分为全文强制和（　　）两种形式。

    A．条文强制　　　　　B．部分强制　　　　　C．重要强制

（二）多项选择题

1. 标准化工作的主要任务包括（　　）。

    A．制定标准　　　　　　　　　　　B．组织实施标准

    C．对标准实施进行监督检查　　　　D．对标准的宣贯

2. 我国标准分为（　　）。

    A．国家标准　　　　　B．行业标准　　　　　C．地方标准

    D．企业标准　　　　　E．社团标准

3. 国家标准的编号由（　　）构成。

    A．国家标准代号　　　B．发布顺序号　　　C．发布年号　　　D．标准分类号

4. 按标准的性质区分，我国标准可以分为（　　）两种性质。

    A．强制性　　　　　　　B．指导性　　　　　C．推荐性

5. 推荐性标准在（　　）情况下，具有法律约束力。

    A．企业一经采用，明示消费者

    B．企业采用作为内控标准

    C．供需双方同意纳入经济合同之中

6. 统一化的目的是（　　）。

    A．消除不必要的多样化造成的混乱

    B．从个性中提炼共性，着眼取得一致

    C．统一为一种

7. 企业标准体系的构成包括（　　）。

    A．技术标准　　　　　B．管理标准　　　　　C．工作标准　　　　　D．销售标准

8. 企业生产执行有关标准，应在产品或其说明书、包装物上标注（　　）。

  A. 执行的标准代号、编号   B. 标准名称   C. 标准分类号

9. 标准化的基本形式有简化、统一化、（　　）。

  A. 通用化   B. 组合化   C. 系列化   D. 规范化

10. 企业标准体系包括（　　）。

  A. 标准体系结构图   B. 标准明细表

  C. 标准分类表   D. 标准体系编制说明

（三）综合分析题

1. 标准化是进行质量管理，提高产品质量的依据和基础。某公司决定大力加强企业标准化工作，建立健全企业标准体系。

（1）企业标准化活动应贯穿质量管理的（　　）。

  A. 始终   B. 体系的认证 C. 检验过程

（2）企业标准化是一种（　　）的有组织的活动。

  A. 制定标准   B. 贯彻实施标准 C. 采用国际标准 D. 管理维护标准

（3）企业标准化的基本任务中有（　　）。

  A. 贯彻执行与标准化有关的法律、法规和方针政策

  B. 贯彻实施有关技术法规和上级标准

  C. 建立标准化工作专门机构

  D. 制定和实施企业标准

（4）建立企业标准体系，应该包括（　　）。

  A. 技术标准   B. 安全标准   C. 环境标准

  D. 管理标准   E. 工作标准

（5）企业明示需方，产品采用的是某推荐性标准。对于该推荐性标准，企业（　　）。

  A. 可执行也可不执行   B. 可不执行   C. 应严格执行

（6）企业（　　），都必须进行标准化审查。

  A. 研制新产品 B. 改进产品   C. 进行技术改造

  D. 开展技术引进 E. 销售产品

2. 某企业承担国家下达的起草某产品国家标准任务。

（1）起草该国家标准还须经过的工作阶段有（　　）。

  A. 起草阶段   B. 立项阶段   C. 征求意见阶段 D. 批准阶段

（2）起草该国家标准应遵循的基本原则有（　　）。

  A. 认真贯彻有关法律法规   B. 有利于保障安全和人体健康

  C. 充分考虑企业的生产技术水平 D. 积极采用国际标准

（3）该国家标准内容中有一部分涉及保护环境质量要求。该标准应起草为（　　）标准。

  A. 推荐性   B. 全文强制   C. 条文强制

（4）该国家标准采用了相应的国际标准，但在技术内容上稍有差异，编辑上也稍做修改。在这种情况下，采用程度属于（　　　）。

    A．等效采用　　　　　B．修改采用　　　　　C．等同采用

（5）该国家标准草案应报（　　　）审批发布。

    A．国务院标准化行政主管部门

    B．国务院有关行政主管部门

    C．行业联合会

3．某企业为了提高产品质量和市场竞争力，要对所生产的产品制定一个先进的企业产品标准。

（1）制定企业标准的程序不包括（　　　）。

    A．调研、起草标准草案　　　　　　B．实施监督检查

    C．形成送审稿、审查标准　　　　　D．标准报批稿，批准和发布

（2）企业应积极采用（　　　）标准。

    A．推荐性国家、行业和地方　　　　B．国际

    C．国外先进　　　　　　　　　　　D．其他企业技术文件

（3）制定的企业产品标准，要有利于保障人体健康，（　　　）。

    A．保障社会安全　　　　　　　　　B．保护消费者利益

    C．保护企业自身利益　　　　　　　D．保护环境

（4）企业标准应由（　　　）批准、发布。

    A．企业法人代表　　　　　　　　　B．企业法人代表授权的主管领导

    C．企业质量管理部门领导　　　　　D．企业标准化部门领导

（5）企业产品标准应在发布后（　　　）日内办理备案。

    A．10　　　　　　　　B．20　　　　　　　C．30　　　　　　　D．15

（6）企业产品标准依法制定后，企业还可以制定严于国家、行业、地方标准的企业产品标准，作为（　　　）。

    A．法定交货质量依据

    B．内控标准，在企业内部适用

    C．质量仲裁依据

4．我国的强制性标准分析。

（1）《标准化法》规定，（　　　）是强制性标准。

    A．保障人体健康的标准

    B．保障人身、财产安全的标准

    C．农业栽培技术标准

    D．法律、行政法规规定强制执行的标准

（2）国家标准化管理委员会发布的《关于加强强制性标准管理的若干规定》中规定的强制性标准的具体范围有（　　　）。

　　A．有关国家安全的技术要求

　　B．保护人体健康和人身财产安全的要求

　　C．污染物排放限值和环境质量要求

　　D．统一的试验方法

　　E．防止欺骗、保护消费者利益的要求

（3）我国强制性国家标准的代号是（　　　）。

　　A．GB/T　　　　　　　B．GB　　　　　　　　C．GB/Z

（4）强制性标准可以分为（　　　）两种形式。

　　A．全文强制　　　　　B．部分强制　　　　　C．条文强制

（5）《标准化法》规定，强制性标准必须执行。不符合强制性标准的产品，禁止（　　　）。

　　A．生产　　　　　　　B．研制　　　　　　　C．销售　　　　　　　D．进口

5．标准化的常用形式分析。

（1）常用的标准化形式有（　　　）。

　　A．简化　　　　　　　B．统一化　　　　　　C．标准化

　　D．通用化　　　　　　E．系列化

（2）简化是指在一定范围内缩减对象（事物）的（　　　），使之在既定时间内足以满足一般需要的标准化形式。

　　A．外观式样　　　　　B．类型数目　　　　　C．复杂程度

（3）简化的目标是将多样的事物（　　　）。

　　A．简化为一种　　　　B．保留若干合理的种类，着眼于精练　　　C．简化为一类

（4）统一化是把同类事物两种以上的表现形态归并为（　　　）的标准化形式。

　　A．一种　　　　　　　B．限定在一个范围内　　　　　　　C．几种

（5）运用统一化形式要注意遵守（　　　）原则。

　　A．适时　　　　　　　B．适度　　　　　　　C．公正　　　　　　　D．公平

（6）通用化以（　　　）为前提。

　　A．互换性　　　　　　B．统一化　　　　　　C．系列化

（7）互换性概念的两层含义是（　　　）。

　　A．接口互换性　　　　B．功能互换性　　　　C．尺寸互换性

（8）系列化是对（　　　）中的一组产品同时进行标准化的一种形式。

　　A．同一类产品　　　　B．不同类产品　　　　C．相似类产品

（四）简答题

1．简述标准的定义及其含义。

2．简述标准化的定义及其理解。

二维码资源

一、项目工作单

工作步骤	工作过程	项目实施	实施记录	二维码
1	资讯	项目问题确认	项目资讯工作单	
2	决策	实施方案策划	实施策划工作单	
3	计划	工作计划制订	实施计划工作单	
4	实施	工作任务实施	项目实施工作单	
5	检查	项目检查确认	检查确认工作单	
6	评估	项目评估整理	项目评价工作单	

二、信息化资源

序号	资源类型	教学内容	二维码
1	教学实录	标准是什么	
		企业标准体系的内容	

续表

序号	资源类型	教学内容	二维码
1	教学实录	标准的基础知识	
2	微课	企业标准体系助力质量强国	
3	实训实录	企业标准化实训分享与点评	

三、拓展训练答案

项目 五

质量改进管理

职业能力目标 ☞

知识目标

- 掌握质量改进的方法。
- 熟悉制作和使用排列图的注意事项。

能力目标

- 能熟练使用排列图、直方图、检查表等工具。
- 能实施质量改进项目。
- 能及时解决产品的各种品质问题，并建立质量团队。

素质目标

- 树立实事求是、精益求精的职业意识。
- 逻辑思维能力强，思维敏捷，处事干练，善于沟通，富有团队精神。
- 营造质量文化氛围，保持持续的工作热情。

思政目标

- 增强推动新时代企业管理工作高质量发展的责任感、紧迫感、使命感。

职业岗位描述 ☞

管理岗位

- 品质改善管理人员。
- 项目攻关管理。

岗位职责

- 进行企业质量改进策划。
- 进行质量统计分析，并制定相应的改进措施。
- 组织质量改进工作，进行改进效果的跟踪验证。
- 指导质量改进小组活动，优化质量改进计划。

质量文化

- 这个世界唯一不变的就是变化，经营企业如逆水行舟，不进则退，危机感永远是企业的核心动力，因为竞争对手永远不会给对方喘息的机会。

我国产品质量、工程质量和服务质量水平明显提高，中国制造、中国服务、中国品牌正逐步走向世界。随着越来越多"高精尖"产品的出现，促使质量控制的要求越来越高、越来越复杂，新的质量理念和方法层出不穷。质量强国战略下质量管理理念与方法的变革，给企业质量提升行动带来了发展空间。

2017年，《中共中央 国务院发布关于开展质量提升行动的指导意见》（以下简称《意见》）发布。《意见》指出：提高供给质量是供给侧结构性改革的主攻方向，全面提高产品和服务质量是提升供给体系的中心任务。经过长期不懈努力，我国质量总体水平稳步提升，质量安全形势稳定向好，有力支撑了经济社会发展。但也要看到，我国经济发展的传统优势正在减弱，实体经济结构性供需失衡矛盾和问题突出，特别是中高端产品和服务有效供给不足，迫切需要下最大气力抓全面提高质量，推动我国经济发展进入质量时代。《意见》还指出：坚持以企业为质量提升主体。加强全面质量管理，推广应用先进质量管理方法，提高全员全过程全方位质量控制水平。

产品质量是产品在市场竞争中最重要的因素，这往往决定企业的生死。质量管理的不断改进是企业核心竞争力的保障，是企业产品质量的核心，其本身是一项极其复杂的系统性任务，也是一项极其重要的关键性工程。企业的质量管理水平往往决定了企业产品质量和企业未来发展水平，企业结合自身的管理现状，不断探索研究建立促进企业发展的质量管理方法，提出质量管理改进策略和此策略实施的保障措施。

企业案例

一、将脑袋打开1毫米

美国有一家生产牙膏的公司，其产品优良、包装精美，深受广大消费者的喜爱，每年的营业额稳步增加。记录显示，该企业前10年每年的营业额增长率为10%～20%，因此董事会非常满意。

不过，当经营进入第11年、第12年、第13年时，业绩的增长停滞了，每个月的营业额基本持平。董事会对这样的业绩表现感到不满，便召开全国经理级高层会议，以商讨对策。会议中，有一名年轻的经理站起来对总裁说："我手中有一张纸，纸里有一个建议，若您要使用我的建议，必须另付我5万元！"

总裁听了很生气，说："我每个月都支付你薪水，另有分红、奖励，现在叫你来开会讨论，你还另外要求付你5万元，是否过分？"

"总裁先生，请别误会。您支付的薪水，让我在平时卖力地为公司工作。但是，这是一个重大又有价值的建议，您应该支付我额外的薪水。若我的建议行不通，您可以将它丢弃，1分钱也不必付。但是，不看这张纸，您损失的必定不止5万元。"年轻的经理解释说。"好！我就看看它为何值这么多钱。"总裁接过那张纸后，阅毕，马上签了一张5万元的支票给那位年轻的经理。那张纸上只写了一句话："将现在的牙膏开口扩大 1 毫米。"

总裁马上下令更换新的包装。试想，每天早上，每个消费者多用 1 毫米的牙膏，每天牙膏的消费量将多出多少倍呢？这个决定使该公司第 14 年的营业额增加了 32%。

（资料来源：艳辉，2001. 将脑袋打开 1 毫米[J]. 企业文明（4）：44.）

二、管理思考

将牙膏的开口扩大 1 毫米，其实是把脑袋的开口扩大 1 毫米。1 毫米的距离，可以让收入成倍增加，而这 1 毫米，只是换了一个角度想问题。

启示：一个小小的改进，往往会收到意料不到的效果。当我们面对新知识、新事物或新创意时，应该善于思考、善于发现。

工作说明

一、工作目标

美居超市是会员制的采购代理公司，通过顾客服务部、现场销售部、邮寄或传真订购等途径，以"会员特惠价格"向公司和个人提供超值的名牌商品。会员商店以大包装、低利润的经营方式，使顾客享受低廉的仓储价格。该超市的主营商品有 3500 多个品种，其中包括鲜食、干货、冷冻食品、饮料、烟酒、糖果、日用品、办公用品、五金家电等。

最近，该超市接到顾客关于购物多收费方面的投诉，抱怨其购物票据出错。很多消费者会一次性采购多种商品，以备不时之需，因此，绝大部分消费者在购物后不会仔细地查看购物票据和清点商品。面对票据的差错率较高这一重要的质量问题，财务人员要耗费很多时间去追问出错的票据并予以更正。

因此，公司质量委员会选择该项目作为四个需要立即关注的事项之一。该项目是一个很好的质量改进项目，因为所涉及的票据差错问题是一个长期性问题。质量改进管理无论是对降低公司的成本还是消除顾客对公司的不满来说，都是很有价值的。

二、工作过程

质量改进管理过程（图 5.1）包括质量改进内容、质量改进活动、逻辑分析方法、质量改进应用四个部分。

```
              ┌──────────────────┐
              │ 质量改进管理过程 │
              └──────────────────┘
                        │
       ┌────────────┐   │   ┌────────────┐
       │ 质量改进内容 │───┼───│ 逻辑分析方法 │
       └────────────┘   │   └────────────┘
   质量改进与持续改进的概念 │      ┌──────────┐
   质量改进与其他相关概念的关系      │ 头脑风暴法 │
                        │      ├──────────┤
                        │      │  亲和图   │
                        │      ├──────────┤
       ┌────────────┐   │      │  关联图   │
       │ 质量改进活动 │───┤      ├──────────┤
       └────────────┘   │      │  因果图   │
      PDCA的内容          │      └──────────┘
      PDCA的特点          │   ┌────────────┐
      质量改进过程          └───│ 质量改进应用 │
                              └────────────┘
                                ┌──────────┐
                                │  排列图   │
                                ├──────────┤
                                │  直方图   │
                                ├──────────┤
                                │  检查表   │
                                └──────────┘
       ┌────────────────────────────┐
       │ 美居超市票据差错改进报告      │
       └────────────────────────────┘
```

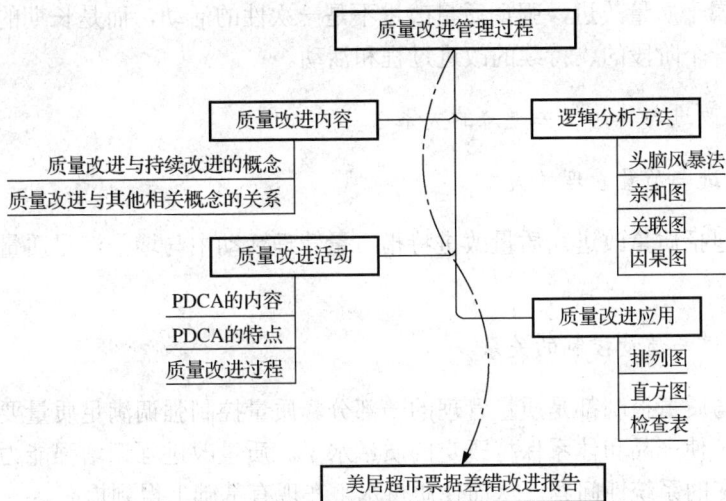

图 5.1　质量改进管理过程

相关知识

一、质量改进内容

（一）质量改进与持续改进的概念

1．质量改进的概念

质量改进是质量管理的一部分，致力于增强满足质量要求的能力。通常，质量改进涉及以下几个方面。

1）产品质量改进，包括老产品改进、新产品开发及服务产品改进。

2）过程质量改进，包括采用新技术、新方法、新工艺、新材料、新设备，进行技术改造和技术革新，实施更科学、更严格的过程质量控制方法和手段。

3）体系质量改进，包括采用先进的质量管理体系标准和其他管理体系标准。

4）增强顾客满意，包括增强质量保证能力，提升产品信誉和企业信誉，提高顾客满意度，培养顾客忠诚。

5）提高质量经济效益，包括增加质量收益和降低质量成本。

2．持续改进的概念

持续改进是增强满足要求的能力的循环活动。

制定改进目标和寻求改进机会的过程是一个持续过程，该过程使用审核发现和审核结论、数据分析、管理评审或其他方法，其结果通常需要纠正措施或预防措施。

持续改进属于质量改进，强调质量改进不是一次性的活动，而是长期的、不间断的、一个阶段接着一个阶段的、持续的改进过程和活动。

（二）质量改进与其他相关概念的关系

1. 质量改进与质量管理的关系

质量管理包括质量改进。质量改进特指质量管理活动中与增强满足质量要求的能力有关的活动。

2. 质量改进与质量控制的关系

质量改进与质量控制都是质量管理的一部分。质量控制强调满足质量要求，着眼于消除偶发性问题，使产品和体系保持既定的质量水平。质量改进强调增强能力，着眼于解决或消除目前存在的系统性问题，从而使质量水平在现有基础上得到提高。

3. 质量改进与质量保证的关系

质量改进与质量保证都是质量管理的一部分。质量保证强调得到顾客的信任，着眼于体系、过程及产品的有效性，即确保体系运行有效、过程稳定可靠、产品质量合格。质量改进不仅着眼于提高体系、过程及产品的有效性，还着眼于提高体系、过程及产品的效率。

二、质量改进活动

质量改进活动一般表现为寻求改进机会和对象，确定质量改进项目或活动，制定改进目标、质量计划、质量改进措施，实施改进活动，检查改进效果，总结提高。任何一个质量改进活动都要遵循 PDCA 循环的原则。PDCA 循环的四个阶段如图 5.2（a）所示。

（一）PDCA 的内容

第一阶段是计划：制定方针、目标、计划书、管理项目等。
第二阶段是实施：按计划落实具体对策。
第三阶段是检查：实施对策后，把握对策的效果。
第四阶段是改进：总结成功的经验，实施标准化并按标准行动。对于没有解决的问题，转入下一轮 PDCA 循环解决，为制订下一轮改进计划提供资料。

（二）PDCA 的特点

1）四个阶段一个都不能少。
2）大环套小环，在某一阶段也会存在制订计划、落实计划、检查计划的实施进度和处理的小 PDCA 循环，如图 5.2（b）所示。
3）每循环一次，产品质量、工序质量或工作质量就提高一步，PDCA 是不断上升的循环，如图 5.2（c）所示。

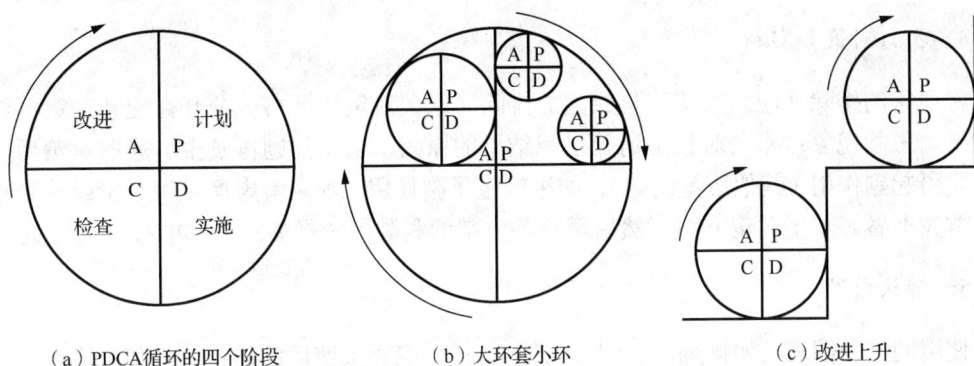

（a）PDCA循环的四个阶段　　　（b）大环套小环　　　（c）改进上升

图 5.2　PDCA 循环

（三）质量改进过程

质量改进过程可以分为七个阶段，如图 5.3 所示。

图 5.3　质量改进过程

1．确定项目课题

要明确所要解决的问题为什么比其他问题重要，问题的背景是什么，到目前为止的情况是怎样的。将不尽如人意的结果用具体的语言表达出来，有什么损失，并具体说明希望改进到什么程度。选定课题和目标值。如果课题过大，可将其分解成若干个小课题，逐一改进解决。正式选定任务负责人。若是改进小组就确定组长和组员。若有必要，对改进活动的费用做出预算。拟订改进活动的时间表，初步制订改进计划。

2．掌握现状

抓住问题的特征，明确需要调查的若干要点，如时间、地点、问题的种类、问题的特征等。如果要解决质量问题，就要从 5M1E[①]各种角度进行调查，去现场收集数据中没有包含的信息。

3．分析问题原因

活动内容包括设立假说和验证假说。设立假说（选择可能的原因），搜集关于可能原因的全部信息；运用"掌握现状"阶段掌握的信息，消除已确认为无关的因素，重新整理剩下的因素。验证假说（从已设定因素中找出主要原因），搜集新的数据或证据，制订计划来确认原因对问题的影响；综合全部调查到的信息，决定主要影响因素；如果条件允许，则可以将问题再现一次。

---

① 5M1E：造成产品质量波动的原因主要有六个，即人员（man/manpower）、机器（machine）、材料（material）、方法（method）、测量（measurement）、环境（environment）。

4. 拟订对策并实施

将现象的排除（应急对策）与原因的排除（永久对策）严格区分开。应急对策仅作用于结果，去除现象；永久对策是消除引起结果的原因，防止问题再发生。采取对策后，尽量不要引起副作用（其他质量问题），如果产生了副作用，则应考虑换一种对策或消除副作用。首先准备好若干对策方案，然后调查各方案的利弊，选择参加者都能接受的方案。

5. 确认效果

使用同一种图表（如排列图、调查表等），将采取对策前后的质量特性值、成本、交货期等指标进行比较。如果改进的目的是降低不合格品率或降低成本，就将特性值换算成金额，并与目标值进行比较。如果有其他效果，那么不管大小都要列举出来。

6. 防止再发生和标准化

为改进工作，应再次确认 5W1H，即 what（什么）、why（为什么）、who（谁）、where（何地）、when（何时做）、how（如何做），并将其标准化，制定成工作标准。另外，还应进行有关标准的准备及宣贯；实施教育培训；建立保证严格遵守标准的质量责任制。

7. 总结

找出遗留问题，并考虑解决这些问题后的下一步工作。总结在本次质量改进活动过程中，哪些问题已顺利解决，哪些问题尚未解决。

三、逻辑分析方法

按照质量改进方法的性质及人们应用这些方法的习惯，大致可以把质量改进方法分为三类：数理统计方法、工程技术管理方法和逻辑分析方法。这些方法既可用于质量改进，又可用于质量控制和质量策划等活动。数理统计方法包括描述性统计、试验设计、假设检验、测量分析、过程能力分析（见项目七）、回归分析、可靠性分析、抽样检验（见项目六）、模拟、统计过程控制图（见项目七）等。工程技术管理方法包括系统工程、价值工程、质量功能展开、5S 管理[①]、6σ 管理[②]、可靠性分析等。

以下只介绍逻辑分析方法。该方法对于管理者、营销人员、设计人员、工程技术人员和操作人员正确地理解和识别顾客需求，分析产品质量改进及过程质量改进的因素和重点，特别是对于寻找问题产生的原因和制定质量改进措施，具有重要的方法论意义。常用的逻辑分析方法包括以下几种。

[①] 5S 是指整理（seiri）、整顿（seiton）、清扫（seiso）、清洁（seiketsu）、素养（shitsuke）。

[②] 20 世纪 90 年代发展起来的 6σ（西格玛）管理总结了全面质量管理的成功经验，提炼了其中流程管理技巧的精华和最行之有效的方法，成为一种提高企业业绩与竞争力的管理模式。

（一）头脑风暴法

1．头脑风暴法的概念

头脑风暴法，又叫畅谈法、集思法等，是由美国亚历克斯·奥斯本（Alex Osborn）于1941 年提出来的。它采用会议的方式，利用集体的思考，引导每个参加会议的人围绕某个中心议题（如质量问题），广开言路、激发灵感，在自己的头脑中掀起风暴，毫无顾忌、畅所欲言地发表独立见解。

2．头脑风暴法的用途

1）识别存在的质量问题并寻求解决的办法。

2）识别潜在的和可能的质量改进机会。

3）画因果图、树图、亲和图。

3．头脑风暴法的实施阶段

头脑风暴法的实施可分为以下三个阶段。

（1）准备阶段

1）准备会场，安排时间。会议时间以 1 小时为宜，不宜超过两小时。时间过长，与会人员会疲倦，少有创意，同时也会失去兴趣。

2）确定会议组织者，明确会议议题和目的。要确定头脑风暴会议的组织者，明确阐述会议的议题和目的。实施头脑风暴法的目的在于为与会者创造激发思想火花的氛围，让与会者都能出谋划策，积极发表自己的意见和看法，做到"知无不言，言无不尽"。

会议组织者事先对议题进行调查，将内容做成说明资料，就限定范围、问题细则等，在会议的前一天交给参与者，让参与者有充裕的时间进行思考。

3）准备必要的用具，如 A4 的白纸两张或三张，红色、黑色签字笔各一支，记录用纸若干，并选定记录人，在开会时将参与者的创意要点迅速记录下来。

（2）引发和产生创造思维的阶段

在引发和产生创造思维的阶段，要注意以下几点。

1）与会者都是平等的，无领导和被领导之分；创造一个平等参与、独立思考、激发灵感、畅所欲言的环境，使与会者积极发表观点。

2）与会的成员依次发表意见；会上可以尽情阐述各自的观点。

3）成员可以相互补充各自的观点，但不能评论，更不能批驳别人的观点；不要去评判创意或发言内容的正误、好坏。开会时，若有批评者，组织者要暗示制止。

4）欢迎提出不同角度的想法，因为只有脱离习惯上的想法，才能产生突出的创意。

5）当场把每个人的观点毫无遗漏地记录下来。

6）持续到无人发表意见为止。

7）将每个人的意见重复一遍。

（3）整理阶段

首先，重温所有的观点，确保每个成员都理解所有的观点及其内容；其次，去掉重复的、无关的观点，并对保留的观点进行归纳和评价。归纳和评价时要注意以下几点。

1）是否还有更好的方法。

2）是否可借用过去相似的创意。

3）是否可以变更。

4）是否可以代替。

（二）亲和图

亲和图是针对某一问题，广泛收集有关资料、意见、观点、看法，并按内容相近性（亲和性）统一归纳整理，形成初步归类，以便进一步明确因果关系和寻求解决途径的一种工具。亲和图常和头脑风暴法一起使用，用亲和图整理由头脑风暴法产生的观点。

应用亲和图分析问题的步骤如下。

第一步，将每个人的每个观点、意见或想法记录在一张卡片上。

第二步，将所有的卡片混合后放在一张桌子上，然后按卡片所记的观点内容分组排列，把最能代表该组内容的主卡片放在最上面，作为该组的主题。

第三步，将各组卡片按内容相近性（亲和性）排列，包括用方框、位置、直线、箭头等表示各组卡片之间可能存在的包含关系、并列关系、间接影响关系或暂时无法确定的关系等，形成亲和图。

例如，应用亲和图分析食具消毒柜在中国北方市场销售不温不火的影响因素，结果如图 5.4 所示。

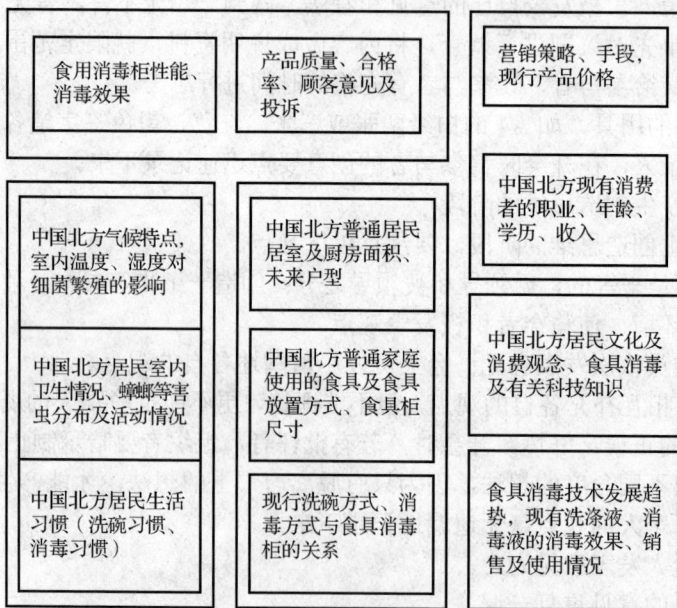

图 5.4 应用亲和图分析食具消毒柜在中国北方市场销售不温不火的影响因素

（三）关联图

关联图是分析和表示若干个存在问题及因素之间相互关系的一种工具。关联图与亲和图的主要区别在于，亲和图重在发现事物的影响因素并对其进行归类，关联图重在分析事物各影响因素之间的关系。关联图的基本形式如图 5.5 所示。

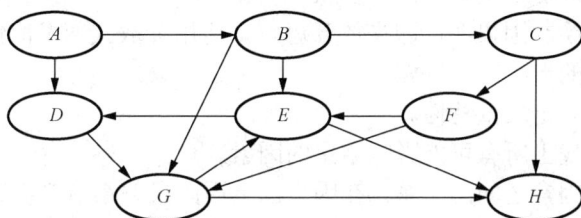

图 5.5 关联图的基本形式

（四）因果图

1. 因果图的概念

1953 年，日本东京大学教授石川馨第一次提出了因果图，所以因果图又称石川图。

因果图是分析和表示某个结果（或现象）与其原因之间关系的一种工具，又称特性要因图。通过分层次地列出各种可能的原因，帮助人们识别与某种结果有关的真正原因，特别是关键原因，进而寻找解决问题的措施。许多可能的原因可归纳成原因类别与子原因，画成形似鱼刺的图，所以该工具又称鱼刺图。

例如，应用因果图分析产品表面划痕产生的原因，结果如图 5.6 所示。

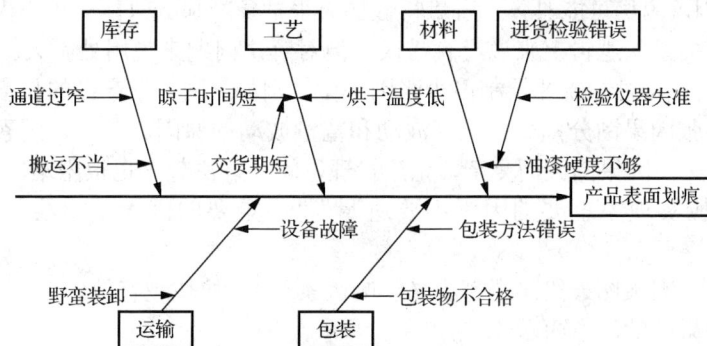

图 5.6 应用因果图分析产品表面划痕产生的原因

2. 因果图的绘制

（1）利用逻辑推理法绘制因果图的步骤

第一步，确定质量特性（结果），因果图中的"结果"可根据具体需要选择。

第二步，将质量特性写在纸的右侧，从左至右画一箭头（主骨），将结果用方框框上；接下来以影响结果的主要原因作为大骨，也用方框框上。

第三步，列出影响大骨（主要原因）的原因，也就是第二层次原因，作为中骨；接着

123

用小骨列出影响中骨的第三层次的原因，以此类推。

第四步，根据对质量特性影响的重要程度，将认为对质量特性有显著影响的重要原因标出来。

第五步，在因果图上记录必要的有关信息。

（2）利用发散整理法绘制因果图的步骤

利用发散整理法绘制因果图，即先放开思路，运用开放式、发散性思维，再根据概念的层次整理成因果图的形状。

第一步，选题，确定质量特性。

第二步，尽可能找出所有可能影响结果的因素。

第三步，找出各因素之间的关系，在因果图上用因果关系箭头将其连接起来。

第四步，根据对结果影响的重要程度，将认为对结果有显著影响的重要因素标出来。

第五步，在因果图上标上必要的信息。

因果图方法的显著特点是包括两个活动：一个是找出原因，另一个是系统整理这些原因。查找原因时，要求采用头脑风暴法进行开放式的积极讨论。绘制因果图时，影响结果的原因必须从小骨到中骨、从中骨到大骨进行系统整理归类。

逻辑推理法和发散整理法有时可以结合起来使用。

3．绘制和使用因果图的注意事项

（1）绘制因果图的注意事项

1）确定原因时应集思广益，充分发扬民主，以免疏漏。必须确定对结果影响较大的因素，绘图前必须让有关人员都参加讨论，这样因果图才会完整，有关因素才不会疏漏。

2）确定原因，应尽可能具体。质量特性如果很抽象，那么只能分析出大概的原因。尽管这种图的因果关系从逻辑上来说没有错误，但对解决问题来说用处不大。

3）有多少质量特性，就要绘制多少张因果图。例如，同一批产品的长度和重量都存在问题，必须用两张因果图分别分析长度波动和重量波动的原因。若许多因素只用一张因果图来分析，则势必使因果图大而复杂，无法管理，问题解决起来也很困难，无法对症下药。

4）因果图应实现"重要的因素不要遗漏""不重要的因素不要绘制"两个方面的要求。

要始终记住：因果图最终画得越小（影响因素少），往往越有效。

（2）使用因果图的注意事项

1）在数据的基础上客观地评价每个因素的重要性。每个人都要根据自己的技能和经验来评价各因素，这一点很重要，但不能仅凭主观意识或印象来评价各因素的重要程度。用数据来客观评价因素的重要性既科学又符合逻辑。

2）使用因果图时要不断加以改进。质量改进时，利用因果图可以帮助我们弄清楚因果图中哪些因素需要检查。同时，随着我们对客观的因果关系认识的深化，必然导致因果图发生变化。例如，有些需要删减或修改，有些需要增加，要重复改进因果图，得到真正有用的因果图，这对解决问题非常有用。同时，利用因果图还有利于我们提高技术熟练程度，增加新的知识和提高解决问题的能力。

四、质量改进应用

（一）排列图

1. 排列图的概念

排列图是为寻找主要问题或影响质量的主要因素，将质量问题从最重要到最次要进行排列而采用的一种简单的图示技术。它由两个纵坐标、一个横坐标、几个按高低顺序依次排列的长方形和一条累计百分比曲线组成。

排列图又称帕雷托（Pareto diagram），它是由意大利经济学家帕雷托（Pareto）提出的。帕雷托在分析社会财富分布状况时，发现少数（约 20%）人占有绝大多数（约 80%）的社会财富，而绝大多数（约 80%）人只占有少数（约 20%）财富。在资本主义社会，这种少数人占有大多数财富的规律（或称二八规律）左右着社会经济发展的现象，即"关键的少数、次要的多数"的关系。排列图后来由美国质量管理专家朱兰引入质量管理中，成为一种简单易行、一目了然的质量管理工具。

质量问题常可以用质量损失的形式表现出来，大多数损失往往是由少数原因引起的。因此，明确了"关键的少数"，就可以集中资源解决这些少数原因，减少或避免由此造成的损失。用排列图法，可以有效地展现出这些"关键的少数"。

2. 排列图的应用步骤

（1）确定目的、分类数据

首先，确定数据分析的目的（如寻找突出不良或废品的类型、工序等）；其次，将用于排列图所记录的数据进行分类。例如，某包装公司加工车间生产彩色纸箱，质量不良项目有印刷露底、套色不准、尺寸超差、破裂、粘接不良、其他等六项。

（2）确定数据记录的时间

根据实际情况确定需要汇总数据的期限，只要有足够的数据即可，时间不宜过长，一般 1～3 个月即可。例如，包装公司质量部门决定对 3 个月记录的纸箱不合格品数据进行统计分析。

（3）按分类项目进行统计

设计一张数据记录表，其格式如表 5.1 所示，包括项目、日期等，将数据填入表中，并将计算的合计（频数）填入"合计"栏。

表 5.1 数据记录表

日期	项目					
	印刷露底	套色不准	尺寸超差	破裂	粘接不良	其他
1月1日	21	12	5	4	2	2
1月2日	23	21	6	1	3	0
⋮	⋮	⋮	⋮	⋮	⋮	⋮
合计	2326	1654	342	231	211	146

（4）统计数据

按各项目合计数量从大到小的顺序，将合计（频数）填入统计表中。"其他"项的数据由许多数据很小的项目合并在一起，将其列在最后，而不必考虑其数据多大。结果如表 5.2 所示。

表 5.2　排列图数据表

不合格类别	不合格品数（频数）	频率（f_i）/%	累计频率（F_i）/%
印刷露底	2326	47.4	47.4
套色不准	1654	33.7	81.1
尺寸超差	342	7.0	88.1
破裂	231	4.7	92.8
粘接不良	211	4.3	97.1
其他	146	2.9	100
合计	4910	100	—

（5）计算

以全部项目为 100% 来计算各项目的百分比，得出频率 f_i（f_i=频数/合计），再进一步计算累计频率 F_i（F_i 为该项目频率与上一项目累计频率的和），填入统计表中。统计数据和计算结果如表 5.2 所示。

（6）作图

1）准备坐标纸或普通白纸，在其上画两根纵轴和一根横轴。在左边纵轴上标上频数的刻度，最大刻度为总频数；在右边纵轴上标上频率的刻度，最大刻度为 100%（注意其对应于合计频数）。

2）在横轴上按频数的大小从大到小依次列出各项，画出直方柱，各条直方柱应等宽且不留间隙。在横轴下方对应写上项目或类别。

3）标出每个直方柱对应的频数，在柱上方标上累计频率值。将各累计频率点用直线连接起来，画出累计频率折线。注意累计频率的点应画在各直方柱宽度的中间。

4）在图的空白处填上部门、产品、工序、分析时间、生产数量、记录者及作图者等信息，以便识别和查找。

制作好的排列图如图 5.7 所示。

（7）分析

从图 5.7 中可以看出，印刷露底和套色不准占不合格种类的绝大多数（$F_i \geq 80$），是下一步努力改进的主要方向。

3．排列图的分类

找出累计频率达到或超过 80% 的项目，确定为"关键的少数"。根据用途，排列图可以分为分析现象用排列图和分析原因用排列图。

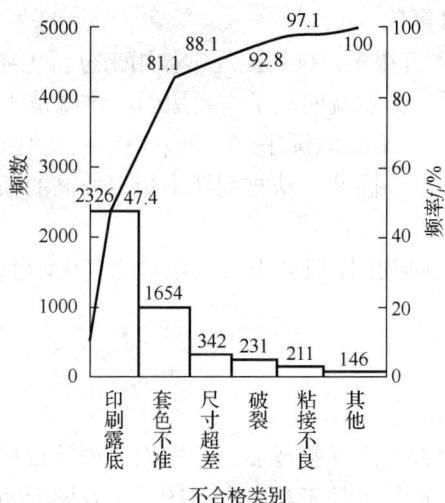

图 5.7 纸箱质量不良项目排列

（1）分析现象用排列图

分析现象用排列图与以下不良结果有关，用来发现主要问题。

1）质量：不合格、故障、顾客抱怨、退货、维修等。

2）成本：损失总数、费用等。

3）交货期：存货短缺、付款违约、交货期拖延等。

4）安全：发生事故、出现差错等。

（2）分析原因用排列图

分析原因用排列图与以下过程因素有关，用来发现主要问题。

1）操作者：班次、组别、年龄、经验、熟练情况及个人本身因素。

2）机器：机器、设备、工具、模具、仪器。

3）原材料：制造商、工厂、批次、种类。

4）作业方法：作业环境、工序先后、作业安排。

4．制作和使用排列图的注意事项

（1）制作排列图的注意事项

1）分类方法不同，得到的排列图不同。通过不同的角度观察问题，把握问题的实质，需要用不同的分类方法进行分类，以确定"关键的少数"，这也是排列图分析方法的目的。

2）为了抓住"关键的少数"，在排列图上通常把累计比率分为三类：累计比率为 0～80% 的因素属于 A 类因素，即主要因素；累计比率为 80%～90% 的因素属于 B 类因素，即次要因素；累计比率为 90%～100% 的因素属于 C 类因素，即一般因素。

3）如果"其他"项所占的百分比很大，则分类是不够理想的。出现这种情况，是因为调查的项目分类不当，把许多项目归在了一起，这时应考虑采用另外的分类方法。

4）如果数据是质量损失（金额），画排列图时质量损失应在纵轴上表示出来。

（2）使用排列图的注意事项

1）引起质量问题的因素有很多，排列图经常被用来分析主要原因。根据现象制作排列图，确定要解决的问题之后，必然就明确了主要原因，这就是"关键的少数"。

2）排列图可用来确定采取措施的顺序。一般来说，把发生率高的项目减少 1/2 要比发生问题的项目完全消除更容易。因此，从排列图中矩形柱高的项目着手采取措施能够事半功倍。

3）对照采取措施前后的排列图，研究组成各项目的变化，可以对措施的效果进行验证。

（二）直方图

1．直方图的用途

直方图是对大量计量值数据进行整理加工，找出其统计规律和数据分布的形态，以便对其总体的分布特征进行分析的一种工具。直方图的主要图形为直角坐标系中若干顺序排列的矩形，各矩形底边相等为数据区间，矩形的高为数据落入各相应区间的频数或频率。

在相同的工艺条件下，加工出来的产品质量不会完全相同，总在一个范围内波动，这样可以将一定的抽样分成若干组，按其顺序分别在坐标系中画出一系列的直方形，并将直方形连起来，用来观察图的形状，判断生产过程的质量是否稳定，了解产品特性的分布状况、平均水平和分散程度，有助于判断工序是否正常，工序能力是否满足要求，不良产品是否发生，分析产品质量问题的原因，以制定改进质量的措施。

2．直方图的应用

某食品厂用自动灌装机生产饮料食品，从一批饮料中随机抽取 100 个进行称量，获得饮料的净重数据如表 5.3 所示。

表5.3　饮料的净重数据　　　　　　　　　　　单位：g

340	350	347	336	341	349	346	348	342	346
347	346	346	345	344	350	348	352	340	356
339	348	338	342	347	347	344	343	349	341
342	352	346	344	343	339	336	342	347	340
348	341	340	347	342	337	344	340	344	346
342	344	345	338	351	348	345	339	343	345
346	344	344	344	343	345	345	350	353	345
352	350	345	343	347	354	350	343	350	344
351	348	352	344	345	349	332	343	340	346
342	335	349	348	344	347	341	346	341	342

（1）求极差

找出所有数据中的最大值和最小值，求出全体数据的分布范围，即极差 R。

本例最大值是 356，最小值是 332，极差 $R = x_{max} - x_{min} = 356 - 332 = 24$。

（2）确定组数 k 并计算组距 h

根据数据的个数进行分组，确定组数 k 并计算组距 h。一批数据究竟分多少组，通常根据 n 的多少而定，表5.4是可以参考的分组数。选择 k 的原则是要能显示出数据中所隐藏的规律，组数不能过多，但也不能太少。

表5.4　直方图分组数据表

样本量（n）	组数（k）	样本量（n）	组数（k）
<50	5～7	101～250	7～12
50～100	6～10	>250	10～20

每组的区间长度称为组距。组距可以相等，也可以不相等。组距相等的情况用得比较多，不过也有不少情形对应数据最大及最小的一个或两个组，使用与其他组不相等的组距。对于完全相等的组距，通常取组距 h 为接近 R/k 的某个整数值。

在本例中，$n=100$，取 $k=9$，$h=R/k=24/9\approx2.7$，故取组距 $h=3$。

（3）确定组限

确定组限，即每个区间的端点及组中值。

为了避免一个数据可能同时属于两个组，通常将各组的区间确定为左开右闭的，如 $(a_1,a_2],(a_2,a_3],\cdots,(a_{k-1},a_k]$，通常要求 $a_1<x_{\min}$，$a_k>x_{\max}$。在等距分组时，$a_2=a_1+h,a_3=a_2+h,\cdots,a_k=a_{k-1}+h$，而每组的组中值 $\tilde{a}_i=(a_i+a_{i-1})/2$。

若在本例中，取 $a_1=331.5$，则每组的区间及组中值如表5.5所示。

表5.5　频数分布表

组合	区间	组中值（$\tilde{a}_i$）	频数（n_i）	频率（f_i）
1	(331.5，334.5]	333	1	0.01
2	(334.5，337.5]	336	4	0.04
3	(337.5，340.5]	339	11	0.11
4	(340.5，343.5]	342	20	0.20
5	(343.5，346.5]	345	30	0.30
6	(346.5，349.5]	348	19	0.19
7	(349.5，352.5]	351	12	0.12
8	(352.5，355.5]	354	2	0.02
9	(355.5，358.5]	247	1	0.01
合计			100	1.00

（4）计算落在每组数据的频数及频率

确定分组后，统计每组的频数，即落在组中的频数 n_i 及频率 $f_i(n_i/n)$，列出每组的频数（n_i）、频率（f_i），如表5.5所示。

（5）作频数/频率直方图

建立坐标系，在横轴上标出每组的组限，以每组的区间为底，以"频数/频率"为高画一个矩形，如图5.8所示。在本例中，频数直方图及频率直方图的形状是完全一致的，这是因为分组是等距的。

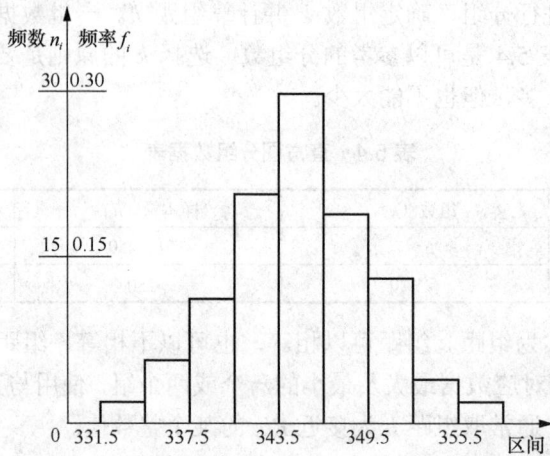

图 5.8　频数/频率直方图

（6）分析

如图 5.8 所示的图形中间高、两边低、左右基本对称。这说明样本数据可能取自某正态总体，即呈正态分布。

3. 直方图相关分析

（1）直方图常见类型及产生原因分析

直方图可以有各种形状，如图 5.8 所示的直方图是在质量管理中较常见的一种，还可能出现图 5.9 中所列的一些直方图。分析这些直方图出现的原因是一件很有意义的工作，只要找到原因，就可以采取对策，提高产品及过程的质量。

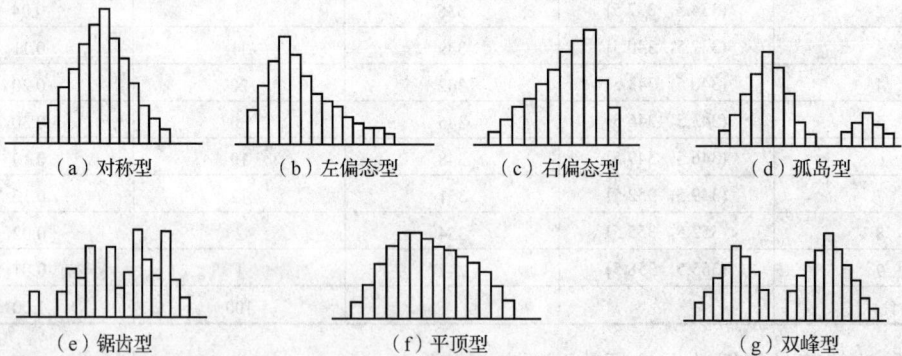

（a）对称型　　（b）左偏态型　　（c）右偏态型　　（d）孤岛型

（e）锯齿型　　　　（f）平顶型　　　　（g）双峰型

图 5.9　直方图的常见类型

下面对图 5.9 中的若干直方图产生的原因做进一步分析。

1）对称型：中间高、两边低、左右基本对称，如图 5.9（a）所示，在正常生产中许多质量指标呈现这种形状。

2）偏态型：常见的有两种形状：一种是峰偏在左侧，而右侧的尾巴较长，如图 5.9（b）

所示；另一种是峰偏在右侧，而左侧的尾巴较长，如图 5.9（c）所示。造成这种图的原因是多方面的，有时是剔除了不合格品后做的图形，也有的是由质量特性值的单侧控制造成的，如加工孔的时候习惯孔径"宁小勿大"，而加工轴的时候习惯轴径"宁大勿小"等。

3）孤岛型：原因可能是出现某种异常或有不熟练的工人替班等，如图 5.9（d）所示。

4）锯齿型：可能由测量方法不当或过程变化引起，如图 5.9（e）所示。例如，材料发生了变化，生产过程发生了变化或者是量具的精度较差，也可能是分组不当引起的。

5）平顶型：通常由生产过程中有某种缓慢变化的因素（如刀具磨损等）造成，如图 5.9（f）所示。

6）双峰型：通常是将两台不同精度的机床生产的或两个不同操作水平的工人生产的或由两批不同原材料生产的产品的数据混合所致，如图 5.9（g）所示。

（2）直方图与公差配合分析

加工零件时，有尺寸公差$[T_L, T_U]$规定，公差上限 T_U 和公差下限 T_L 用两条线在直方图上表示，并与直方图的分布进行比较，便可以发现一些异常和问题，有助于进行质量改进。典型的五种情况如图 5.10 所示，评价时可予以参考。

1）当直方图符合公差要求时，如图 5.10（a）和图 5.10（b）所示。

图 5.10（a）的情况，不需要调整，因为直方图充分满足公差要求。

图 5.10（b）的情况，能满足公差要求，但不充分。这种情况下，应考虑减少波动。

2）当直方图不符合公差要求时，如图 5.10（c）～图 5.10（e）所示。

图 5.10（c）的情况，应采取措施，使平均值接近规范的中间值。

图 5.10（d）的情况，应考虑采取措施，以减少公差（波动）。

图 5.10（e）的情况，同时采取图 5.10（c）和图 5.10（d）的措施，既要使平均值接近规范的中间值，又要减少波动。

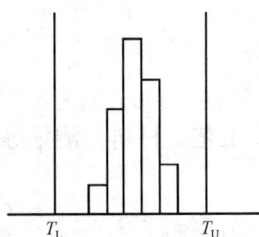

（a）直方图符合公差要求（一）　　　（b）直方图符合公差要求（二）

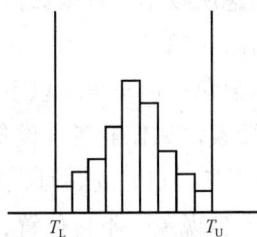

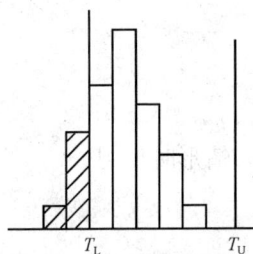

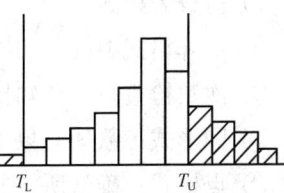

（c）直方图不符合公差要求（一）　　（d）直方图不符合公差要求（二）　　（e）直方图不符合公差要求（三）

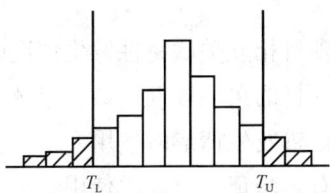

图 5.10　直方图和公差限

4．应用直方图的注意事项

1）对组距，尽量采用相等的组距大小，这样计算和分组方便，并且频数直方图和频率直方图的形状相同。

2）为了避免一个数据可能同时属于两个组，应将各组的区间确定为左开右闭。另外，若测量值为整数，组限最好带有小数。

3）频率直方图与频数直方图的制作方法相同，只是把纵坐标换成频率。

4）在分析直方图时，对图形的类别和原因，应结合具体生产实际进行深入分析，因为原因可能是多样的。

（三）检查表

1．检查表的概念

检查表也称统计分析表或调查表，是用以收集数据的规范化表格。使用检查表时，将产品可能出现的情况及其分类预先设计成统计检查表，则检查产品时只需在相应分类中进行记录和统计，便可得出结果。

2．检查表的应用步骤

（1）明确目的

明确收集数据的目的，数据若仅仅收集并无意义，对收集的数据进行分析以寻求改进才是目的，因而需要考虑所收集的数据如何使用。

（2）决定检查项目或对象

决定检查项目或对象包括但不限于以下分类：

1）生产活动的五要素，如作业者、设备、方法/工艺、材料、测量等。

2）时间，如上午/下午、日、周、月、年等。

3）事实现象，如不良现象、不良位置、事故、故障等。

4）部门，如班组、车间、部门、处、区域等。

（3）选择和制作检查表

1）检查表样式。

① 矩阵格式型：欲知检查项目相互关联特性发生情况时使用。

② 次数检查型：欲知检查项目的集中倾向、数据全体、分布情形时使用。

③ 图形式：欲知对象于何位置发生情形时使用。

④ 点检式：确认所定的事有无忘记、遗漏时使用。

2）选择。根据检查表的样式，以"易于收集、记录和整理分析"为原则选择检查表。

3）制作。设计检查表时，适当倾听相关人员的意见，设计的检查表应简单、适用，便于记录和分析。同时，应考虑由谁、何时、何处，以什么方式收集数据等。

（4）实施检查

利用检查表，按要求（如频次、特性）认真观察检查对象，并做好记录。

（5）记录必要事项

在检查表上登记如标题（目的）、时间、品名规格、工序、检查者等信息，并予以保留以用于分析。

3．常用的检查表

（1）频数分布调查表

将产品特性值可能出现的数值及其分级预先列成表格（图 5.11），检查产品时在相应级内画符号（如斜线或圆圈），画毕，频数分布也就清楚了。

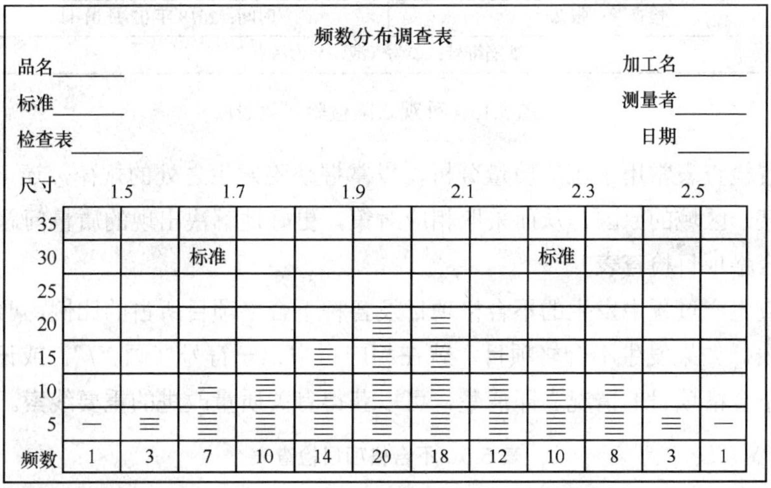

图 5.11　频数分布调查表

频数分布调查表将记录、数理数据及制作频数分布表三个步骤合为一步，使用方便。频数分布检查表主要适用于计量值数据的搜集调查，应注意的是，若数据有随时间变化的倾向性，则可按时间分层做表或用不同的颜色符号在表中标记。

（2）缺陷位置检查表

很多产品会存在疵点、外伤、脏污等外观缺陷，一般采用缺陷位置检查表进行检验。使用这种检查表时多画成产品示意图或展示图，每当发生缺陷时，将其发生位置标记在图上，简便易行。

图 5.12 和图 5.13 是某电视机显像管的外观缺陷检验示意图和外观缺陷检验示意表。将显像管屏幕划分为 A 区和 B 区（屏幕中央垂直 10 等分的 1/2 为半径，以圆心为中心所画的圆内为 A 区，其他为 B 区），分别拟定 A 区和 B 区缺陷数的极限值。各种整机的机柜或装饰件都可以采用缺陷位置检查表进行检验。

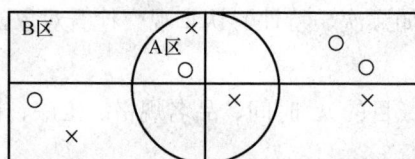

〇为气泡，×为污点。

图 5.12 外观缺陷检验示意图

外观缺陷检验表	
品种：电视显像管	序号：061130
A 区缺陷数：〇数 1，×数 2	B 区缺陷数：〇数 3，×数 2
检查者：张弘	时间：2018 年 02 月 01 日
缺陷符号：〇为气泡，×为污点	

图 5.13 外观缺陷检验示意表

缺陷位置检查表常用于工序质量分析，以掌握缺陷发生之处的规律，还可进一步分析缺陷集中在某一区域的原因，从而采取相应对策，更好地解决出现的质量问题。

（3）不合格项目检查表

为了检查生产过程中发生的不合格项目及各种不合格项目所占的比例，可制作如表 5.6 所示的检查表。如果发生不合格项目，就在相应栏中记一符号（画"/"，或记"正"），每批结束时，不合格项目的情况立即清楚，可以获得有关质量改进的重要线索。

表 5.6 不合格项目检查表

不良项目	频次			小计	比率/%
表面缺陷	//////////	//////////	////////	28	31
砂眼	//////////	////////		18	20
加工不良	//////////	//////////	//////////	36	40
	/////				
其他	///////			8	9
合计	44	28	18	90	100

工作实操

美居超市票据差错改进报告

一、调查项目背景

（一）项目内容

1）项目名称：减少票据差错。

2）问题描述：顾客经常抱怨票据出错。票据出错在财务上涉及近 2100 万元的款项；此外，财务人员还要耗费很多时间去纠错。

3）项目目标：显著减少票据差错率。

4）资源配备：①团队成员每周应有 8 小时用于本项目；②每月应向质量委员会提交进展报告，质量委员会应在每月的例会上讨论本项目的进展情况；③本团队将接受质量改进方面的培训，并遵循质量改进步骤予以实施；④财务部门提供专业人员和计算机予以支持。

（二）项目团队

公司质量委员会指派财务收款主管、销售经理、顾客服务主管、运输部经理等人员组成质量改进团队。在为顾客开具发票的过程中，以上人员都负有一定的责任。

质量改进团队的组成还是比较适当的，因为它包括那些具有如何开具和修改账单等知识的人员；而且在整个团队中，这些人员能够描述整个过程。

（三）项目调查

1．证实存在的问题

为证实存在的问题，必须识别问题的症状。本团队应关注的问题症状是结账差错率。其他的症状有差错造成的顾客不满意，以及回收款延迟造成的成本支出。

为测评问题的症状，团队采取了以下步骤。

1）由财务收款主管负责收集最近一年内每张经更正后的票据副本。

2）累计每张票据所更正的差错数，有时一张票据不止一个差错。

3）计算每月所有票据的差错总数。

4）计算每月开具的票据总数。

5）将差错总数除以开具的票据总数得到每月平均每张票据发生的差错率，具体如图 5.14 所示。

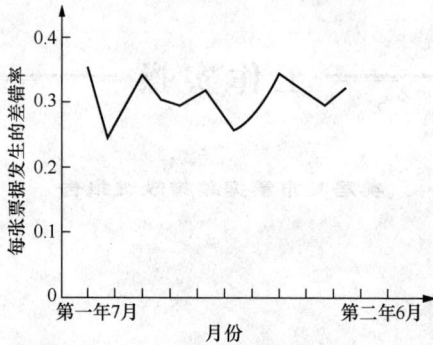

图 5.14　每张票据的差错

2．澄清"差错"问题

在团队活动中，大家认为需要对差错率做出明确的界定。因为以前团队曾对此比较含糊地做出如下定义：差错率是指在财务体系中任何引起对票据做出修改的情况。但大家认为此定义缺乏可操作性。

因此，团队应事先对差错率做出明确的定义并达成一致的意见，否则，以后在对数据进行处理时会引起歧义。

在团队活动中，大家提出了不少关于差错数据按不同类别分层统计的建议，如按差错类型、订购方式、销售地区、商品类型等进行分层。但团队最后决定将差错数据按票据上可能发生的不同差错类型分层制成频数分布表。

3．项目确认

公司存在在每张票据上平均约有 0.31 个差错这一严重的、长期的差错率问题。由于公司每月约开出 2000 张票据，这就意味着公司每月在开具票据上存在约 600 个差错。

项目团队认为，因为差错数始终很大，他们只需要采集最近一个月的差错数即可做出分析；而且他们自信有足够的能力和信息去解决问题。

二、分析项目原因

（一）分析不良项目

团队成员所能见到的差错有多种，如图 5.15 所示。"关键的少数"项目是在折扣和运输费两项原因所造成的差错上，虽然它的量很少，但很重要，于是团队将力量集中在折扣问题上。

接着，团队绘制订购过程流程图（图 5.16）以确定问题的边界，并对整个过程如何运行取得共识。

由图 5.16 可见，该公司有几种不同的订货方式：向销售部订货，通过邮寄或传真直接订货，也可通过电话向顾客服务部订货。

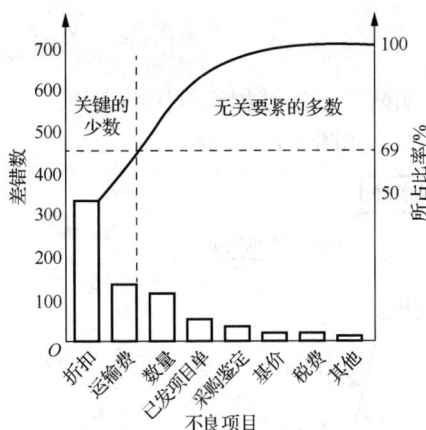

图 5.15 票据差错排列

对于不同的订货方式，订单的处理方法也略有不同：由销售部收到的订单，以及通过邮寄或传真直接从顾客处收到的订单由运输部门的工作人员将它们转入订单输入体系中；通过电话向顾客服务部订购，由顾客服务部的工作人员查看"其他折扣"文件，确定该顾客是否享有其他特殊折扣后，将订单直接转入订单输入体系中。

无论以何种方式获得订单，当运输部通过计算机订单输入体系得知订单内容后，都需要根据订单要求配置并发运所订货物。再经电子订单输入体系将订单转至财务部，财务部收到订单后即可开具票据，然后交给顾客。

如果顾客投诉有结账差错，顾客服务部就要对此进行调查并让财务部做出更正。

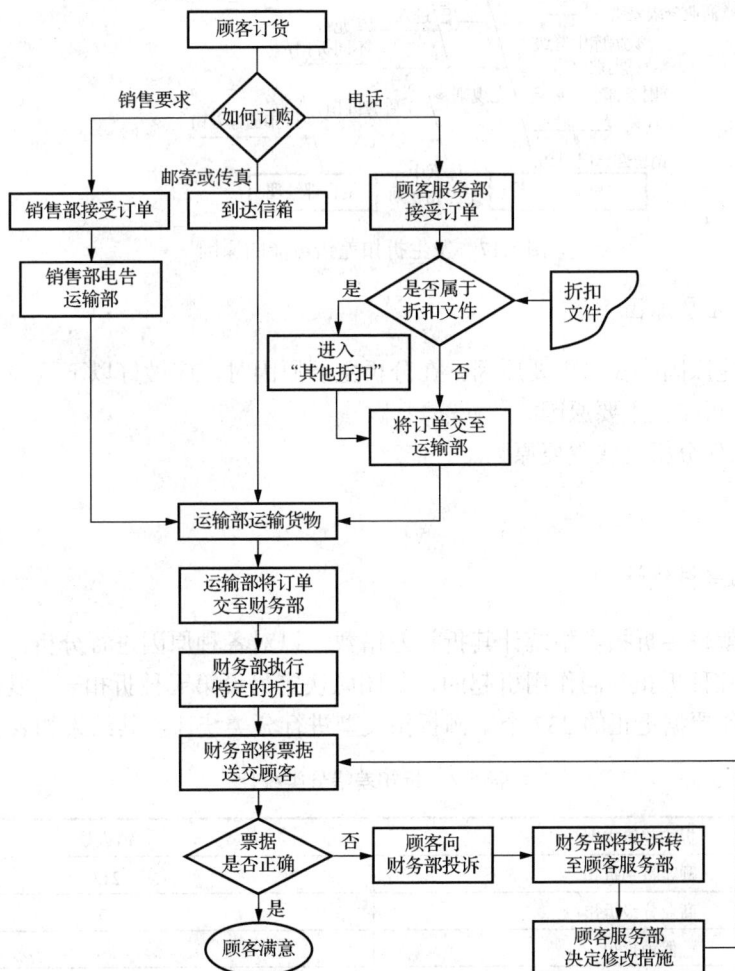

图 5.16 订购过程流程图

（二）找出可能原因

团队首先关注折扣差错这一选择是正确的。于是，团队将订购过程流程图贴在墙上，并采用头脑风暴法找出在折扣中发生差错的各种可能原因，如图5.17所示。

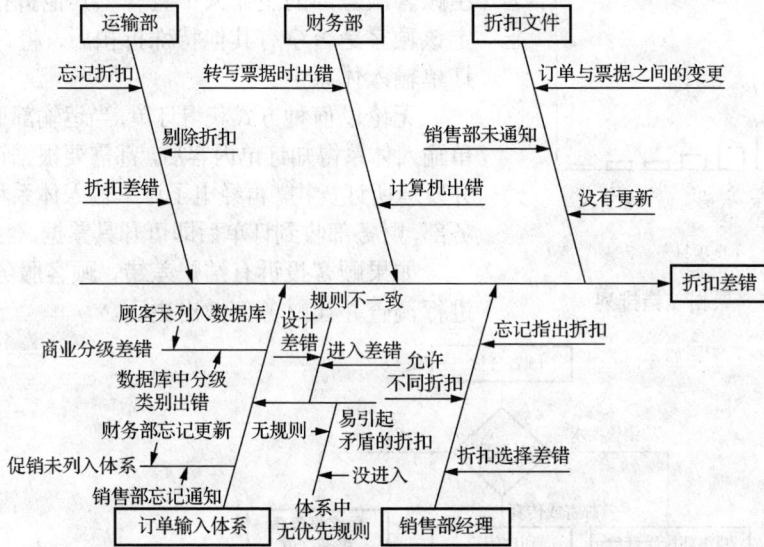

图5.17　发生折扣差错可能的原因

（三）找出主要原因

从各种可能原因中找出主要原因。在分析主要原因时，应做好以下两项工作。

1）决定分析哪些主要原因。

2）决定如何分析这些主要原因。

三、收集数据

（一）折扣差错统计

团队决定就每种折扣类型统计其折扣差错数，以对各种原因进行分析。有些差错是由同一笔交易的几种折扣共同作用引起的，故团队决定另设第五种折扣——复合折扣，并对因折扣差错而作票据更正的337个案例折扣类型进行分类统计，其结果如表5.7所示。

表5.7　折扣差错分类统计

折扣差错类别	销售数
顾客特别折扣	213
商业分级折扣	67
促销折扣	26
复合折扣	19

折扣差错类别	销售数
销售量折扣	12
累计	337

由表 5.7 可见，顾客特别折扣是问题发生的最大根源。

（二）订单来源统计

团队决定测试顾客特别折扣差错是否由顾客服务部的折扣文件引起的。他们复印了一份文件并检查了每份与重要顾客签订的合同，未发现有错。于是，团队决定追查这 213 个顾客特别折扣差错订单是通过何种渠道获得的，从而缩小问题的范围。追查结果如表 5.8 所示。

表 5.8 订单来源统计

订单来源	差错数	累计票据/张
现场销售部	102	645
国内销售部	8	35
邮寄或传真	85	743
顾客服务部	6	587
其他	12	无
累计	213	2010

由表 5.8 可知以下两个方面的内容。

1）通过国内销售部订购的差错数很少，这是因为以这种订购方式开具的票据最少。

2）通过顾客服务部、现场销售部、邮寄或传真订购途径都有数量可观的票据数，但其中顾客服务部的差错数有 6 个，相对而言次数最少。究其原因，是因为该部严格遵守公司确定的折扣规定，并建立一套程序系统地检查每张订单。所以，可以说造成折扣差错的根本原因是缺少标准程序。

四、结论

经过上述的统计分析，团队在因果图的基础上，根据新的发现提出更多的原因或经证实排除某些原因，最后决定保留造成票据差错的主要原因。其他原因或被排除，或因对问题影响很小而被忽略。

1．主要原因

1）销售人员没有收到改变折扣的通知。

2）销售人员没有精确记录收到的折扣通知。

3）销售人员在填写订单时没有检查记录。

4）销售人员错误地选择折扣。

5）销售人员向顾客允诺了有错误的折扣。

6）通过邮寄或传真订货的顾客不知道应使用何种折扣。

7）通过邮寄或传真订货的顾客忘记检查他们应得折扣的记录。

2．主要结论

据地区销售经理讲，大多数销售人员可能收到了公司确定的折扣改变通知，但由于通知经常变动，因此很难做好记录。于是团队决定向 15 名销售人员各寄出一份问卷进行调查。结果证实，在 15 位销售人员中，只有两位保存折扣改变通知，其余的或将通知放置在办公室，或仅凭记忆确定折扣。所以问题的根本原因在于缺乏标准程序。

同样，团队对由顾客邮寄或传真操作可能引起的差错的确切原因尚不肯定，但是有一点是明确的，即在开具票据前，在计算机系统内未设置一个过程可以为通过电话或传真订购的订单确定一个合适的折扣数。因此，这是造成问题的第二个根本原因。

五、改进措施

（一）评估不同措施

1．评估措施的标准

经过诊断后，团队找出了两个根本原因。团队决定先对折扣差错采取措施，经大家讨论，一致同意评估措施包括以下内容：①减少差错的数量；②成本；③对变革的阻力；④实施时间的紧迫性；⑤对顾客的影响。

2．改进措施

接着团队成员开展头脑风暴法，列出所有潜在的改进措施，并让团队成员按标准进行快速评估，按序排列措施，排在最前面的四项措施如下。

1）将折扣率输入网络：将折扣率输入网络，以备查询。

2）制成折扣率表：将最新的折扣率制成表格并打印成册，分发给每位销售人员及货运部的订货员。

3）调动订货量：将订货员从货运部调到顾客服务部，让所有订单都经过顾客服务部处理。

4）自动化：将公司详细的折扣表输入计算机发票系统，实现自动化操作。

团队成员采用选择矩阵图对上述四项措施进行打分、排序，其结果如表 5.9 所示。

表5.9 措施选择打分、排序

标准	将折扣率输入网络	制成折扣率表	调动订货量	自动化
减少差错的数量	1	2	5	5
成本	5	5	4	2
对变革的阻力	3	3	2	3
实施时间的紧迫性	5	5	4	3
对顾客的影响	2	2	2	4
排序	4)	3)	1)	2)

注：打分标准为1. 最差；2. 尚可；3. 较好；4. 好；5. 最好。排序为1) 最好；2) 好；3) 一般；4) 最差。

（二）设计改进措施

所拟措施是对过程中发生变异的一种补偿。经过如上评估，最后选择了调动订货量，即将订货员调入顾客服务部。由于该部工作比较标准、规范，统一由他们处理订单，使用统一的折扣率表，可将差错率降到最低，能比较彻底地解决票据差错问题。

为了在设计措施中不遗漏任何问题，团队还绘制了如图5.18所示的树形图。图5.18中最左边的方框是总计划——将所有订货员调至顾客服务部；其后续连接的四个方框是这一变革的四个主要部分——调动员工、移动传真、移动电话线、转移邮件至顾客服务部。这四个主要部分保证了措施的成功。这四个主要部分右边的方框是一些更为具体化的步骤，如培训员工、调动及完成人力资源管理的书面工作等。其中，培训员工又可细化为课堂培训与现场培训两种。

（三）改进效果确认

1. 控制措施

团队建立了足够的控制以保持增益。具体地说，作为过程的结果——票据差错被有效测评。当差错水平超出新的运行水平时，需要制订特定的控制计划。为了保证应收款项的回笼，任何账单差错都会自动被送往顾客服务部要求查询，并解决问题。于是，团队建立了一个简单的记事系统，采用日志将所有差错数据记录在案。该日志不但能跟踪个别情况，而且能提供每周差错数控制图所需的原始数据。顾客服务部主管每周一都要评审控制结果。如果前一周的数据显示票据差错增大而失控，那么主管要进一步评审差错类别表。若有必要，主管还要召集由应收款主管、货运经理和其他有关人员参加的快速评审会议，以研究对策，采取措施，解决问题。

季度总差错率则作为质量报告中的一部分列出，关键的质量指标图表经公司质量委员会进行季度评审后分发给所有职工。图5.19为票据平均差错率趋势图。

```
                                              ┌──────────┐
                                        ┌─────│ 课堂培训  │
                              ┌────────┐ │     └──────────┘
                          ┌───│ 培训员工 │─┤     ┌──────────┐
                          │   └────────┘ └─────│ 现场培训  │
                          │                     └──────────┘
              ┌────────┐  │                     ┌──────────┐
          ┌───│ 调动员工 │──┤               ┌─────│ 找到空间  │
          │   └────────┘  │   ┌────────┐  │     └──────────┘
          │               │   │        │  │     ┌──────────┐
          │               └───│  调动  │──┤─────│ 订购设备  │
          │                   └────────┘  │     └──────────┘
          │                               │     ┌──────────┐
          │                               ├─────│ 安装设备  │
          │                               │     └──────────┘
          │                               │     ┌──────────────┐
          │                               └─────│ 搬运个人物品    │
          │                                     └──────────────┘
          │   ┌──────────────────────────┐
          ├───│ 完成人力资源管理的书面工作  │
          │   └──────────────────────────┘
          │               ┌──────────┐
          │   ┌────────┐ ┌─│ 找到空间  │
          ├───│ 移动传真 │─┤ └──────────┘
          │   └────────┘ └─┌──────────┐
 ┌──────────┐              │  搬运    │
 │将所有订货员 │              └──────────┘
 │调至顾客服务部│             ┌──────────┐
 └──────────┘─┐        ┌───│ 移动登记  │
          │   │        │   └──────────┘
          │   ┌────────┐│   ┌──────────┐
          ├───│ 移动电话线│┤───│ 通知电话公司│
          │   └────────┘│   └──────────┘
          │            └───┌──────────────┐
          │                │ 电话公司移动电话线│
          │                └──────────────┘
          │               ┌──────────────┐
          │   ┌────────┐ ┌─│ 在邮件室安排新邮件箱│
          └───│ 转移邮件至│─┤ └──────────────┘
              │ 顾客服务部│ ├─┌──────────────┐
              └────────┘ │ │ 指定特别服务    │
                         │ └──────────────┘
                         └─┌──────────────────┐
                           │ 指定服务代表处理邮件 │
                           └──────────────────┘
```

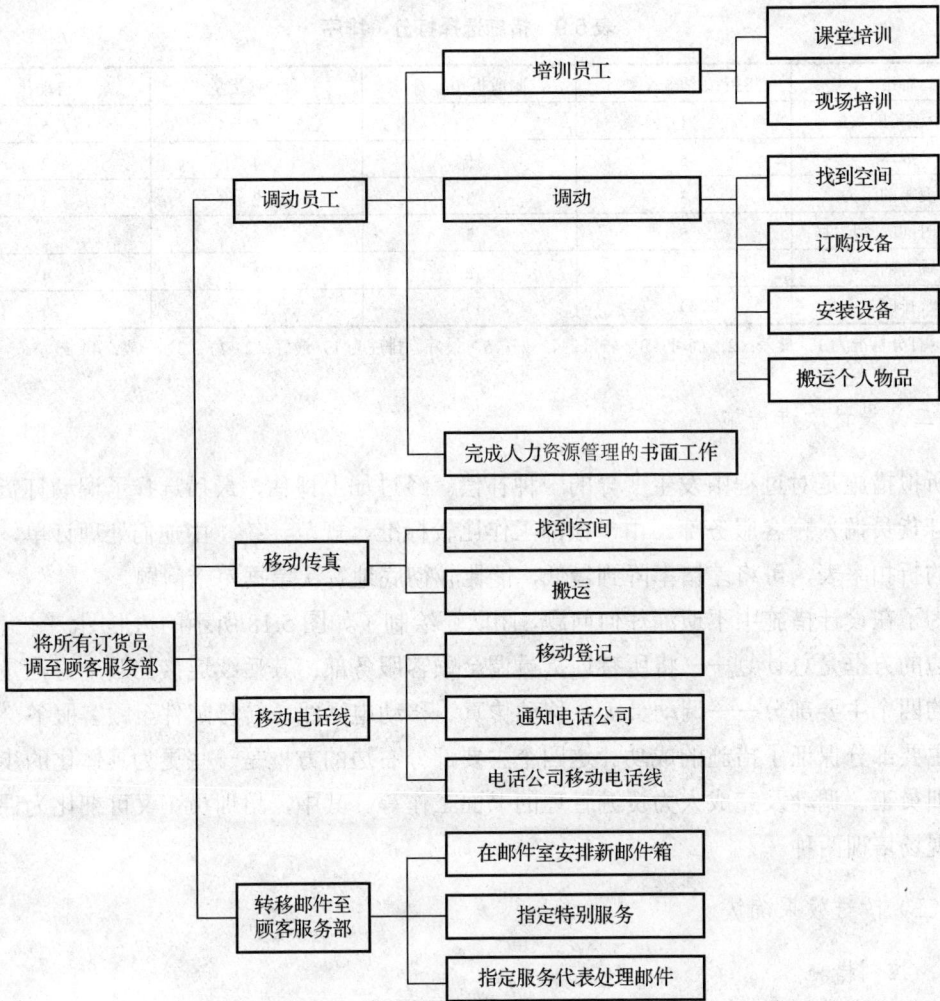

图 5.18　折扣差错改进措施

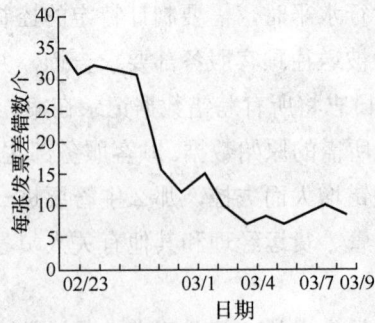

图 5.19　票据平均差错率趋势图

2．防差错措施

本项目没有专门设计防差错措施，但纠正措施中有一定的防差错措施的特征。例如，对员工与电话线两者都做了移动，这样可使控制过程很难恢复原来的操作状态。同样，对传真机也进行了移动，以防止订单沿着原路运转。

3．审核控制

审核的最重要方面是把改进后的结果作为每季度高层管理评审的部分。若结果不理想，高层管理将要求进行更全面的审核。

工作实训

一、实训目标

通过实训练习，学生能够了解企业的质量改进管理的相关工作，提高分析、解决质量问题工作的能力。

二、实训内容

对任意熟悉或感兴趣的公司实施的质量改进管理进行分析，形成《产品质量改进》《过程质量改进》《服务质量改进》《销售质量改进》等相关报告。

针对每个质量改进管理的实施过程，进行工作过程写实，并将具体内容填写在项目工作单上，包括项目资讯工作单、实施策划工作单、实施计划工作单、项目实施工作单、检查确认工作单、项目评价工作单。

三、实训要求

（一）工作职责

1）按照每组 6～8 人对学生进行分组，每组选一名组长。

2）组长负责小组成员分工、任务进度控制、工作内容检查等组织工作。

3）组员结合实训企业，开展小组讨论，并完成具体实训任务。

（二）汇报考核

1）全体成员参加成果汇报，并用 PPT 展示相关工作成果。

2）实训考核包括工作项目报告、项目工作单、PPT 汇报展示、学生答辩等内容。

四、拓展训练

（一）单项选择题

1. 质量改进建立在基本（　　）之上。
    A. 过程　　　　　　　B. 管理　　　　　　C. 要求
2. 质量改进和质量控制（　　）。
    A. 不同　　　　　　　B. 没区别　　　　　C. 没联系
3. 质量突破是质量改进的（　　）。
    A. 要求　　　　　　　B. 结果　　　　　　C. 目标
4. 对偶发性问题的改进是（　　）。
    A. 质量改进　　　　　B. 质量控制　　　　C. 质量突破
5. 对系统性问题的改进是（　　）。
    A. 质量改进　　　　　B. 质量控制　　　　C. 质量突破
6. PDCA 循环的计划阶段包括（　　）。
    A. 制定方针　　　　　B. 采取对策　　　　C. 落实对策
7. PDCA 循环的实施阶段包括（　　）。
    A. 落实具体对策　　　B. 实施标准化　　　C. 总结成功的经验
8. 要将不合格品减少为零是（　　）的。
    A. 可能　　　　　　　B. 不可能　　　　　C. 绝对不可能
9. 画因果图、树图或亲和图时可以运用（　　）。
    A. 过程方法　　　　　B. 头脑风暴法　　　C. 流程图法
10. 质量改进的重点在于（　　）。
    A. 防止差错　　　　　　　　　　　　　　B. 加强检验
    C. 改善环境　　　　　　　　　　　　　　D. 提高质量保证能力
11. 质量改进是一个（　　）。
    A. 过程　　　　　　　B. 结果　　　　　　C. 计划　　　　　　D. 要求
12. 从 5M1E 各种角度进行调查是质量改进（　　）步骤应考虑的内容。
    A. 选择课题　　　　　B. 掌握现状　　　　C. 确认效果　　　　D. 总结
13. "高质量必然高成本"是（　　）改进的错误认识。
    A. 经济　　　　　　　B. 质量　　　　　　C. 安全　　　　　　D. 环境
14. 东京大学教授石川馨于（　　）年第一次提出因果图。
    A. 1953　　　　　　　B. 1956　　　　　　C. 1960　　　　　　D. 1962
15. 1907 年，美国经济学家（　　）用图表形式提出类似帕雷托原理的理论。
    A. 帕雷托　　　　　　B. 洛伦兹　　　　　C. 休哈特　　　　　D. 石川馨
16. 用逻辑推理确定因果关系的思考方法绘制因果图称为（　　）。
    A. 逻辑推理法　　　　B. 发散整理法　　　C. 收敛整理法　　　D. A、B 都对

17. 美国（　　）博士运用洛伦兹图表法将质量问题分为关键的少数和次要的多数，并将这种方法命名为帕雷托分析法。

　　A. 朱兰　　　　　　　B. 洛伦兹　　　　　　C. 休哈特　　　　　D. 石川馨

18.（　　）可以按重要顺序显示每个质量改进项目对整个质量问题的作用。

　　A. 流程图　　　　　　B. 散布图　　　　　　C. 排列图　　　　　D. 控制图

19. 在排列图上通常把累计比率分为三类，累计比率为80%～90%的因素属于（　　）。

　　A. 主要因素　　　　　B. 次要因素　　　　　C. 一般因素　　　　D. A、C 都对

20. 数据的平均值与最大值和最小值的中间值相同或接近，平均值附近的数据频数最多，频数在中间值向两侧缓慢下降并以平均值左右对称，该形状的直方图称为（　　）。

　　A. 标准型　　　　　　B. 平顶型　　　　　　C. 孤岛型　　　　　D. 陡壁型

（二）多项选择题

1. 属于质量控制活动的有（　　）。

　　A. 日常检验　　　　　B. 改进品种　　　　　C. 维持水平

2. 属于质量改进活动的有（　　）。

　　A. 预防措施　　　　　B. 提高水平　　　　　C. 日常试验

3. 质量改进可（　　）。

　　A. 改进性能　　　　　B. 提高水平　　　　　C. 挖掘潜力　　　　D. 保证安全

4. 质量改进的过程包括（　　）。

　　A. 确定项目课题　　　B. 分析问题原因　　　C. 拟订对策并实施

　　D. 确认效果　　　　　E. 总结　　　　　　　F. 投入资金

5. 掌握现状应抓住问题特征，需要调查的要点有（　　）。

　　A. 时间　　　　　　　B. 地点　　　　　　　C. 问题的种类

　　D. 问题的特征　　　　E. 人员

6. 5W1H 的内容包括（　　）。

　　A. 什么　　　　　　　B. 为什么　　　　　　C. 材料　　　　　　D. 何地

　　E. 何时做　　　　　　F. 如何做

7. 应制订解决遗留问题后的下一步（　　）。

　　A. 计划　　　　　　　B. 方案　　　　　　　C. 组织　　　　　　D. 人员

8. 头脑风暴法应做到（　　）。

　　A. 与会者平等　　　　B. 依次发表意见　　　C. 不评论不批驳

　　D. 记录所有观点　　　E. 与会者全部发言　　F. 总结每人发言

　　G. 归纳论证　　　　　H. 通报结论

9. 在质量改进过程中确定项目课题应注意（　　）。

　　A. 确认最主要问题并说明理由　　　　　B. 向有关人员说明情况

　　C. 设定目标值的根据充分　　　　　　　D. 应与国家科研计划挂钩

　　E. 制订改进计划和拟定改进活动的时间表

10. 质量改进是消除（　　）问题。

    A．系统性　　　　　　B．偶发性　　　　　　C．异常性　　　　　　D．随机性

11. 质量改进活动应长期开展，对遗留问题应制订（　　）。

    A．初步计划　　　　　　　　　　　　B．下一步行动方案

    C．新标准　　　　　　　　　　　　　D．A、C 都对

12. 排列图的制作需设计和编制的数据表包括（　　）。

    A．数据记录表　　　　　　　　　　　B．人员登记表

    C．排列图用数据表　　　　　　　　　D．检查表

13. 质量改进与质量控制的关系是（　　）。

    A．目的相同　　　　　　　　　　　　B．质量控制是改进的基础

    C．两种互不影响的活动　　　　　　　D．互相关联的

14. 质量改进采取对策后，如果产生副作用，应考虑（　　）。

    A．停止改进　　　　B．换一种对策　　　　C．消除副作用　　　　D．不考虑副作用

15. 亲和图收集语言资料的方法包括（　　）。

    A．优选法　　　　　　B．文献调查法　　　　C．头脑风暴法

    D．回忆法　　　　　　E．直接观察法

（三）不定项选择题

1. 关于质量改进的概念。

（1）朱兰的质量管理三部曲包括（　　）。

    A．质量控制　　　　B．质量突破　　　　C．质量保证　　　　D．以上皆有

（2）质量改进应包括（　　）。

    A．纠正措施　　　　B．预防措施　　　　C．人才培养　　　　D．治理污染

2. 关于质量改进的过程。

（1）PDCA 循环内容包括（　　）。

    A．制定目标　　　　B．落实对策　　　　C．把握效果

    D．总结经验　　　　E．实施标准化　　　　F．通报全体

（2）掌握现状活动内容包括（　　）。

    A．调查问题　　　　B．抓住问题特征　　　　C．多角度调查

    D．收集各种信息　　　E．了解安全隐患

3. 关于质量改进的工具。

（1）如果要识别存在的质量问题并寻求其解决办法，使大家畅所欲言最好采用（　　）。

    A．流程图　　　　　　B．网络图　　　　　　C．头脑风暴法

（2）在寻求问题的解决手段时，若有两种以上的目的或结果，其展开用（　　）为好。

    A．网络图　　　　　　B．矩阵图　　　　　　C．系统图

（3）如果有不容易解决而又非解决不可的问题，既需要时间又要慢慢解决，可采用（　　）。

    A．系统图　　　　　　B．流程图　　　　　　C．亲和图

（4）如果要把一个过程的步骤用图的形式表示出来，可以采用（　　）。

　　A．流程图　　　　　B．网络图　　　　　C．系统图

4. 关于不合格品处理。

（1）出现不合格品后，即使返修得再好也不能防止不合格品的再次出现，因为这是（　　）。

　　A．应急对策　　　　B．永久对策　　　　C．暂时对策　　　　D．A、B 都对

（2）出现不合格品后，只有消除产生问题的根本原因，才能防止再产生不合格品，这是（　　）。

　　A．应急对策　　　　B．永久对策　　　　C．暂时对策　　　　D．A、B 都对

（四）简答题

1. 简述质量改进与质量控制的区别和联系。
2. 简述质量改进过程的内容及特点。
3. 简述应急对策与永久对策的区别和联系。

二维码资源

一、项目工作单

工作步骤	工作过程	项目实施	实施记录	二维码
1	资讯	项目问题确认	项目资讯工作单	
2	决策	实施方案策划	实施策划工作单	
3	计划	工作计划制订	实施计划工作单	
4	实施	工作任务实施	项目实施工作单	
5	检查	项目检查确认	检查确认工作单	

续表

工作步骤	工作过程	项目实施	实施记录	二维码
6	评估	项目评估整理	项目评价工作单	

二、信息化资源

序号	资源类型	教学内容	二维码
1	教学实录	质量改进的概念	
		排列图的应用	
		质量改进活动怎么做	
2	实训实录	轻模公司产品质量改进	
3	职业拓展	PDCA 周期的运转方式	

三、拓展训练答案

质量检验管理

职业能力目标 👉

知识目标

- 掌握质量检验的分类和主要工作内容。
- 掌握质量检验计划。
- 熟悉抽样检验的步骤。
- 掌握抽样检验方案的内容。

能力目标

- 能应用产品质量检验的实施步骤，判断不合格品并对其进行处置。
- 能应用抽样检验方案判断检验结果。
- 能组织产品生产中的质量问题的分析、改进活动。

素质目标

- 培养严谨负责的精神，增加自信心和求知欲。
- 工作认真、扎实，具有较强的沟通协调能力和团队协作意识，有责任心。

思政目标

- 热爱工作岗位，关注细节、专注坚守、精益求精，做新时代的质量工匠。

职业岗位描述 👉

管理岗位

- 质量检验员。
- 原料/辅料/包装物料验收员（原料专员）。

岗位职责

- 负责半成品、成品感官检验，检测样品取样。
- 结合企业质量管理实际产品质量标准，制定原材料、外协件、工序产品、产成品等检验规范，明确检验方式、检验程序及不良品处理的事项。
- 负责质量投诉和质量事故及不良事件的调查、处理及报告。

质量文化

- 人人都是检验员，每位员工都有责任保证不让任何有质量缺陷的产品进入下一道工序，只有全员严把质量关，才能有效控制产品质量。

中国社会经济发展进入新时代，质量第一、质量变革、质量竞争力成为高质量发展的新特征。检验检测是国家质量基础设施合格评定体系的重要组成部分，该领域的创新能力、技术研究水平对于保障经济发展质量的作用重大。推进质量强国战略，向高质量发展转型，质量检验管理要先行发展。

振兴制造业，要推动制造业从数量扩张向质量提高的战略性转变，让提高供给质量的理念深入每个行业、每个企业，使重视质量、创造质量成为社会风尚。时速 350 公里的复兴号，刹车时倒立在桌上的矿泉水瓶可以纹丝不动；吊力达 25 吨的徐工起重机，工作 8 年零故障，连一个螺丝钉都不用换；高 528 米的北京第一高楼"中国尊"，能做到小震不坏、中震可修、大震不倒[①]。

产品质量检验的科学精准性将直接关乎产品质量检验的最终结果，科学地掌握正确的产品质量检验方法对于提升产品质量有着关键性的意义。产品质量检验经过多种严格的实验方法及科学方法，检验产品的各种性能，以此获得产品质量的特点，获取科学的数据，而后得出较为科学的结论。建设质量强国，推动企业提升质量，离不开产品质量检验的推动。

企业案例

一、降落伞的质量检验

第二次世界大战中期，美国军方准备和降落伞制造公司签订一个战斗机应急降落伞的订货合同，合同中美国军方要求该公司生产的降落伞安全率达到 100%。该公司却坚持，安全率只能达到 99.9%，无法做到 100%。在当时，降落伞的安全度不够完美，经过厂商的不断改善，降落伞的合格率最终达到了 99.9%，应该说这个合格率即使现在许多企业也很难达到。

美国军方对此很是恼火，却苦于这家公司的背景和势力过于强大而不敢换其他厂家，于是他们找了一个项目管理专家来和这家公司进行谈判。专家在谈判时说道："你们可以不做到 100% 安全，只要满足我们一个要求就行：我们要求由你们的 CEO 亲自来测试这批降落伞，不用多，只要他跳一次就行。"

最后这家公司无奈之下答应了这个要求，在从厂商前一周交货的降落伞中，随机抽取一个，让厂商的 CEO 带上该降落伞，亲自从飞行中的飞机上跳下。这种测试方法实施后，降落伞的不良率立刻变成零，没有出现过一次安全事故……

（资料来源：张鹰，2014. 质量奇迹[J]. 科学大观园（19）：75.）

---

① 资料来源：李心萍，2010. 重视质量创造质量[R]. 人民日报，2020-11-18（18）.

二、管理思考

有人说：10 万（或 10 亿）袋酵母里才有一袋里会出现一根头发，也就是说，这件事发生的概率只有 10 万（或 10 亿）分之一，有什么大惊小怪的？因为我们是生产者，同时也是消费者。或许我们应该站在消费者的角度想一想：买回的酵母做的馒头里吃出一根头发是什么滋味。松下幸之助曾说："对产品来说，不是 100 分就是 0 分。"任何产品，只要存在一丝一毫的质量问题，就意味着失败。

启示：许多人做事时常有"差不多"的心态，对于领导或是顾客提出的要求，即使是合理的，也会觉得对方吹毛求疵而心生不满，认为差不多就行，这种心态是错误的。品质没有折扣，品质就是按照客户的要求执行。

工作说明

一、工作目标

XB 医疗器械（集团）有限公司是生产牙科治疗设备的专业骨干企业，经过 30 多年的生产发展，具有良好的行业优势、产品优势、市场网络优势、品牌优势和技术队伍优势。公司现有职工 547 人，其中专业技术人员 80 余名。公司主要产品为牙科综合治疗机、电动牙科椅、牙科手机和口腔技工设备四大类。产品覆盖国内各省、自治区、直辖市，在国内市场的占有率达 30% 以上，处于国内领先地位。近年来，产品出口销量不断增加，产品远销东南亚、南美洲、东欧各国和地区，在国外享有较高声誉。公司按 GB/T 19001—2016《质量管理体系 要求》《医疗器械生产质量管理规范》等标准要求建立了质量管理体系，并取得认证证书。

公司产品质量由质检部实施质量检验管理，建立完善的检验操作规程与配备相应的监视测量装置，下设原材料检验员、出货检验员、工序检验员，从进货过程到最终成品检验，道道设卡，层层把关，并按文件规定做到产品标示和可追溯性要求。公司的质量目标为产品一次交验合格率不低于 92.6%，顾客满意率不低于 86%。同时，公司质检部每月对产品质量进行统计、分析，形成报告，提交公司月度质量工作会议，并按照相关质量责任实施考核。

二、工作过程

质量检验管理过程（图 6.1）包括判定性检验、质量检验的分类、质量检验计划、抽样检验内容、抽样检验方案、计数调整型抽样检验等六个部分。

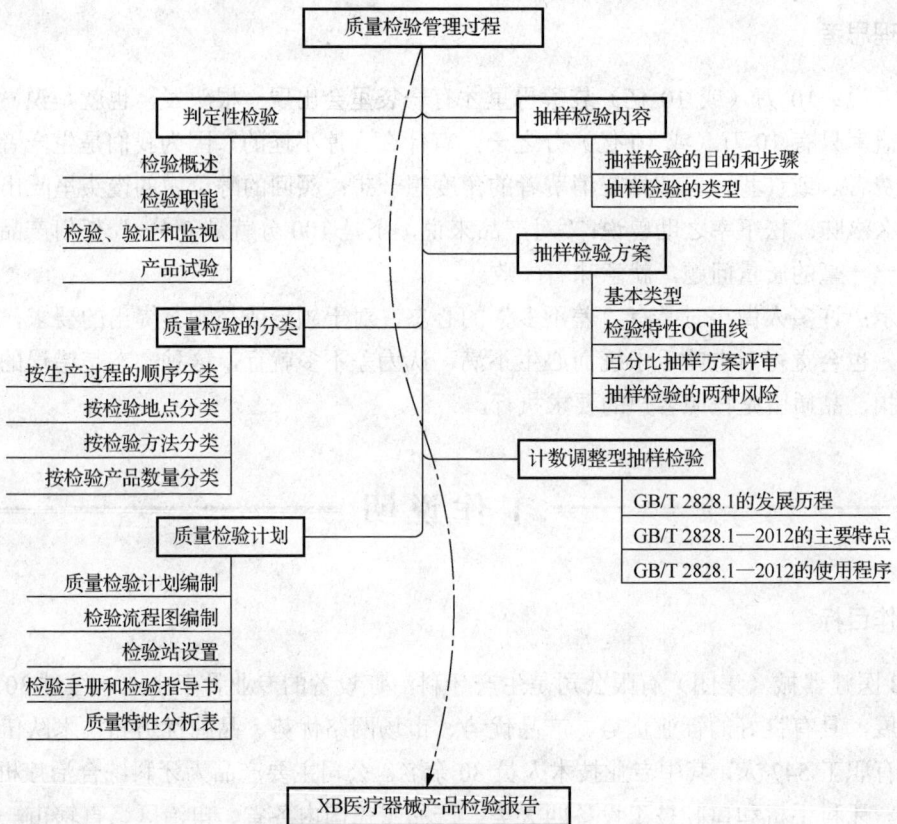

图 6.1　质量检验管理过程

━━━━━━━━━━━━━━ **相 关 知 识** ━━━━━━━━━━━━━━

一、判定性检验

（一）检验概述

在 ISO 9000 族标准中，检验是通过观察和判断，适时结合测量、试验所进行的符合性评价。质量检验就是对产品的一个或多个质量特性进行观察、测量、试验，并将结果和规定的质量要求进行比较，以确定每项质量特性合格情况的技术性检查活动。

1. 质量检验的基本要点

1）凡是可以想象到的事物都是实体，也可理解为可单独描述和研究的事物称为实体，如活动或过程、产品（有形产品和无形产品）、组织（企业、部门、班组及个人），以及上述各项的任意组合。因此，检验适用于任何活动。

2）合格与不合格是指满足或不满足规定的要求。检验工作的规定要求是指质量标准。企业执行的质量标准有验收标准和内控标准之分。

3）检验的技术性在于对产品的一项或若干项质量特性进行观察、测量、试验，如测量、检查、试验或度量。用于检验的测量和监控装置必须在满足受控的条件下使用。

4）检验是一种活动。检验是对测量、检查、试验或度量的一项或多项特性的结果与规定要求进行比较，并确定每项特性是否合格的活动。因此，检验是一种符合性判断。

2．判定性检验的工作内容及要求

（1）熟悉与掌握规定的要求（质量标准）

首先应熟悉所检验的一项或多项特性的规定要求（质量标准）的内容，并将其转换为具体的质量要求、抽样和检验方法，确定所用的测量装置。通过对规定要求（质量标准）的具体化，有关人员熟悉与掌握什么样的产品是合格产品，什么样的产品是不合格产品。

（2）测量

测量就是按确定采用的测量装置或理化分析仪器，对产品的一项或多项特性进行定量（或定性）的测量、检查、试验或度量。

（3）比较

比较就是把检验结果与规定要求（质量标准）相比较，然后观察每个质量特性是否符合规定要求。

（4）判定

质量管理具有原则性和灵活性。对检验的产品质量有符合性判断和适用性判断。

1）符合性判断就是根据比较的结果，判定被检验的产品合格或不合格。符合性判断是检验部门的职能。

2）适用性判断就是对经符合性判断被判定为不合格的产品或原材料进一步确认能否适用的判断。适用性判断不是检验部门的职能。

（5）处理

检验工作的处理阶段包括以下内容。

1）对单件产品，合格的转入下道工序或入库，不合格的做适用性判断或做返工、返修、降级、报废等处理。

2）对批量产品，根据检验结果，分析并做出接收、拒收或回收利用等处理。

（6）记录

把所测量的有关数据，按记录的格式和要求，认真做好记录，并按质量体系文件规定的要求对记录进行控制。

（二）检验职能

1．鉴别的职能

鉴别的职能是其他各项职能的前提，不进行鉴别就不能确定产品的质量状况。

鉴别的职能是根据技术标准、产品图样、工艺规程和订货合同（协议）的规定，采用相应的检验方法，观察、试验、测量产品的质量特性，判定产品质量是否符合规定的要求。

2．把关的职能

质量把关是质量检验最重要、最基本的职能。

产品实现的过程往往是一个复杂的过程，影响产品质量的 5M1E 诸因素都会在这个过程中发生变化和波动，必须通过严格的检验，剔除不合格品并予以"隔离"，实现不合格原材料不准投产、不合格半成品不准转序、不合格成品不准出厂，发挥质量检验的把关职能。

3．预防的职能

检验的预防职能主要体现在以下几个方面。

1）通过对过程能力的测定和控制图的应用起到预防的作用。无论是过程能力测定还是控制图的应用，都需要通过产品检验取得质量数据，但这种检验不是为了判定产品合格与否，而是为了计算过程能力的大小或反映过程的状态是否受控。

2）通过过程作业的首检与巡检起到预防作用。当一个班次或一批产品开始作业（加工）时，一般应进行首件检验，只有当首件检验合格并得到认可时，才能正式投产。

3）广义的预防作用。质量检验实际上是对原材料和外购件的进货检验；对半成品转序或入库前的检验，既起到把关的作用又起到预防的作用。对前过程（工序）的把关，就是对后过程（工序）的预防。

4．报告的职能

为了使领导层和相关的管理部门及时掌握产品实现过程中的质量状况，评价和分析质量控制的有效性，相关人员把检验获取的数据和信息，经汇总、整理、分析后写成报告，为质量控制、质量改进、质量考核及质量管理决策提供重要信息和依据。

5．监督的职能

质量检验部门还担负着企业内质量监督的职能，具体内容如下。

1）对产品质量的监督。

2）对专职和兼职质量检验人员工作质量的监督。

3）对工艺技术执行情况的技术监督。

（三）检验、验证和监视

1）对产品而言，质量检验是指根据产品标准或检验规程对原材料、半成品、成品进行观察，适时进行测量或试验，并将所得到的质量特性值（测定值）与规定要求相比较，判定产品或产品批合格与不合格的一种技术性检查活动。

2）产品验证是指通过提供客观证据对规定要求已得到满足的认定。产品验证是对生产各阶段形成的有形产品和无形产品，通过物理的、化学的和其他科学技术手段及方法进行观察、测量或试验后所提供的客观证据，证实规定要求已经得到满足的认定。产品验证是一种管理性的检查活动。

产品的质量检验通常是产品验证的基础和依据，产品验证不仅要以质量检验结果作为客观证据，还要按规定的程序和要求进行认定。

3）监视是对某项事物按规定的要求给予应有的观察、注视、监控和验证。现代工业化国家的质量管理体系要求对产品的符合性、过程的结果及能力实施监视和测量。这就要对产品的特性和影响过程能力的因素进行监视，并对其进行测量，获取证实产品质量特性符合性的证据及证实过程结果达到预定目标的能力的证据。

（四）产品试验

产品试验往往是产品质量检验的一种手段。试验一般是指按照规定的程序确定产品、过程的一种或多种特性的技术性活动。

1. 产品性能试验

产品性能试验是按规定程序和要求对产品的基本功能和各种使用条件下的适应性及其能力进行检查和测量，以评价产品性能满足规定要求的程度。

不同产品的性能要求是不同的，所以试验的内容、要求和方法也不相同。就机电工程产品而言，产品性能试验主要包括以下几种。

1）功能试验。功能试验是对产品的基本使用功能通过试验取得数据，如汽车的速度、载重量、油耗率，机车的牵引动力、速度、油耗量、制动力和距离、平稳性和稳定性等。

2）结构力学试验。结构力学试验一般用于承受动、静载荷的产品，进行机械力学性能试验。试验时模拟外界受力的状态（如拉力、压力、扭力、振动、冲击、旋转、颠簸、跌落等）进行静力和动力等试验。试验时，往往加到规定的载荷量值、加载时间或直至结构破坏以测定其结构的强度，验证产品设计及参数设计计算的正确性。

3）空转试验。空转试验是指产品在无负载的条件下，按照试验的规定要求（时间、速度、位移、温度、压力等）检查、测试和评定各运动部分工作的灵活性、平稳性、准确性、可靠性、安全性，检查其控制、驱动、冷却、测量等系统的工作情况。

4）负载试验。负载试验是按照试验规范所规定的试验方法，在加载情况下测试、评定产品的各项性能参数，检查各运动部位的可靠性、安全性，检查控制、驱动、冷却、测量各系统的工作状况。

2. 环境条件试验

环境条件试验是将产品置于自然的或人工模拟的环境条件（如温度、湿度、气压、辐射、霉变、虫蛀等）下，经受其影响因素的作用，以评价产品在实际使用、运输、贮存环境条件下的性能，并分析研究环境因素的影响程度及其作用机理。

环境条件试验一般有自然暴露试验、现场试验和人工模拟试验三类。

二、质量检验的分类

（一）按生产过程的顺序分类

按生产过程的顺序分类是为了保证国家关于"三不准"规定的实施，即不合格原材料不准投产、不合格半成品不准转序、不合格产品不准出厂。

1．进货检验

进货检验是企业对所采购的原材料、外购件、外协件、配套件、辅助材料、配套产品及半成品等在入库之前进行的检验。

2．过程检验

过程检验也称工序检验，是在产品形成过程中对各加工工序进行的检验。

3．最终检验

最终检验也称成品检验，是完工后的产品入库前或发到用户手中之前进行的一次全面检验，这是最关键的检验。

（二）按检验地点分类

1．集中检验

集中检验是指把被检验的产品集中在一个固定的场所（如检验站等）进行检验。一般最终检验采用集中检验的方式。

2．现场检验

现场检验也称就地检验，是指在生产现场或产品存放地进行检验。一般过程检验或大型产品的最终检验采用现场检验的方式。

3．流动检验(巡回检验)

一般过程检验采用流动检验方式进行。

（三）按检验方法分类

1．理化检验

理化检验是指主要依靠量检具、仪器、仪表、测量装置或化学方法对产品进行检验，获得检验结果的方法。有条件时尽可能采用理化检验。

2．感官检验

感官检验也称官能检验，是指依靠人的感觉器官对产品的质量进行评价或判断。例如，对产品的形状、颜色、气味、伤痕、老化程度等，通常依靠人的视觉、听觉、触觉或嗅觉等感觉器官进行检验，并判断产品质量的好坏或是否合格。

感官检验又可分为以下两种。

1）嗜好型感官检验，如品酒、品茶及产品外观、款式的鉴定，要靠检验人员丰富的实践经验，才能进行正确、有效的判断。

2）分析型感官检验，如列车点检、设备点检，依靠手、眼、耳的感觉对温度、速度、噪声等进行判断。

另外，试验性使用鉴别是指对产品进行实际使用效果的检验。通过对产品的实际使用或试用，观察产品使用特性的适用性情况。

（四）按检验产品数量分类

1. 全数检验

全数检验也称百分之百检验，是对所提交检验的全部产品逐件按规定的标准全数检验。以下情况应进行全数检验：①产品价值高但检验费用不高；②关键质量特性和安全性指标。

应注意，全数检验由于存在错验和漏验，并不能保证产品百分之百合格。如果希望得到的产品百分之百都是合格产品，那么只有重复多次全数检验才能接近百分之百合格。

2. 抽样检验

抽样检验是按预先确定的抽样方案，从交验批中抽取规定数量的样品构成一个样本，通过对样本的检验推断交验批合格或不合格。

抽样检验适用于以下情况：①生产批量大、自动化程度高、产品质量比较稳定；②带有破坏性检验项目的产品；③价值不高但检验费用较高的产品；④某些生产效率高、检验时间长的产品；⑤外协件、外购件大量进货时；⑥有少数产品不合格不会造成重大损失的情况，如螺钉、螺母、垫圈等。

3. 免检

免检又称无试验检验，主要是对经国家权威部门产品质量认证合格的产品或可依赖的产品在买入时执行的无试验检验，接收与否可以以供应方的合格证或检验数据为依据。

执行免检时，顾客往往要对供应方的生产过程进行监督。监督方式可采用派员进驻或索取生产过程的控制图等方式进行。

三、质量检验计划

（一）质量检验计划编制

1. 质量检验计划的概念

质量检验计划即质量检验和试验计划，是对检验涉及的活动、过程和资源做出的规范化的书面（文件）规定，用以指导检验活动正确、有序、协调地进行。

质量检验计划是生产企业对整个检验和试验工作进行的系统策划和总体安排的结果，一般以文字或图表形式明确地规定检验站（组）的设置，配备资源（包括人员、设备、仪器、量具和检具），选择检验和试验方式、方法和确定工作量。它是指导各检验站（组）和检验人员工作的依据，是企业质量工作计划的一个重要组成部分。

2．质量检验计划的内容

质量检验部门根据企业技术部门、生产部门、计划部门的有关计划及产品的不同情况来编制检验计划，其基本内容如下。

1）编制质量检验流程图（图6.2），确定适合生产特点的检验程序。

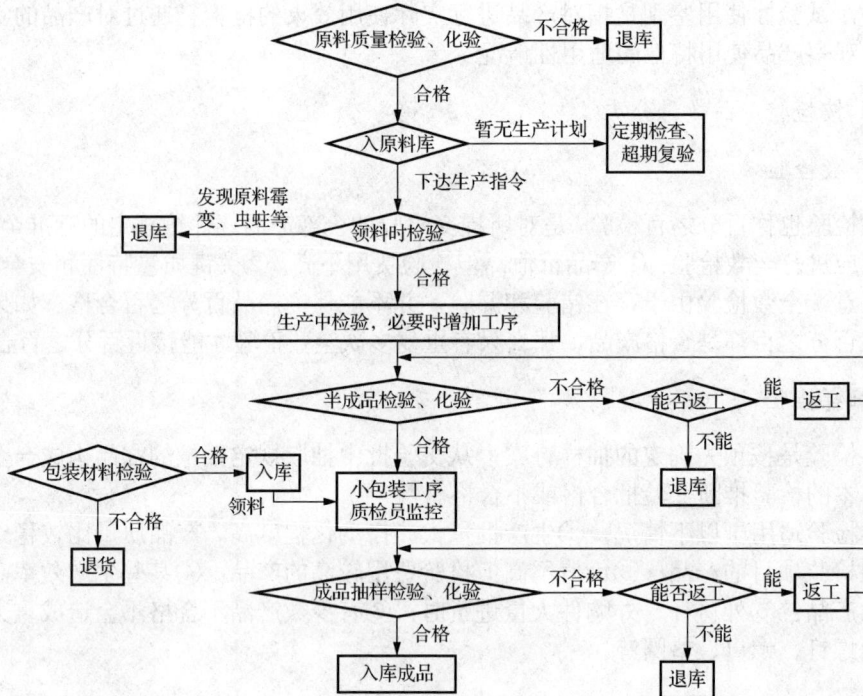

图6.2　质量检验流程图

2）合理设置检验站、点（组）。

3）编制主要零部件的质量特性分析表。制定产品不合格严重性分级原则并编制分级表。

4）对关键的和重要的零部件编制检验规程（检验指导书、细则或检验卡片）。

5）编制检验手册。

6）选择适宜的检验方式、方法。

7）编制测量工具、仪器设备明细表，提出补充仪器设备及测量工具的计划。

8）确定检验人员的组织形式、培训计划和资格认定方式，明确检验人员的岗位工作任务和职责等。

（二）检验流程图编制

企业中的流程图有工艺流程图、生产流程图和检验流程图三种，而生产流程图和检验流程图的基础和依据是工艺流程图。

检验流程图是用图形符号，简洁明了地表示检验计划中确定的特定产品的检验流程（过程、路线）、检验站（组）设置和选定的检验方式、方法和相互的顺序和程序的图纸。它是检验人员进行检验活动的依据。检验流程图和其他检验指导书等一起构成完整的检验文件。

1．检验流程图的分类

（1）简单检验流程图

对于较为简单的产品可以直接采用工艺流程图，并在需要控制和检验的部位、处所，添加检验站（组）和检验的具体内容、方法，起到检验流程图的作用和效果，如图 6.3 所示。

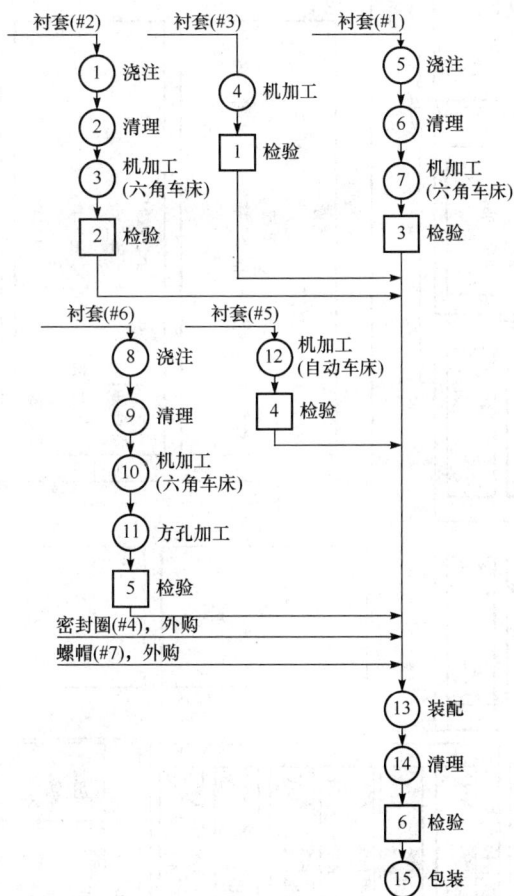

图 6.3　简单检验流程图

（2）复杂检验流程图

对于比较复杂的产品，单靠工艺流程图往往不够，还需要在其基础上编制检验流程图，以明确检验的要求和内容及其与各工序之间的清晰、准确的衔接关系。复杂检验流程图如图 6.4 所示。

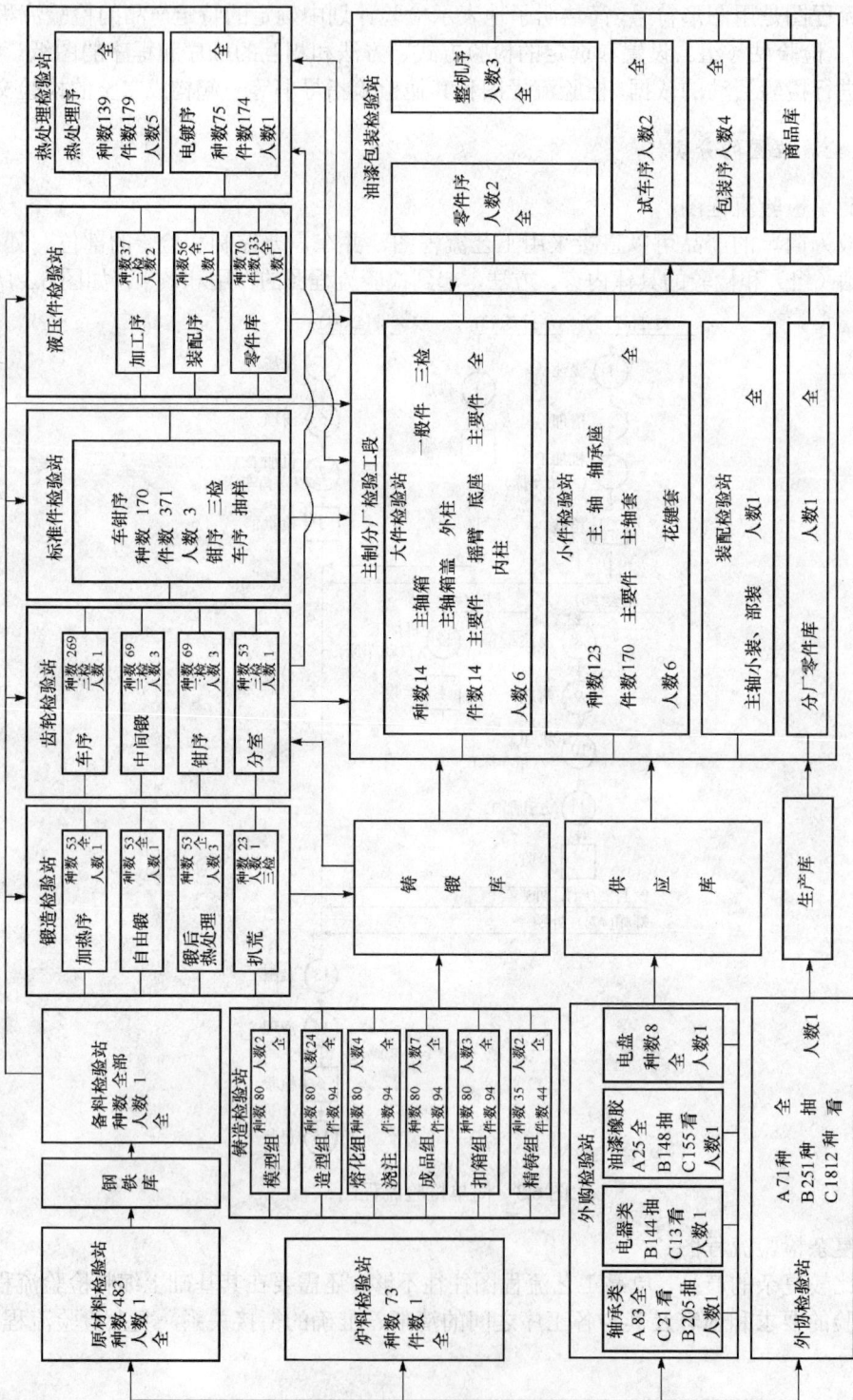

图 6.4　复杂检验流程图

2．检验流程图的编制过程

1）熟悉和了解有关的产品技术标准及设计技术文件、图样和质量特性分析。

2）熟悉产品的工艺文件，了解产品的工艺流程。

3）根据工艺流程、工艺规程等工艺文件，设计检验工序的检验点，确定检验工序和生产工序的衔接点及主要的检验工作内容，绘制检验流程图。

4）对编制的流程图进行评审。由产品设计人员、工艺人员、检验人员、生产管理人员、生产操作人员联合评审流程图的合理性，提出改进意见，进行修改。流程图最后经企业技术或质量的最高管理者（如总工程师、质量保证经理）批准。

（三）检验站设置

检验站是根据生产工艺布置及检验流程设计确定的生产过程中最小的检验实体。它的作用是通过对产品的检测，履行产品检验和监督的职能，防止所辖区域不合格品流入下道工序或销售出厂。

1．检验站设置的基本原则

（1）要重点考虑设在质量控制的关键部位和控制点

为了加强质量把关，保证下道工序或用户的利益，必须在一些质量控制的关键部位设置检验站。例如，在企业外购物料进货处，在产成品的出厂处，在车间之间、工段之间，在半成品进入半成品库之前和成品进入成品库之前，一般应设立检验站。另外，在关键零件、关键工序之后或生产线的最后工序处，也必须设立检验站。

（2）要能满足生产过程的需要，与生产节拍同步，上下能够衔接

在流水生产线和自动生产线中，检验通常是工艺链中的有机组成部分，因此在某些重要工序之后，在生产线某些分段的交接处，应设置必要的检验站。

（3）要有适宜的工作环境

检验站要有便于进行检验活动的空间；要有合适的存放和使用检验工具、检验设备的场地；要有存放等待进行检验产品的场地；要方便检验人员和操作人员联系，使生产工人送取检验产品时行走的路线最佳；检验人员要有较广的视域，能够很清楚地观察到大部分操作工人的生产活动情况。

（4）要考虑节约检验成本，提高工作效率

检验站和检验人员要有适当的负荷，检验站的数量和检验人员、检测设备、场地面积都要适应生产和检验的需要。检验站和检验人员太少，会造成等待检验时间太长，影响生产，甚至增加错检与漏检的损失；人员太多，又会人浮于事，导致工作效率不高，并增加检验成本。

2．检验站设置的分类

（1）按产品类别设置

按产品类别设置是指同类产品设置同一检验站检验，不同类产品分别设置不同的检验

站。这种方式的优点是检验人员容易熟悉和掌握产品的结构和性能，有利于提高检验的效率和质量，便于交流经验和安排工作。这种方式适用于产品的工艺流程简单，但每种产品的生产批量又很大的情况。图 6.5 所示为按产品类别设置检验站示例。

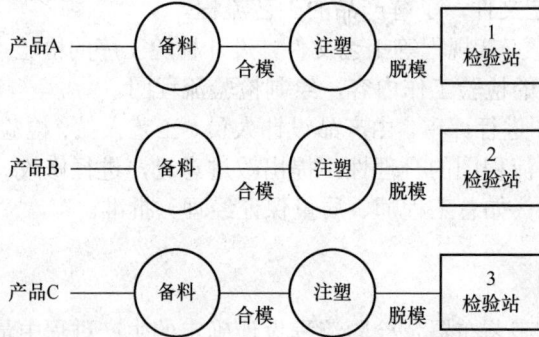

图 6.5 按产品类别设置检验站示例

（2）按生产组织设置

按生产组织设置，可将检验站分为一车间检验站、二车间检验站、三车间检验站、热处理车间检验站、铸锻车间检验站、装配车间检验站等。

（3）按生产作业班次设置

按生产作业班次设置是指在每一作业班次分别设立检验站，如图 6.6 所示。

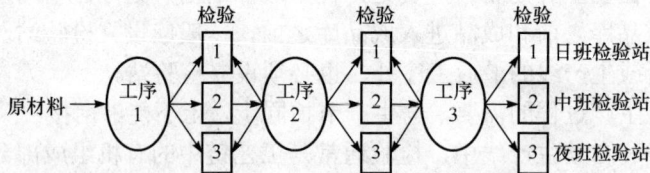

图 6.6 按生产作业班次设置检验站示例

在某些连续生产性质的企业，如钢铁冶金、化工产品、纺织等，设备需要连续不停地运转，检验人员一般随作业班次跟班进行检验。

（4）按工艺流程顺序设置

1）进货检验站（组）。负责对外购原材料、辅助材料、外购配套件、工艺性协作件及其他散件等的进厂检验和试验。

2）过程检验站（组）。在生产车间对各生产工序进行检验。

3）完工检验站（组）。在生产车间对各生产工序已全部加工完成的零件进行检验，其中包括零件库检验站。

4）成品检验站（组）。专门负责成品装配质量和防护、包装质量的检验工作。

3．主要检验站设置的特点和要求

（1）进货检验站

进货检验站通常有两种检验形式：一是在本企业检验，这是较普遍的形式，即物料进厂后由进货检验站根据规定进行接收检验，合格品接收入库，不合格品退回供货单位或另做处理；二是在供货单位进行检验，这对某些产品是非常合适的，如重型产品，运输比较困难，一旦检查不合格，可以就地返修，就地协商处理。

（2）工序检验站

工序检验站基本上有两种检验形式：一是分散式检验站，即按工艺顺序分散在生产流程中，如图 6.7（a）所示；二是集中式检验站，如图 6.7（b）所示，零件 A、B、C 三条生产线的末端有一个公共的检验站。这说明三个零件在工序中实行自检（可能还有巡检），部分工序完成后，都送同一检验站进行检验。

图 6.7（c）是另一种形式的集中检验站，该检验站负责车、铣、刨、钻、磨等各工段加工后的检验工作。

分散式检验站多用在大批量生产的车间，而集中式检验站多用在单件小批量生产的车间。

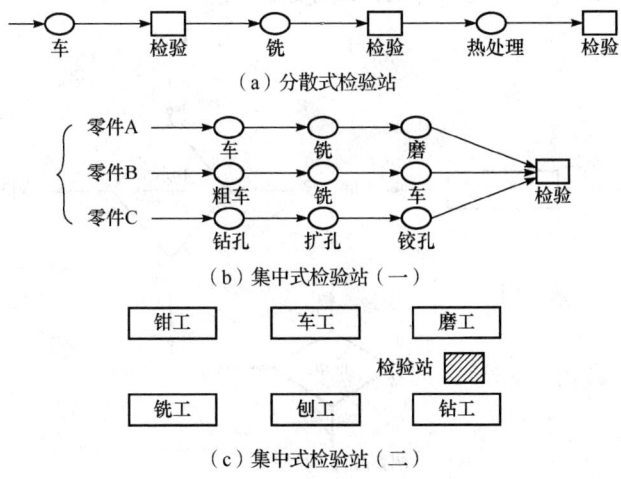

（a）分散式检验站

（b）集中式检验站（一）

（c）集中式检验站（二）

图 6.7　工序检验站的设置形式

（3）完工检验站

完工检验站主要对半成品或成品进行完工检验，一般在产品某一生产环节（如生产线、工段或加工车间）全部工序完成以后进行检验。

对于半成品而言，完工检验可能是半成品入库前的检验，也可能是直接进入装配前的检验。

对于成品而言，既可能是出厂检验，又可能是进入成品库以前的检验。不管是半成品还是成品的完工检验，都可以按照以下三种形式设置检验站（图 6.8）。

1）开环分类式检验站。这种检验站的作用是把合格品和不合格品分开，以防止不合格品流入下一生产环节或流入用户手中。

2）开环处理式检验站。这种检验站的工作特点是对一次检查后被拒收的不良品进行重新审查，审查后能代用的就代用，能返修的就进行返修，返修后再重新检验，并做出拒收或接收的决定。

3）闭环处理式检验站。这种检验站的特点是对一次检测后的拒收品进行认真分析，查出不合格的原因，决定是否可以进行返修处理。同时，要分析标准的合理性和加工中存在的问题并采取改进措施，反馈到加工中，防止重新出现已出现过的不合格现象。

显然，闭环处理式检验站对生产而言具有明显的优越性。但是一般检验站是开环形式的，不进行不合格的原因分析。

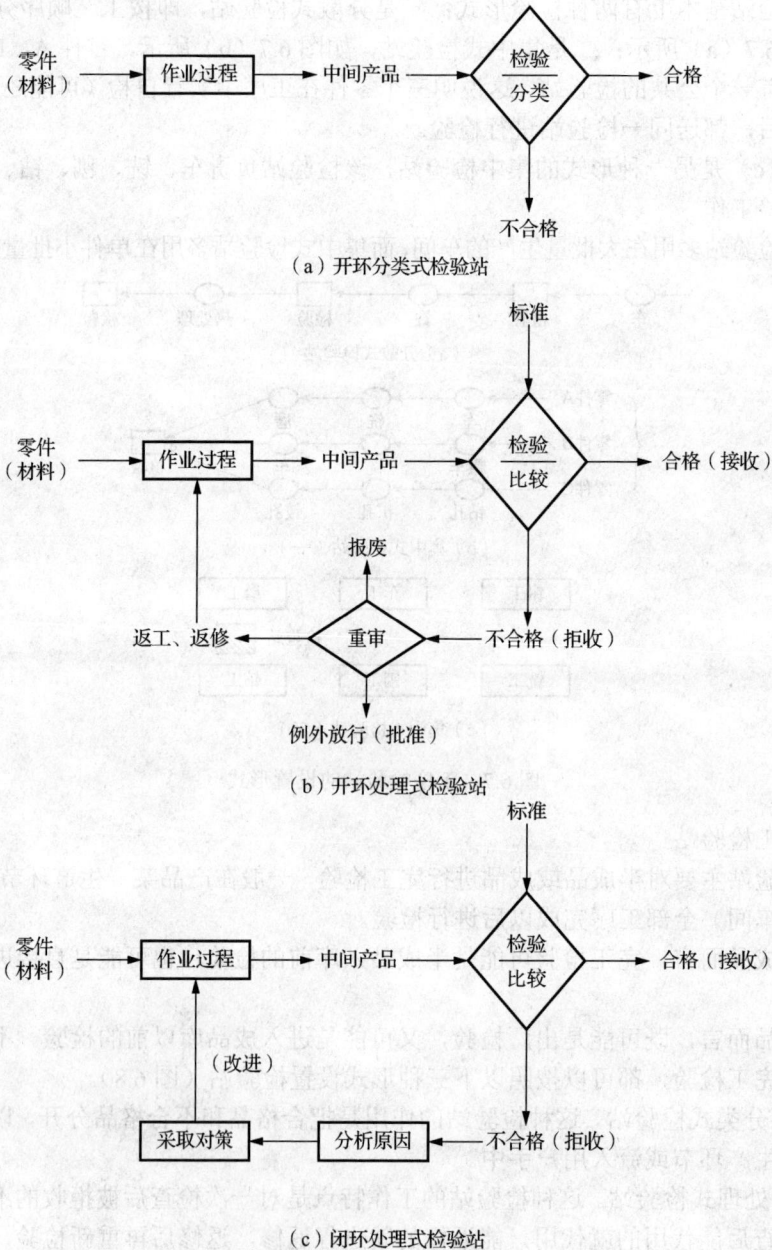

（a）开环分类式检验站

（b）开环处理式检验站

（c）闭环处理式检验站

图 6.8　完工检验站的设置形式

（四）检验手册和检验指导书

1. 检验手册

（1）检验手册的概念

检验手册是质量检验活动的管理规定和技术规范的文件集合。它是质量检验工作的指导文件，是质量体系文件的组成部分，是质量检验人员和管理人员的工作指南，对加强生产企业的检验工作，使质量检验的业务活动标准化、规范化、科学化具有重要意义。

（2）检验手册的具体内容

检验手册基本上由程序性和技术性两个方面的内容组成，具体内容包括：①质量检验体系和机构，包括机构框图及机构职能（职责、权限）的规定；②质量检验的管理制度和工作制度；③进货检验程序；④过程（工序）检验程序；⑤成品检验程序；⑥计量控制程序（包括通用仪器设备及计量器具的检定、校验周期表）；⑦检验有关的原始记录表格格式、样张及必要的文字说明；⑧不合格产品审核和鉴别程序；⑨检验标志的发放和控制程序；⑩检验结果和质量状况反馈及纠正程序；⑪经检验确认不符合规定质量要求的材料、零部件、半成品、成品的处理程序。

检验手册中首先要说明质量检验工作宗旨及其合法性、目的性，并经授权的负责人批准签字后生效。

2. 检验指导书

（1）检验指导书的概念

检验指导书又称检验规程或检验卡片，是在产品生产制造过程中，用以指导检验人员正确实施产品和工序检查、测量、试验的技术性文件。它是产品检验计划的一个重要部分，其目的是为重要零部件和关键工序的检验活动提供具体操作指导。它是质量体系文件中的一种作业指导性文件，又可作为检验手册中的技术性文件。检验指导书的特点是表述明确，可操作性强；其作用是使检验操作统一、规范。

（2）检验指导书的编制要求

一般对关键和重要的零件都应编制检验指导书，检验指导书的编制要求如下。

1）对所有质量特性应全部逐一列出，不可遗漏。对质量特性的技术要求要明确、具体，使操作和检验人员容易掌握和理解。此外，它还可能包括不合格的严重性分级、尺寸公差、检测顺序、检测频率、样本大小等有关内容。

2）必须针对质量特性和不同精度等级的要求，合理选择适用的测量工具或仪表，并在指导书中标明它们的型号、规格和编号，甚至说明其使用方法。

3）当采用抽样检验时，应正确选择并说明抽样方案。根据具体情况及不合格严重性分级确定 AQL（acceptable quality limit，合格质量水平）值，正确选择检查水平，根据产品抽样检验的目的、性质、特点选用适用的抽样方案。

质量检验指导书的主要作用是，使检验人员按检验指导书规定的内容、方法和程序进行检验，保证检验工作的质量，有效地防止错检、漏检等现象发生。

（3）检验指导书的具体内容

1）检测对象：受检产品的名称、型号、图号、工序（流程）名称及编号。

2）质量特性值：按产品质量要求转化的技术要求，规定检验的项目。

3）检验方法：规定检测的基准（或基面）、检验的程序和方法、有关计算（换算）方法、检测频次、抽样检验时有关规定和数值。

4）检测手段：检测使用的计量器具、仪器、仪表及设备、工装卡具的名称和编号。

5）检验判断：规定数据处理、判断比较的方法及判断的原则。

6）记录和报告：规定记录的事项、方法和表格，规定报告的内容与方式、程序与时间。

7）其他说明：检验指导书的格式，应根据企业的不同生产类型、不同工种等具体情况进行设计。

检验指导书示例如图 6.9 所示。

检验指导书						
主要件检验指导						共　页
件号	46301	零件名称	主轴	检验指导书		第　页

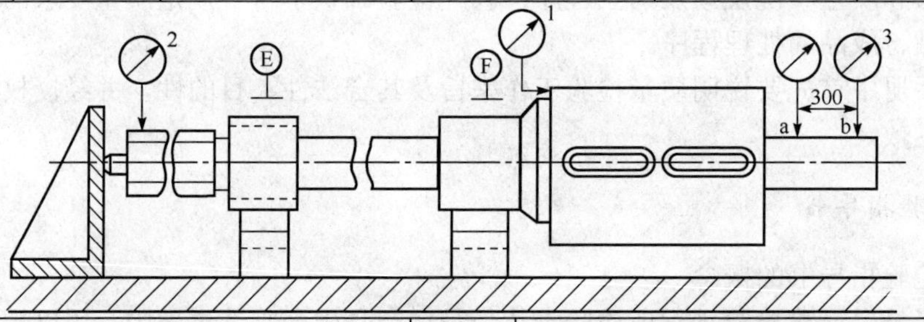

工序	质量特性值	检具	检验方法
磨轴	1. ⟂ 0.08 端面对 E、F 外圆跳动 0.01	千分表	检验前将主轴擦干净，准备好有合格证的量检具，且擦净。将主轴颈放在两个 V 形铁上，以钢球为支撑点，使主轴轴向定位，安装千分表，使其测头顶在被测面的边缘外旋转主轴进行检验，千分表最大与最小读数差为端面跳动误差
	2. φ40 dd 对 E、F 的跳动 0.03	千分表	将千分表测头顶在主轴的花键定心直径上，旋转主轴进行检验，千分表最大与最小读数差为径向跳动误差
	3. 锥孔轴线对与 E、F 轴颈轴线径向跳动 a）端部：0.015 b）距端 300 处：0.05	千分表	在主轴锥孔中插入检棒，使千分表测头顶在检验棒轴线 a、b 两处位置上，旋转主轴进行检验，退出检棒，旋转 90° 重新插入主轴锥孔，依次重复检验三次，千分表四次读数的算术平均值为主轴锥孔径向跳动误差
	4. E、F 轴径的圆度、圆柱度	J37/杠杆卡规	用卡规在轴径的横截面的三个方向上进行测量，以卡规读数的最大差值作为单个截面的圆度误差，按上述方法测量三个截面，取其中单个截面最大的读数值作为圆度误差 按上述方法进行测量，各截面所测得的所有读数中最大读数与最小读数的差值为圆柱度误差

图 6.9　检验指导书示例

（五）质量特性分析表

为了使检验人员充分了解和掌握产品的各项质量特性要求及其与整机的关系，分析产生不合格的主要原因，应该在流程图的基础上，由技术部门编制质量特性分析表，以指导检验站的检验活动。质量特性分析表示例如图 6.10 所示。

质量特性分析表			
主要件重要质量特性分析表			共　　页
			第　　页
零件号	48011	零件名称	摇臂
工序	磨削		
重要质量特性	导轨面平行度 $\dfrac{0.08/1000}{0.05/1000}$　大孔与导轨面平行度 300：0.02		
重要质量特性分析	导轨面的平行度与大孔轴线对导轨面平等度合格与否，直接影响整机的精度		
决定因素	① 人的因素：与严格执行规程和操作者水平有关 ② 方法的因素：零件的正确装卡，充足的冷却液 ③ 机器的因素：机床精度必须满足加工零件的技术要求 ④ 材料的因素：铸件硬度的均匀性		

图 6.10　质量特性分析表示例

质量特性分析表可以按产品（包括零件或部件）编制，表中详细列出各道工序所需检验的质量特性，并指出这些特性的主要影响因素，作为编制检验文件的依据。

四、抽样检验内容

（一）抽样检验的目的和步骤

抽样检验是指从交验的一批产品（批量为 N）中，随机抽取一个样本（由 n 个单位产品组成）进行检验，从而对批产品质量做出判断的过程。抽样检验示意图如图 6.11 所示。

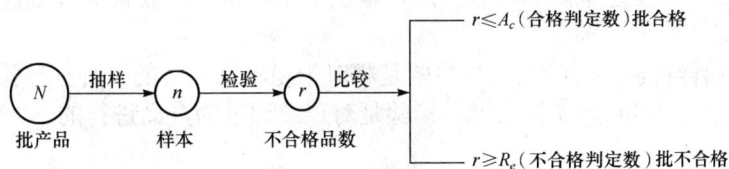

图 6.11　抽样检验示意图

1. 目　的

抽样检验的目的是通过样本推断总体，其期望则在于用尽量少的样本量来尽可能准确地判定总体（批）的质量。

2. 步骤

1）抽样。需要研究的是怎样抽和抽多少的问题。

2）检验。应在统计抽样检验理论的指导下，采用具有一定测量能力的设备和正确的方法进行检验。

3）推断。根据对样本的检验结果来推断总体（批）的质量水平。

其中，抽样和推断决定了抽样方案，即抽多少和怎样判断。

（二）抽样检验的类型

1．计数检验与计量检验

按照检验数据性质，抽样检验分为计数检验与计量检验。

（1）计数检验

计数检验可以分为计件检验和计点检验。根据给定的技术标准，将单位产品简单地分成合格品或不合格品的检验称为计件检验；统计出单位产品中不合格数的检验称为计点检验。

（2）计量检验

计量检验是指根据给定的技术标准，将单位产品的质量特性（如重量、长度、强度等）用连续尺度测量出其具体数值并与标准对比的检验。

2．调整型抽样检验与非调整型抽样检验

按照检验方式，抽样检验分为调整型抽样检验与非调整型抽样检验。

（1）调整型抽样检验的调整方式

1）调整检验的宽严程度。

2）调整检验水平。

3）调整检验方式（全检、抽检、免检）。

（2）非调整型抽样检验的类型

1）标准型抽样检验。标准型抽样检验只需判断批本身的质量是否合格，并做出保护供需双方利益的有关规定。

2）挑选型抽样检验。挑选型抽样检验是指需要预先规定检验方法的抽样检验，对合格批接收，对不合格批要逐个产品进行挑选，检出的不合格产品要换成（或修复）合格产品后进行二次提交。

3）连续型抽样检验。连续型抽样检验是相对于稳定批而言的一种抽样检验，即产品在流水线上连续生产，不能预先构成批，检验是对连续通过的产品进行的。

3．一次抽样检验、二次抽样检验、多次抽样检验

按照计数抽样检验方案，抽样检验分为一次抽样检验、二次抽样检验、多次抽样检验。

（1）一次抽样检验

一次抽样检验是指只需从交验批中抽取一个样本，根据这个样本的检验结果就可以判定该批产品合格或不合格。

（2）二次抽样检验

二次抽样检验是指第一次按规定的样本大小抽样并进行检验后，可能做出合格与不合格的判定，也可能做不出合格与不合格的判定。

若不能做出合格与不合格的判定，应继续抽取第二个样本进行检验，此后应根据累计检验结果做出（一定可以做出）合格与不合格的判定。

（3）多次抽样检验

多次抽样检验是二次抽样检验的扩展。GB/T 2828.1—2012《计数抽样检验程序 第1部分：按接收质量限（AQL）检索的逐批检验抽样计划》规定有五次抽样检验，最多在检验第五次样本后做出是否接收的判定。

五、抽样检验方案

（一）基本类型

1. 一次抽样检验方案

一次抽样检验只需抽取一个样本，就肯定会做出合格或不合格的判断（图6.12）。

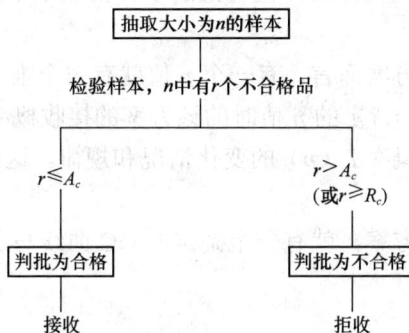

图6.12　一次抽样检验程序

2. 二次抽样检验方案

进行二次抽样检验，当抽取第二个样本后一定能做出合格或不合格的判断（图6.13）。

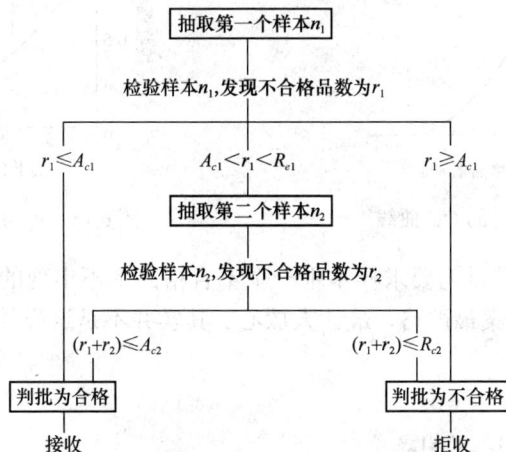

图6.13　二次抽样检验程序

（二）检验特性 OC 曲线

1．接收概率的概念

当交验批的不合格品率为 p，采用某一抽样检验方案时，交验批可能被接收的程度称为该方案的接收概率。显然，影响接收概率的因素只能是交验批的不合格品率。

因此，一个方案的接收概率是批不合格品率的函数，记为 $L(p)$。接收概率 $L(p)$ 与交验批不合格品率成反比。

2．OC 曲线的概念

对给定的抽样方案，表示批质量水平与其预期被接收的概率的函数关系曲线，称为 OC（operating characteristic，抽样特性）曲线。

产品是一批一批依次提交检验的，但每批的不合格品率不仅是一个未知数，还是一个不确定的数值（随机变量 p_i）。

对一个确定的抽样检验方案而言，有一个 p 值就有一个唯一的接收概率值 $L(p)$ 与之相对应。我们不但要知道某一特定的 p 值时的该方案的接收概率 $L(p)$，而且希望掌握当 p 值连续变化时，相应的接收概率 $L(p)$ 的变化情况和规律。这就是抽样检验方案的抽样检验特性。

有一个确定的抽样检验方案，就有一个确定的 OC 曲线与之相对应。

3．OC 曲线讨论

常见的 OC 曲线有 $A_c \neq 0$ 和 $A_c = 0$ 的情况，其形状分别如图 6.14 和图 6.15 所示。

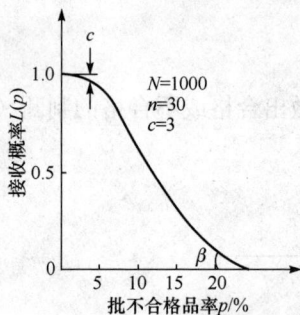

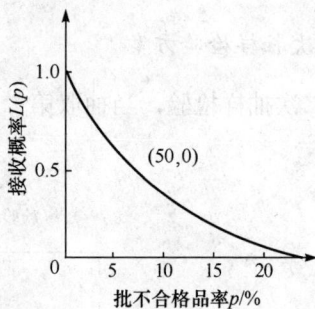

图 6.14　$A_c \neq 0$ 时的 OC 曲线　　　　图 6.15　$A_c = 0$ 时的 OC 曲线

抽样检验时，人们常以为要求样本中一个不合格品都不出现的抽样方案是好方案，即认为采用 $A_c = 0$ 的抽样方案最严格，最让人放心。其实并不是这样的，现在我们来研究以下三种抽样方案。

1）$N = 1000$，$n = 100$，$A_c = 0$。

2）$N = 1000$，$n = 170$，$A_c = 1$。

3）$N = 1000$，$n = 240$，$A_c = 2$。

从图 6.16 中的 OC 曲线可以看出，不论哪种抽样方案，批不合格品率 $p=2.2\%$ 时的接收概率都基本在 0.1 左右。

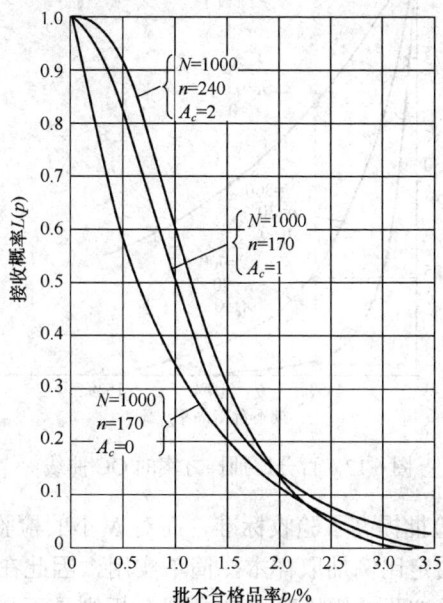

图 6.16 $A_c=0$ 同 $A_c=1$、$A_c=2$ 的抽样方案比较

但对 $A_c=0$ 的方案来说，p 只要比 0 稍大一些，$L(p)$ 就迅速减小，这意味着"优质批"被判为不合格的概率迅速增大，这对生产方来说是很不利的。

相比之下，$A_c=1$、$A_c=2$ 时，"优质批"被判为合格的概率相对增大。

可见，在实际操作中，如果能增大 n，则采用增大 n 的同时也增大 A_c（$A_c \neq 0$）的抽样方案，比单纯采用 $A_c=0$ 的抽样方案更能在保证批质量的同时保护生产方。

（三）百分比抽样方案评审

百分比抽样是指不论产品的批量（N）如何，均按同一百分比（如 5% 或 10%）抽取单位产品（样品）组成样本，而对样本中的不合格判断数 A_c 都规定为 0，即 $A_c=0$。

因此，百分比抽样方案为（$n=aN$，A_c），a 为一固定比例数。

下面举例说明百分比抽样方案的优缺点。

设供方有批量不同但批质量相同（$p=5\%$）的三批产品交检，对它们均按 10% 抽取样品，于是可得到下列三种抽样方案：①$N=900$，$n=90$，$A_c=0$；②$N=300$，$n=30$，$A_c=0$；③$N=90$，$n=9$，$A_c=0$。

从表面上看，这种百分比抽样方案似乎公平合理，但是只要比较它们的 OC 曲线（图 6.17）就会发现：在批质量相同（$p=5\%$）的情况下，批量 N 越大，接收概率 $L(p)$ 越小，方案越严；而 N 越小，$L(p)$ 越大，方案越松。

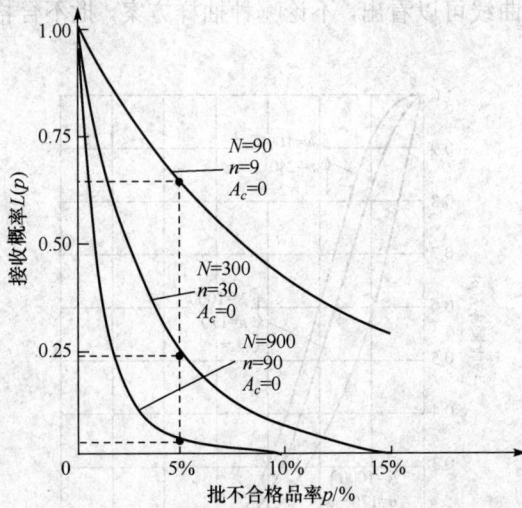

图 6.17　百分比抽样方案的 OC 曲线

这相当于对 N 大的检验批提高了验收标准，而对 N 小的检验批降低了验收标准。

百分比抽样方案按照固定比例抽取样本，简单实用，因此在产品质量抽样检验上的应用还是比较普遍的，但如果按照抽样检验 OC 曲线分析则是不科学的，因此不宜在我国企业里继续使用。

（四）抽样检验的两种风险

采用抽样检验自然不同于全检，从图 6.18 的 OC 曲线可以看出供需双方的风险。

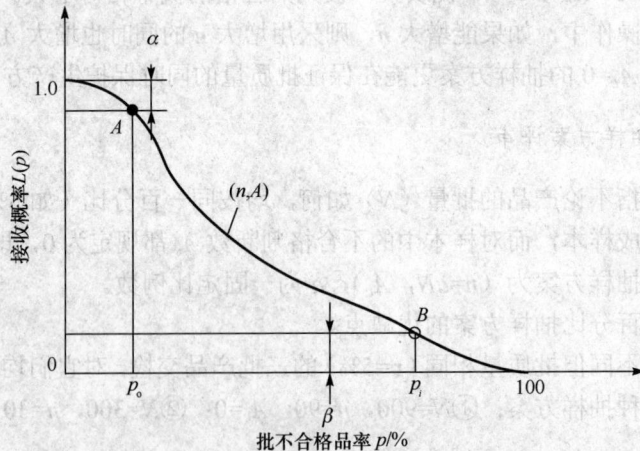

A_c—生产方风险点；B—使用方风险点；p_o—生产方风险质量；p_i—使用方风险质量；α—生产方风险；β—使用方风险。

图 6.18　OC 曲线上的供需双方的风险

合格批也可能有 α 的概率遭到拒收，而不合格批也会有 β 的概率被接收。前者称为生产方（供方）风险（α 为弃真概率），后者称为使用方（需方）风险（β 为取伪概率）。

在实际应用中应照顾双方的利益，使生产方风险和使用方风险都尽可能小。

1．生产方风险质量

生产方风险质量（p_0）又称优质批质量、合格质量，是可接收的质量水平。

当交验批不合格品率 $p=p_0$ 时，抽样方案以高概率（0.95 左右）接收，因而对生产方进行了保护。

但也存在这样一个问题，当交验批不合格品率 p 等于或优于 p_0 时，有一个小概率（0.05 左右）拒收产品，使生产方承担风险。

2．使用方风险质量

使用方风险质量（p_i）又称劣质批质量、极限质量或极限不合格品率（lot tolerance percent defective，LTPD），是尽量避免的质量水平。

当交验批不合格品率 $p=p_i$ 时，抽样方案以低概率（0.10 左右）接收，即高概率拒收，因而对使用方进行了保护。

当然也存在交验批不合格品率 $p=p_i$ 时，产品通过了检验，使用方蒙受了损失。

3．生产方风险

生产方风险（α）是指对于给定的抽样方案，当批质量水平（如不合格品率）为某一指定的可接收值（如可接收质量水平）时的拒收概率，即好的质量批被拒收时生产方所承担的风险。

4．使用方风险

使用方风险（β）是指对于给定的抽样方案，当批质量水平（如不合格品率）为某一指定的不满意值（如极限质量水平）时的接收概率，即质量坏的批被接收时使用方所承担的风险。

六、计数调整型抽样检验

下面介绍以国家标准《计数抽样检验程序　第 1 部分：按接收质量限（AQL）检索的逐批检验抽样计划》为代表的计数调整型抽样检验标准。

（一）GB/T 2828.1 的发展历程

美国军用标准 MIL-STD-105D 是较早使用的调整型抽样标准，也是应用最为广泛的调整型抽样标准。它是 1945 年由哥伦比亚大学统计研究小组为美国海军制定的抽样检验表。后经多次修改，由 ISO 发布为 ISO 2859:1974《计数抽样检查程序及抽样表》，我国参照这个标准制定了 GB/T 2828—1987《逐批检查计数抽样程序及抽样表（适用于连续批的检查）》（已作废）。ISO 后来对 ISO 2859:1974 进行了重大修订，将该标准作为一个通称为《计数抽样检验程序》的系列标准的第一部分，即《按接收质量限（AQL）检索的逐批抽样计划》，编号为 ISO 2859—1:1999。

我国于 2003 年发布了与此等同的国家标准 GB/T 2828.1—2003《计数抽样检验程序 第 1 部分：按接收质量限（AQL）检索的逐批检验抽样计划》（已作废）。2012 年，我国又对该标准进行修订，现行的为 GB/T 2828.1—2012。

（二）GB/T 2828.1—2012 的主要特点

1．主要适用于连续批检验

连续批是由同一生产厂在认为相同条件下连续生产的一系列的批。如果一个连续批在生产的同时提交验收，在后面的批生产前，前面批的检验结果可能是有用的，检验结果在一定程度上可以反映后续生产的质量。当前面批的检验结果表明过程已经变坏，就有理由使用特殊规则来执行一个更为严格的抽样程序；反之，若前面的检验结果表明过程稳定或有所好转，则有理由维持或放宽抽样程序。

2．接收质量限及其作用

在 GB/T 2828.1—2012 中，接收质量限（acceptable quality limit，AQL）有特殊意义，起着极其重要的作用。AQL 是指当一个连续批被提交验收抽样时，可允许的最差过程的平均质量水平。它反映了使用方对生产过程质量稳定性的要求，即要求在生产连续稳定的基础上，过程不合格品率的最大值。例如，规定 AQL=1.0（%），是要求加工过程在稳定的基础上最大不合格品率不超过 1.0%。AQL 也与过程能力指标有关，若要求某产品加工过程能力指数 C_p 为 1.0，则要求过程不合格品率为 0.27%，此时设计抽样方案可以规定 AQL 为 0.27（%）。

在 GB/T 2828.1—2012 中，AQL 也被作为一个检索工具。使用这些按 AQL 检索的抽样方案，来自质量等于或好于 AQL 的过程的检验批，其大部分将被接收。AQL 是可以接收和不可以接收的过程平均之间的界限值。AQL 不应与实际的过程质量相混淆，在 GB/T 2828.1—2012 中，为避免过多批不被接收，要求过程平均质量比 AQL 值更好；如果过程平均质量不比 AQL 值更好，将会转移到加严检验，甚至暂停检验。

在 GB/T 2828.1—2012 中，AQL 的取值为 0.01～1000，共 31 个级别，它的数值和样本量一样，都是根据优先数系的原则设计的。若 AQL 的取值与抽样表中所给数据不同，则不能使用该抽样表。因此，选取的 AQL 值应和 GB/T 2828.1—2012 抽样表中数据一致。

（三）GB/T 2828.1—2012 的使用程序

计数抽样检验程序标准 GB/T 2828.1—2012 由三部分组成：正文、主表和辅助图表。正文主要给出了该标准所用到的一些名词术语和实施检验的规则；主表包括样本字码表和正常、加严和放宽的一次、二次和五次抽样表；辅助图表主要给出了方案的 OC 曲线、平均样本量 ASN 曲线和数值。根据 GB/T 2828.1—2012 的规定，抽样标准的使用程序如下。

1. 确定质量标准和不合格分类

明确规定区分质量特性合格标准或判别不合格的标准。根据产品特点和实际需要将产品分为 A、B、C 类不合格（品）。

2. 确定抽样方案检索要素

在使用 GB/T 2828.1—2012 时，要检索出适用的抽样方案，必须首先确定以下要素。

（1）过程平均的估计

过程平均是在规定的时段或生产量内平均的过程水平。在 GB/T 2828.1—2012 中，过程平均是指过程处于统计控制状态期间的质量水平。在实际中，过程平均往往需要从样本中估计。

必须注意，如果采用二次抽检或多次抽检，那么在估计过程平均时只能使用第一个样本。

估计过程平均不合格品率的目的是估计在正常情况下所提供的产品的不合格品率。若生产条件稳定，则这个估计 p 可用来预测最近将要交检的产品不合格品率，应当剔除在不正常情况下获得的检验数据。经过返修或挑选后再次交检的批产品的检验数据不能用来估计过程平均不合格品率。另外，当对样本中部分样品的检验结果足以做出接收或不接收决定时，为节省检验工作量即停止检验样本中的其余样品的这种截尾检验结果，也不能用来估计过程平均不合格品率。

用于估计过程平均不合格品率的批数，一般不应少于 20 批。如果是新产品，开始时可以用 5~10 批的抽检结果进行估计，以后应当至少用 20 批的抽检结果进行估计。一般而言，在生产条件基本稳定的情况下，用于估计过程平均不合格品率的产品批数越多，检验的单位产品数量越大，对产品质量水平的估计越可靠。

（2）AQL 的确定

AQL 是对生产方过程平均的要求，在确定 AQL 时应以产品为核心，应考虑所检产品特性的重要程度及其不合格率对顾客带来的损失和对顾客满意度的影响，并应根据产品的不合格分类分别规定不同的 AQL 值。一般 A 类不合格（品）的 AQL 值应远远小于 B 类不合格（品）的 AQL 值，B 类不合格（品）的 AQL 值小于 C 类不合格（品）的 AQL 值。例如，规定 A、B 和 C 类不合格（品）的 AQL 值依次为 0.15、0.40 和 0.65。对于同一不合格类的多个项目也可以规定一个 AQL 值，在规定时注意，项目越多，AQL 值应越大。

在确定 AQL 时也要考虑产品用途，如对于同一种电子元器件，一般用于军用设备比用于民用设备所选的 AQL 值应小一些；产品的复杂程度、发现缺陷的难易程度均影响 AQL 的取值，产品复杂程度大或缺陷只能在整机运行时才发现时，AQL 值应小一些。在确定 AQL 值时，也必须考虑产品对下道工序的影响和产品的价格，产品对下道工序影响越大，AQL 取值越小；产品越贵重，不合格造成的损失越大，AQL 应越小。

AQL 的确定应同时考虑检验的经济性，如产品检验费用、检验时间和是不是破坏性检验，因为在 GB/T 2828.1—2012 中，AQL 值越小，在批量、检验水平、检验严格程度和抽样类型不变时，样本量越大，检验越不经济。

（3）批量

批量是指提交检验批中单位产品的数量。从抽样检验的观点来看，大批量的优点是，从大批中抽取大样本是经济的，而大样本对批质量有着较高的判别力。当 AQL 相同时，样本量在大批中的比例比在小批中的比例要小。但是大批量不是无条件的，应由生产条件和生产时间基本相同的同型号、同等级、同种类（尺寸、特性、成分等）的单位产品数组成。

在 GB/T 2828.1—2012 中规定了批量范围，由"1～8""9～15"……"150 001～500 000""500 001 及其以上"15 档组成。

（4）检验水平的选择

检验水平（inspection level，IL）是抽样方案的一个事先选定的特性，主要作用在于明确 N 与 n 的关系。当批量 N 确定时，只要明确检验水平，就可以检索到样本字码和样本量 n。批量 N 和样本量间的关系更多的是靠经验确定的，它的确定原则是批量 N 越大，样本量 n 越高，但是样本量绝不与批量成比例。一般而言，N 越大，样本量与批量的比值 n/N 就越小。也就是说，检验批量越大，单位检验费用越小，所以方案的设计鼓励在过程稳定的情况下组大批交检。

在 GB/T 2828.1—2012 中，检验水平有两类：一般检验水平和特殊检验水平。一般检验水平包括Ⅰ、Ⅱ、Ⅲ 三类检验水平，无特殊要求时均采用一般检验水平Ⅱ。特殊检验水平（又称小样本检验水平）规定了 S-1、S-2、S-3、S-4 四类检验水平，一般用于检验费用较高并允许有较高风险的场合。对于不同的检验水平，样本量也不同，在 GB/T 2828.1—2012 中，检验水平Ⅰ、Ⅱ、Ⅲ 的样本量比例为 0.4∶1∶1.6。可见，检验水平Ⅰ比检验水平Ⅱ的判别能力低，而检验水平Ⅲ比检验水平Ⅱ的判别能力高。

（5）检验严格程度的规定

GB/T 2828.1—2012 规定了三种严格程度不同的检验，这里的严格程度是指提交批所接收检验的宽严程度不同。三种检验分别是正常检验、加严检验和放宽检验。正常检验是指过程平均优于 AQL 时使用的抽样方案，此时的抽样方案使过程平均优于 AQL 的产品批以高概率接收。加严检验是比正常检验更严厉的一种抽样方案，当连续批的检验结果已表明过程平均可能劣于 AQL 值时，应进行加严检验，以更好地保护使用方的利益。放宽检验的样本量比相应的正常检验小，因此其鉴别能力小于正常检验，当连续批的检验结果表明过程平均远好于 AQL 值时，可使用放宽检验，以节省样本量。

在检验开始时，一般采用正常检验，加严检验和放宽检验应根据已检信息和转移规则选择使用。

（6）抽样方案类型的选取

GB/T 2828.1—2012 中规定了一次、二次和五次抽检方案类型，对于同一个 AQL 值和同一个样本字码，采用任何一种抽检方案类型，其 OC 曲线基本上是一致的。选择抽样方案类型主要考虑的因素有产品的检验和抽样费用，一次抽样方案的平均样本量是固定的，而二次（和五次）的平均样本量低，与一次抽样方案相比节省样本量，但二次（和五次）抽样方案所需的时间、检验知识和复杂性都要比一次抽样高。另外，从心理效果上讲，二次（和五次）抽样比一次抽样好，因此使用方往往愿意采用二次或多次抽样方案。总之，选择抽样方案类型时应将上述因素综合加以考虑。

3．检索一次抽样方案

抽样方案的检索首先根据批量 N 和检验水平从样本字码表中检索出相应的样本字码，再根据样本字码和 AQL，利用抽检表检索抽样方案。

由样本字码读出样本量 n，再从样本字码所在行和规定的 AQL 所在列相交处，读出判定数组 $[A_c, R_e]$。

【例 6.1】 在某电器件的出厂检验中采用的标准为 GB/T 2828.1—2012，规定 AQL=1.5（%），检验水平为 II，求 N=2000 时的正常检验一次抽样方案。

解：在 GB/T 2828.1—2012 样本字码表中，在 N=2000 和检验水平的交汇处找到字码 K。

用 GB/T 2828.1—2012 的正常检验一次抽样方案检索出的一次正常抽样方案为 n=125，A_c=5，R_e=6，即（125，5，6）。

【例 6.2】 在某零件的检验中采用加严检验，规定 AQL=0.25（%），检验水平为 I，求 N=1000 时的一次加严抽样方案。

解：由 GB/T 2828.1—2012 样本字码表查出样本字码为 G。

利用 GB/T 2828.1—2012 的加严检验一次抽样方案查得样本字码 G 对应的 n=32，但是，AQL 与样本字码相交处为向下的箭头，此时应使用箭头下面的第一个抽样方案，沿箭头所指方向读出第一个判定数组为（0，1），此时应采用同行原则，使用相应的样本量 n=80。因此，得到一次加严抽样方案（80，0）。

4．分析转移规则

GB/T 2828.1—2012 按检验严格度规定了三种检验状态，即正常检验、加严检验与放宽检验。从一种检验状态向另一种状态转变的规则称为转移规则。GB/T 2828.1—2012 的转移规则如下。

（1）从正常检验转到加严检验

无特殊情况检验一般从正常检验开始，如果初检（第一次提交检验，而不是不接收批经过返修或挑选后再次提交检验）批中，连续五批或不到五批中就有两批不接收，则应从下批起转到加严检验，即"五—二"规则。

（2）从加严检验转到正常检验

进行加严检验时，若连续五批初次检验接收，则从下批起恢复正常检验，即"连五"规则。

（3）从正常检验转到放宽检验

从正常检验转为放宽检验必须同时满足下列三个条件，缺一不可。

1）当前的转移得分至少是 30 分。这里转移得分是在正常检验情况下，用于确定当前的检验结果是否足以允许转移到放宽检验的一种指示数。

2）生产稳定。

3）负责部门认为放宽检验可取。

其中，转移得分的计算一般是在正常检验一开始进行的，在正常检验开始时，转移得分设定为0，而在检验每个后继的批以后应更新转移得分。当使用一次抽样方案时，计算方法如下。

① 当根据给定的条件查得的抽样方案的接收数为0或1时，若该批产品接收，则转移得分加2分；否则将转移得分重新设定为0。

② 当抽样方案的接收数等于或大于2时，若AQL加严一级后该批产品也被接收，则转移得分加3分；否则重新设定为0。

（4）从放宽检验转到正常检验

进行放宽检验时，如果出现下面任何一种情况，就必须转回正常检验。

1）有一批放宽检验不接收。

2）生产不稳定或延迟。

3）负责部门认为有必要恢复正常检验。

（5）暂停检验

加严检验开始，累计五批加严检验不接收时，原则上应停止检验，只有在采取了改进产品质量的措施之后，并经负责部门同意，才能恢复检验。此时，检验应从加严检验开始，即"累五"规则。

在使用GB/T 2828.1—2012的转移规则（图6.19）时应注意，由正常检验转为加严检验是强制执行的，而由正常检验转为放宽检验是非强制的。在生产过程质量变坏时，只有通过转为加严检验才能保护使用方的利益。

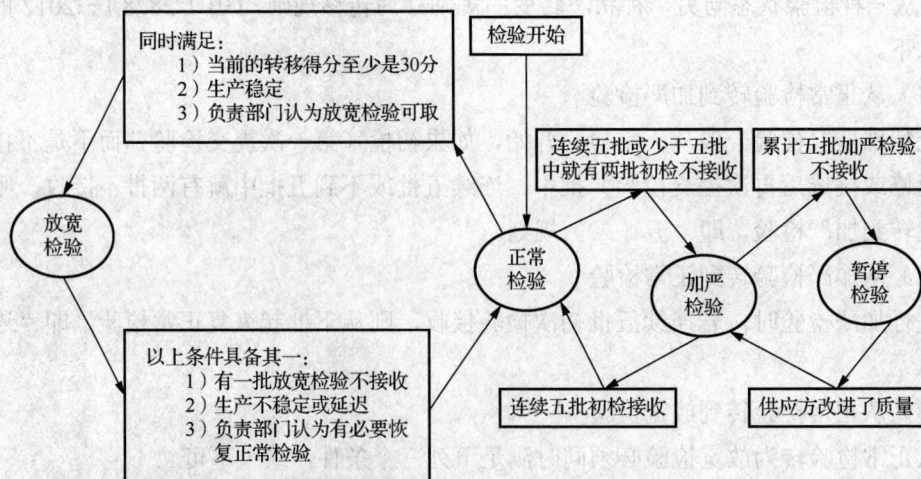

图6.19　GB/T 2828.1—2012检验的转移规则

工作实操

XB 医疗器械产品检验报告

本公司质检部按《检验操作规程》对每批产品进行逐批检验，根据 2020 年 3 月的检验记录整理、统计、分析，形成月度产品质量检验报告。

一、收集检验数据

对成品（以牙科综合治疗机为例）2020 年 3 月的一次交验合格率进行统计，一次交验合格率情况如下。

$$一次交验合格率=一次交验合格数/交验总数×100\%$$
$$=(320+179+294)/(344+193+317)×100\%$$
$$=793/854×100\%$$
$$≈92.8\%$$

2020 年 3 月总交验台数为 854 台，一次交验不合格 61 台，不合格原因如表 6.1 和图 6.20 所示。

表 6.1 一次交验不合格数据统计（2020 年 3 月）

不合格项目	不合格产品/台	累计不合格产品/台	不合格产品比率/%	不合格产品累计比率/%
外协、外购件因素	32	32	52.5	52.5
装配因素	21	53	34.4	86.9
零件因素	5	58	8.2	95.1
电工因素	3	61	4.9	100
合计	61		100	

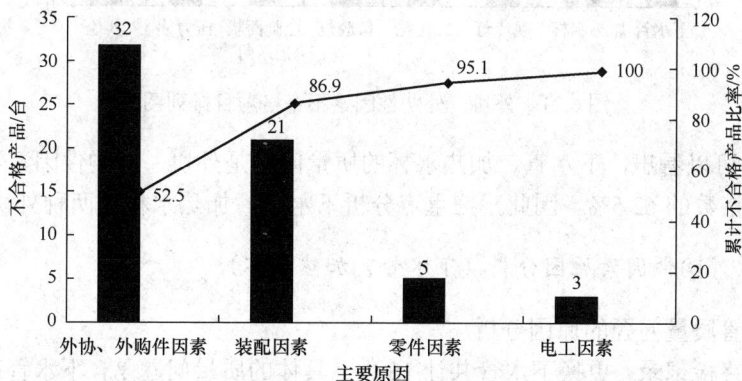

图 6.20 一次交验不合格项目排列图（2020 年 3 月）

由图 6.20 可以看出，外协、外购件因素及装配因素是一次交验不合格的主要原因，占不合格数的 86.9%，因此，针对这两个因素进一步进行详细分析。

二、产品质量分析

（一）外协、外购件因素分析

1. 外协、外购件因素的数据收集

外协、外购件因素的数据收集如表 6.2 和图 6.21 所示。

表 6.2　外协、外购件因素数据统计（2020 年 3 月）

不合格项目	不合格产品/台	累计不合格产品/台	不合格产品比率/%	累计不合格产品比率/%
下水管	15	15	46.9	46.9
加热水杯	5	20	15.6	62.5
观片灯	2	22	6.25	68.75
三用枪	2	24	6.25	75
口腔灯	2	26	6.25	81.25
控制面板指示灯	2	28	6.25	87.5
压力表	2	30	6.25	93.75
其他	2	32	6.25	100
合计	32		100	

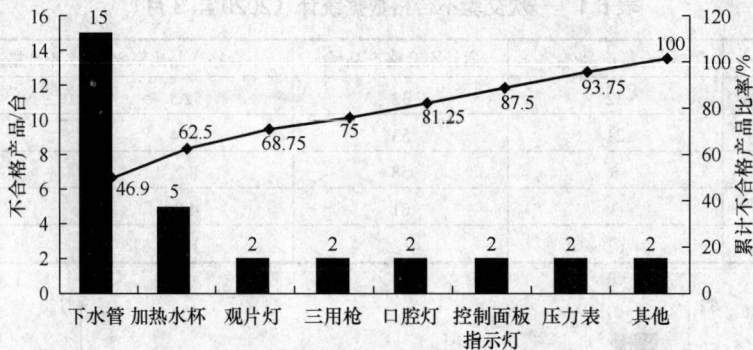

图 6.21　外协、外购件因素不合格项目排列图

由图 6.21 可以看出，下水管、加热水杯的质量问题是外协、外购件因素不合格的主要原因，占不合格数的 62.5%。因此，应重点分析下水管、加热水杯这两种外协、外购件。

2. 外协、外购件因素原因分析（下水管、加热水杯）

（1）下水管质量问题的原因分析

根据成品终检记录，更换下水管共计 15 件。具体的质量问题是，下水管有砂眼造成漏水 12 件，下水管橡胶接头与螺旋管连接处漏水 3 件，工人安装时划伤 1 件。

导致下水管出现质量问题的各种因素如图 6.22 所示。

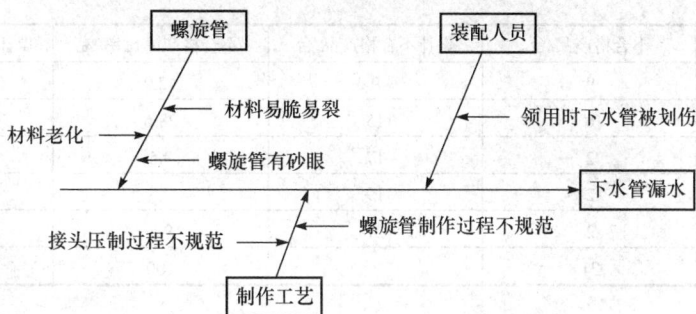

图 6.22 下水管不合格的因果图

通过对更换的下水管进行分析、调查和验证，得出造成下水管漏水的主要原因有以下两种：①螺旋管有砂眼；②装配人员在领用过程中划伤下水管。

（2）加热水杯质量问题的原因分析

根据成品终检记录，更换加热水杯共计 5 件。具体的质量问题是，在正常工作状态下不加热 1 件，在正常工作状态下加热 1 次后不再加热 3 件，在正常工作状态下加热 2 次后不再加热 1 件。

导致加热水杯出现质量问题的各种因素分析如图 6.23 所示。

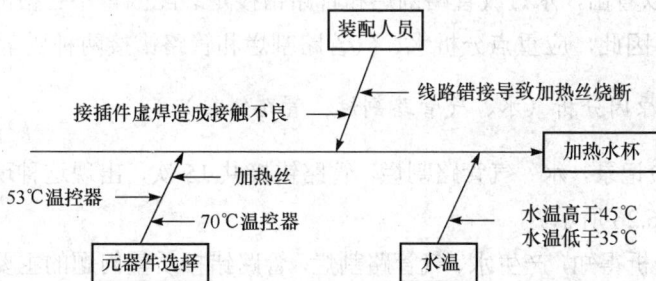

图 6.23 加热水杯不合格的因果图

通过对更换的加热水杯进行分析、调查和验证，发现造成加热水杯不加热的主要原因是水温偏高。在 43℃左右，53℃温控器断掉，这时加热水杯安装温控器的位置感应温度为 60℃左右，但是由于加热丝的余温使安装位置温度继续上升到 70℃，不可恢复的 70℃温控器断开，起到安全保护作用，造成加热水杯无法继续加热。

（二）装配因素分析

1. 装配因素的数据收集

装配因素的数据收集如表 6.3 和图 6.24 所示。

表 6.3　装配因素数据统计（2020 年 3 月）

不合格项目	不合格产品/台	累计不合格产品/台	不合格产品比率/%	累计不合格产品比率/%
水、气管路割烂	9	9	42.9	42.9
管路错接	6	15	28.6	71.5
螺钉紧固	2	17	9.5	81
压力表镜裂	2	19	9.5	90.5
其他	2	21	9.5	100
合计	21		100	

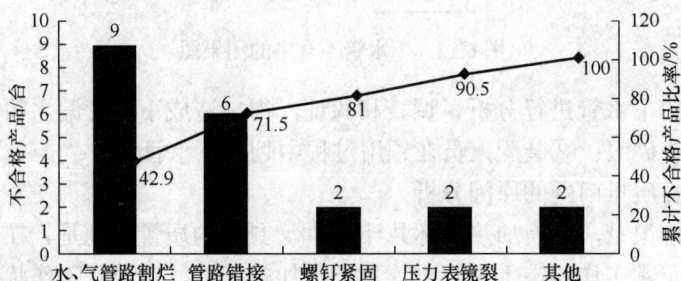

图 6.24　装配因素不合格项目排列图

由图 6.24 可以看出，水、气管路割烂和管路错接是装配因素不合格的主要原因，占不合格数的 71.5%，因此，应重点分析水、气管路割烂和管路错接两种质量问题。

2. 装配因素原因分析（水、气管路割烂，管路错接）

根据成品终检记录，水、气管路割烂，管路错接共 15 次，出现这种现象的各种因素分析如图 6.25 和图 6.26 所示。

通过调查、分析得知，产生水、气管路割烂，管路错接质量问题的主要原因如下：① 员工责任心不强；②使用工具不当；③没有进行自检；④没有严格执行操作工艺。

对外协、外购件和装配因素进行详细分析后，确定了主要原因。本公司据此制定了相关措施并予以落实。

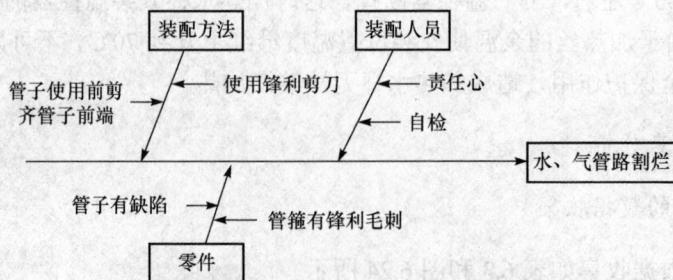

图 6.25　水、气管路割烂的因果图

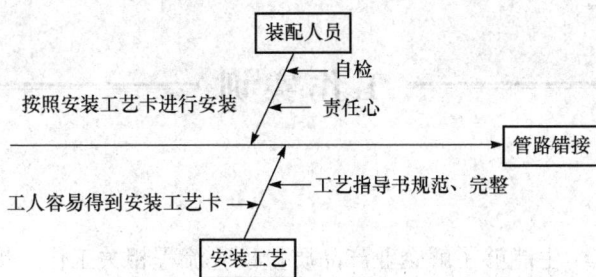

图 6.26 管路错接的因果图

三、质量改进措施

针对水、气管路割烂漏水、漏气的现象，在成品检验前增加打压密封性的测试。

针对以上现象，有关部门制定了纠正/预防措施，各部门也做出了相应的纠正改进。下面为 2020 年 6 月的一次交验合格率统计（数据来源：成品检验记录单）。

2020 年 6 月牙科综合治疗机一次交验合格率情况如下。

$$一次交验合格率 = 一次交验合格数 / 交验总数 \times 100\%$$

$$= (334 + 293 + 282) / (355 + 309 + 299) \times 100\%$$

$$= 909 / 963 \times 100\%$$

$$\approx 94.4\%$$

2012 年 6 月总交验台数 963 台，一次交验不合格 54 台。2020 年 3 月与 2020 年 6 月的数据对比如表 6.4 所示。

表 6.4 2020 年 3 月与 2020 年 6 月数据对比

对比内容		2020 年 3 月	2020 年 6 月
一次交验合格率		92.9%	94.4%
一次交验总数		854 台	963 台
一次交验不合格数		61 台	54 台
外协、外购件因素	下水管不合格数	15 件	5 件
	加热水杯不合格数	5 件	1 件
装配因素	水、气管路割烂不合格数	9 次	3 次
	管路错接不合格数	6 次	2 次

根据以上统计，2020 年 6 月一次交验合格率为 94.4%，比 2020 年 3 月一次交验合格率（92.9%）高出 1.5%。外协、外购件中下水管和加热水杯的不合格数大幅度减少；装配因素中水、气管路割烂和管路错接的情况也大幅度减少。以上数据证明，采取的纠正/预防措施有效。

工作实训

一、实训目标

通过实训练习，学生能够了解企业产品质量检验流程相关工作，提高从事产品质量检验工作的能力。

二、实训内容

对任一熟悉或感兴趣公司的具体产品检验合格率的数据分析和质量问题进行改善，形成《产品质量检验》等统计分析报告。

针对每个质量检验管理的实施过程，进行工作过程写实，并将具体内容填写在项目工作单上，包括项目资讯工作单、实施策划工作单、实施计划工作单、项目实施工作单、检查确认工作单、项目评价工作单。

三、实训要求

（一）工作职责

1）按照每组 6～8 人对学生进行分组，每组选一名组长。
2）组长负责小组成员分工、任务进度控制、工作内容检查等组织工作。
3）组员结合实训企业，开展小组讨论，并完成具体实训任务。

（二）汇报考核

1）全体成员参加成果汇报，并用 PPT 展示相关工作成果。
2）实训考核包括工作项目报告、项目工作单、PPT 汇报展示、学生答辩等内容。

四、拓展训练

（一）单项选择题

1. 质量检验是确定产品的（　　）合格情况的技术性检查活动。
    A. 每项质量特性　　B. 使用性能　　　　C. 外观要求
2. 同一产品的不同用途，其质量特性（　　）。
    A. 是一样的　　　　B. 会有所不同　　　C. 是相近的
3. 产品质量特性是在产品（　　）形成的。
    A. 生产完成后　　　B. 零部件加工中　　C. 实现过程中
4. 质量检验是一种（　　）检查活动。
    A. 管理性　　　　　B. 技术性　　　　　C. 认证

5. 产品试验是（　　）的特定形式和方法。

    A. 产品检验　　　　　B. 产品验证　　　　　C. 产品监视

6. 过程监视是经常采用的一种有效的（　　）方式，是检验的一种补充形式。

    A. 质量判定　　　　　B. 质量控制　　　　　C. 质量比较

7. 在产品质量控制中，监视和检验两者是（　　）。

    A. 相辅相成、互为补充的　　　　B. 可以相互替代的　　　C. 没有关联的

8. 一批产品（$N>2$）经过抽样检验判为不合格批，则该批产品中（　　）。

    A. 至少含有一个不合格品　　　　　　　B. 至多含有一个合格品

    C. 全部是合格品　　　　　　　　　　　D. 至少含有一个合格品

9. 有一个或一个以上 B 类不合格，也可能含有 C 类不合格，但不含有 A 类不合格的单位产品，称为（　　）。

    A. B 类不合格品　　　B. C 类不合格品　　　C. A 类不合格品　　　D. 以上都不是

10. 在计量抽样检验中，计算接收概率的方法有（　　）。

    A. 二项分布法　　　B. 泊松分布法　　　C. 正态分布法　　　D. 超几何分布法

11. 在抽检方案（N，n，A_c）中，如果 N、c 不变，n 变大，则方案越（　　）；如果 N、n 不变，A_c 变大，则方案越（　　）。

    A. 宽松　严格　　　B. 严格　宽松　　　C. 严格　严格　　　D. 以上都不对

12. 对于给定的抽样方案，当批质量水平为该方案指定的某一可接收值时，拒收该批的概率称为（　　）。

    A. 使用方风险　　　　　　　　　　B. 生产方风险质量

    C. 生产方风险　　　　　　　　　　D. 使用方风险质量

13. 在计数调整型抽样检验中，加严方案的设计目的是（　　）。

    A. 保护生产方　　　B. 保护使用方　　　C. 保护投资方　　　D. 保护第三方

14. 在计数抽检方案的 OC 曲线中，OC 曲线单调（　　），当不合格品率减小时，接收概率（　　）。

    A. 上升　增大　　　B. 下降　变小　　　C. 上升　变小　　　D. 下降　增大

15. 在百分比抽样中，批量越大，方案越（　　）；批量越小，方案越（　　）。

    A. 松　严　　　　　B. 严　松　　　　　C. 严　严　　　　　D. 松　松

16. 在 GB/T 2828.1—2012 中，实施加严检验是（　　）的，实施放宽检验是（　　）的。

    A. 非强制性　强制性　　　　　　　　B. 强制性　强制性

    C. 强制性　非强制性　　　　　　　　D. 非强制性　非强制性

17. 在 GB/T 2828.1—2012 中，一般检验水平分为 I、II、III 三个档次，除非另有规定，应选择一般检验水平（　　）；当需要提高判别能力时，应选择一般检验水平（　　）。

    A. II　I　　　　　B. III　II　　　　　C. I　III　　　　　D. II　III

18. 某产品的合格品率为 94.55%，其不合格品率为（　　）。

    A. $9945×10^{-6}$　　B. $99.45×10^{-6}$　　C. $0.545×10^{-6}$　　D. $54\,500×10^{-6}$

19．B 类不合格是指单位产品的（　　）质量特性不符合规定或单位产品的质量特性（　　）不符合规定。

    A．重要　严重　　　B．重要　极严重　　C．一般　严重　　　D．极重要　严重

20．某产品出厂检验采用 GB/T 2828.1—2012，其正常二次方案为 $\begin{bmatrix} n_1, A_1, R_1 \\ n_2, A_2, R_2 \end{bmatrix} = \begin{bmatrix} 32, 0, 2 \\ 32, 1, 2 \end{bmatrix}$，已知第一样本中发现一个不合格品，且此批产品最终被接收，则第二样本的状况为（　　）。

    A．发现两个不合格品　　　　　　　　B．发现一个不合格品

    C．未发现不合格品　　　　　　　　　D．未发现合格品

（二）多项选择题

1．质量检验是对产品的一个或多个质量特性进行（　　），并将结果和规定质量要求比较，以确定合格情况的活动。

    A．观察　　　　　　B．测量　　　　　　C．使用　　　　　　D．试验

2．质量检验的技术依据有（　　）。

    A．产品技术标准　　　　　　　　　　B．相关的产品设计图样

    C．相关的作业文件　　　　　　　　　D．相关的检验规程

    E．ISO 9000 标准

3．质量检验的主要功能有（　　）。

    A．鉴别功能　　　　B．"把关"功能　　C．处罚功能

    D．预防功能　　　　E．报告功能

4．质量检验的步骤是（　　）。

    A．检验的准备　　　B．测量或试验　　C．记录　　　　　　D．比较和判定

    E．确认和处置　　　F．交领导批准

5．根据检验结果，对不合格品，按其程度分情况做出（　　）处置。

    A．返修　　　　　　B．返工　　　　　　C．拍卖　　　　　　D．报废

6．对批量产品，根据产品批质量情况和检验判定结果分别做出（　　）处置。

    A．接收　　　　　　B．退回　　　　　　C．复检　　　　　　D．报废

7．产品验证的主要内容是（　　）。

    A．查验提供的质量凭证

    B．确认检验依据的技术文件的正确性、有效性

    C．查验检验凭证的有效性

    D．必要时，进行产品复核检验

    E．查验人员、设备、环境状况

8．机电产品的产品性能试验主要包括（　　）。

    A．功能试验　　　　B．结构力学试验　　C．空运转试验

    D．负载试验　　　　E．运输包装试验

9. 环境条件试验有（　　）三类。

    A. 自然暴露试验　　B. 现场试验　　　　C. 抽样试验　　　　D. 人工模拟试验

10. 环境条件试验常用的试验方法中有（　　）。

    A. 高低温试验　　　B. 湿热试验　　　　C. 防腐试验

    D. 振动试验　　　　E. 破坏试验

11. 监视是对某项事物按规定要求给予应有的（　　）。

    A. 观察　　　　　　B. 注视　　　　　　C. 监控

    D. 验证　　　　　　E. 录制

12. 根据"全过程的质量管理"的基本要求，全面质量管理必须体现的思想包括（　　）。

    A. 预防为主、不断改进　　　　　　　　B. 事后检验、严格把关

    C. 为顾客服务　　　　　　　　　　　　D. 用数据说话

13. 质量检验计划内容可包括（　　）。

    A. 检验流程图　　　B. 设置检验站　　　C. 编制质量性能分析表

    D. 检验规程　　　　E. 检验手册　　　　F. 检验方法

    G. 检验工具　　　　H. 明确岗位责任　　I. 安全因素

14. 质量检验计划的编制可由（　　）部门负责。

    A. 质量　　　　　　B. 检验　　　　　　C. 质、检两个　　D. 环境

15. 检验计划必须对（　　）等具体内容有清楚、准确、简明的叙述和规定。

    A. 检验项目　　　　B. 检验方式　　　　C. 检验手段　　　　D. 检验经费

（三）综合分析题

1. 某集团公司在新技术开发区投资兴建一家企业，在即将竣工时，公司领导决定筹建企业的各级组织机构，请筹建组组织专业人员考虑企业的质量检验机构。经过一个阶段的学习讨论后，筹建组进一步明确了质量检验的性质、作用和任务，为进一步开展工作打下基础。

（1）首先明确了质量检验部门的性质，统一了认识，他们一致认为质量检验机构的性质是（　　）。

    A. 质量管理的职能部门

    B. 负责生产又负责检验的职能部门

    C. 负责质量体系又负责质量检验的职能部门

    D. 独立行使质量检验的技术部门

（2）经过讨论，他们确定了质量检验部门的主要工作范围，他们确定的主要工作任务是（　　）。

    A. 编制需要采购的产品原材料目录和技术要求

    B. 组织编制和控制质量检验的程序文件

    C. 开展不合格品的回收利用

    D. 配置和管理检测设备

E. 按规定要求开展产品质量检验

（3）他们还提出了质量检验机构的集中管理式组织模式请领导决定和批准。在此方案中设计了两种方案供领导选择，这两种方案是（　　）的。

    A. 按检验职能分类　　　　　　　　　B. 按规模分类

    C. 按所处生产组织位置分类　　　　　D. 按产品结构分类

2. 某企业质量计划的主要内容。

（1）企业质量工作计划的重要组成部分包括（　　）。

    A. 质量改进计划　　　B. 质量检验计划　　　C. 安全管理计划　　　D. 环境管理计划

（2）最后确定产品质量特性是否符合要求，应该按（　　）进行检验。

    A. 生产流程图　　　B. 检验流程图　　　C. 工艺流程图　　　D. 过程流程图

（3）质量检验站的设置应该考虑设在质量控制的（　　）。

    A. 关键部位　　　　B. 控制点　　　　C. 车间大小　　　　D. 员工多少

（4）质量特性分析表应该由（　　）部门编制。

    A. 质量　　　　　　B. 检验　　　　　C. 技术　　　　　　D. 管理

（5）质量特性分析表可按（　　）进行编制。

    A. 产品　　　　　　B. 零件或部件　　　C. 生产流程图　　　D. 工艺流程图

（6）不合格严重性分级的原则包括（　　）。

    A. 质量特性重要程度　　　　　　　　B. 对产品适用性影响程度

    C. 包装及外观　　　　　　　　　　　D. 顾客反映

（7）检验手册中首先应说明质量检验工作宗旨及其（　　）。

    A. 合法性　　　　　B. 目的性　　　　C. 批准生效　　　　D. 可行性

（8）质量检验指导书不仅要列出全部质量特性，还要包括（　　）。

    A. 不合格的严重性分级　　　B. 尺寸公差　　　C. 检测顺序

    D. 检测频率　　　　　　　　E. 样本大小　　　F. 人员组成

3. 对批量为 1000 的某产品，采用 AQL=1.5，检验水平为 II 的一次正常检验方案，最近连续 15 批的检验记录如表 6.5 所示（$\sum_n = 800 \sim 999$ 时，LR=4）。

表 6.5　15 批某产品检验记录

批号	抽检方案				检验结果		
	N	n	A_c	R_e	不合格品数	批合格与否	结论
1	1000	80	3	4	2	合格	接收
2	1000	80	3	4	1	合格	接收
3	1000	80	3	4	1	合格	接收
4	1000	80	3	4		合格	接收
5	1000	80	3	4	0	合格	接收
6	1000	80	3	4	1	合格	接收
7	1000	80	3	4		合格	接收
8	1000	80	3	4	1	合格	接收

续表

批号	抽检方案				检验结果		
	N	n	A_c	R_e	不合格品数	批合格与否	结论
9	1000	80	3	4	0	合格	接收
10	1000	80	3	4	1	合格	接收
11	1000	80	3	4	1	合格	接收
12	1000	80	3	4	0	合格	接收
13	1000	80	3	4	0	合格	接收
14	1000	80	3	4	0	合格	接收
15	1000	80	3	4	1	合格	接收

（1）在连续（　　）批或按界限数表注所述更多批抽取的样本中，累计不合格品（或不合格）总数不超过 LR，且生产正常，主管部门同意时，可转为放宽检验。

A．5 　　　　　B．10 　　　　　C．15 　　　　　D．20

（2）由表 6.6 可知，可从（　　）批起，由正常检验转为放宽检验。

A．12 　　　　　B．14 　　　　　C．13 　　　　　D．11

（四）简答题

1．简述检验的定义及其职能。

2．简述质量检验计划的内容。如何编制质量检验计划？

3．抽样检验的两种错判风险率是什么意思？

4．抽样检验方案 N、n、C 对抽样 OC 曲线有何影响？

5．利用 OC 曲线说明百分比抽样方案的不合理性。

二维码资源

一、项目工作单

工作步骤	工作过程	项目实施	实施记录	二维码
1	资讯	项目问题确认	项目资讯工作单	
2	决策	实施方案策划	实施策划工作单	
3	计划	工作计划制订	实施计划工作单	

续表

工作步骤	工作过程	项目实施	实施记录	二维码
4	实施	工作任务实施	项目实施工作单	
5	检查	项目检查确认	检查确认工作单	
6	评估	项目评估整理	项目评价工作单	

二、信息化资源

序号	资源类型	教学内容	二维码
1	教学实录	检验站的设置	
		检验流程与检验指导书的应用	
2	微课	质量强国战略下的产品检验与不合格处理	
3	实训实录	艾迪斯鼎力科技质量检验管理	
4	职业拓展	计数抽样检验程序 第1部分：按接收质量限（AQL）检索的逐批检验抽样计划（GB/T 2828.1—2012）	

三、拓展训练答案

项目 七

过程质量管理

职业能力目标 ☞

知识目标
- 掌握控制图原理。
- 熟悉过程能力分析方法。

能力目标
- 能应用控制图的实施方法。
- 能应用过程能力分析方法。

素质目标
- 培养学生对现场质量异常迅速做出反应的能力。
- 工作认真扎实，具有较强的沟通协调能力和团队协作意识，有责任心。

思政目标
- · 坚持质量强国，服务企业质量提升行动目标。

职业岗位描述 ☞

管理岗位
- QC 质量管理专员。
- QA 工程师。

岗位职责
- 负责对生产过程实物质量保证能力的评价。
- 负责报表输入、数据整理、品质会议资料及纠正措施验证等。
- 与生产部门协调完成产品生产过程中的控制。
- 整合改善项目并有效沟通。
- 负责过程监控和监督及客户投诉的处理与跟踪。

质量文化
- 产品是制造出来的，但是制造需要过程，因而对制造过程的控制情况直接决定了作业品质。

我国正积极构建以国内大循环为主体、国内国际双循环相互促进的新发展格局，以高质量发展推进中国式现代化。围绕提高供给体系质量，持续向产业链、供应链、价值链的高端发展，推动实现质的有效提升和量的合理增长。

2017 年，《中共中央 国务院关于开展质量提升行动的指导意见》指出，中高端产品和服务有效供给不足，迫切需要下最大气力抓全面提高质量，推动我国经济发展进入质量时代。这是首次将质量强国战略放在更加突出的位置。

过程质量管理是产品质量保证的重要环节，它的主要目的在于防止出现质量问题，管因素、保结果，确保产品达到规定要求，实现经济效益。过程质量管理应贯穿质量产生、形成和实现的全过程。过程质量对产品注重的质量有很大影响，所以在制造过程中对质量严格把关非常重要。过程质量控制在企业的质量管理中具有重要地位，产品的制造质量过硬，且能很好地满足企业和顾客的需要，是企业在制造过程中的终极目标。过程质量控制包含的范围非常广，尤其关注产品制造质量形成的全过程，以达到控制生产过程中的技术活动，保证 5M1E 各环节的高质量工作。

企业案例

一、一团迷雾的制造过程

C 公司是一家国有企业，为提升产品质量，公司对制造过程投资上亿元，进行了技术改造，并新建了一个装配车间。车间投产后的情况大大超出高层领导的预料，生产效率始终非常低下，产品质量甚至低于改造前的水平。为解决车间的问题，高层领导频繁撤换车间主任，但是，每任车间主任都把提高产量作为第一要务，他们使用最多的方法就是向厂里争取更多的奖金，用以刺激员工的积极性。但是在频繁地更换车间主任中，车间的管理每况愈下。后来，第九任车间主任上任，对于车间的状况，他做出如下总结。

1）人员。车间的人员应是从各部门抽调来的业务骨干，但实际上除了由厂领导直接点名的几名业务骨干，其余人员多属于"后门兵"。

2）设备。车间的设备技术复杂程度相对较高，人员操作存在一定困难。另外，由于设备零部件供应不足，常常出现设备"带病"运转的现象。

3）材料。车间物料浪费惊人，即使每天处理废料的设备开足马力，仍然无法阻止堆积如山的废料一天天地增长，最终只能抽调运输车队加班搬运废料。

4）方法。由于技术只被少数人掌握，这使部分人员成为车间"贵族"，不服从管理，甚至干扰企业的政策取向。

5）环境。作业环境脏乱，秩序混乱，设备残缺不全，完全处于失控状态。

6）测量。在质量检验过程中，质检员不作为或者不敢作为，产品检验成了"走过场"的形式，即使存在质量问题的产品，到最后也能被贴上"合格"标签，顺利出厂。

（资料来源：杨兴文，2016. 质量命门：企业质量管理的误区与对策[M]. 北京：中国电力出版社：122.）

二、管理思考

"制造过程都是大同小异的，过程影响因素也基本相似。最大的不同就是士气。所以，要想取得成效，就要刺激员工的积极性。"你同意这种观点吗？

启示：企业管理者应了解制造过程的控制对象，并控制产品质量。

工作说明

一、工作目标

天津轻模工贸有限公司是天津轻工职业技术学院控股的有限责任公司，是一家"工学结合、产教结合"的现代化企业，拥有模具实训基地、模具制造基地（机加工车间）、注塑车间、模具实训中心（塑机）等四个功能区，并根据每个功能区的实际需求，配备了相应的设备。模具实训基地：钳工工位 120 个、普通工具车床 20 台、钻床 9 台、砂轮机 2 台。模具制造基地（机加工车间）：加工中心、快走丝线切割、数显铣床等机械设备。注塑车间：注塑成型机 5 台。模具实训中心（塑机）：数显铣床、数控铣床、线切割、高速穿孔机等加工设备。公司成立至今已设计并加工模具 361 套，外加工 4229 件。

如今，公司的模具产品已向系列化、标准化方向发展。为测量仪器厂设计制造的扳手、钳子系列模具，目前其生产的扳手、钳子等产品已出口美国。为自行车厂设计制造的尾灯和反光片模具已投入大批量生产，为公司创造了良好的经济效益和社会效益。公司的生产正朝着高质量、高标准、高附加值产品的方向发展，生产过程质量管理已成为公司提升质量的必要手段。

二、工作过程

过程质量管理过程（图 7.1）包括过程质量概述、统计过程控制、控制图原理、控制图概述、控制图的应用等五个部分。

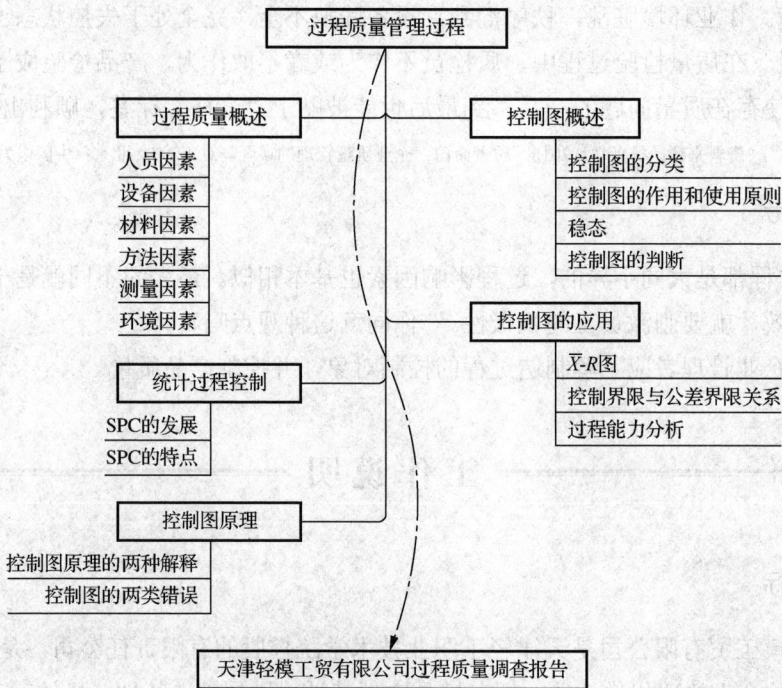

图 7.1　过程质量管理过程

相 关 知 识

一、过程质量概述

　　过程质量，也称工序质量，包括影响质量制造的六个因素（5M1E），即人员、机器、材料、方法、环境、测量。过程质量控制是使工序质量的波动处于允许的范围内，通过各种恰当的方式（如工序检验）准确判断加工工序质量是否符合规定的标准，以及是否处于稳定状态；在出现偏离标准的情况下，分析产生的原因，并及时采取纠正措施。工序质量控制流程（图 7.2）的最终目的是保证稳定生产合格的产品。

　　经验与理论表明，这六个因素对不同的工序及其质量的影响程度有着显著的差别。这里有必要引进有关工序主导因素的概念。主导因素是指在众多影响最终质量的因素中起到决定全局或占支配地位作用的因素。任何加工制造过程都存在这样的因素，而且一种或几种占支配地位的情况到处可见。根据专业技术知识和经验，人们一般可以从各种影响因素中识别主导因素。例如，铸造上模具、熔炼、型砂起主导作用，加工上除了模具因素外，还有工装、工艺参数（刀具、切削速度等）、员工的操作规范等起主导作用。我们可以根据实际分析结果建立控制系统。

生产人员　　　　　　　质量控制专员　　　　　　质量控制主管

```
                        ( 开始 )
                           ↓
                      [ 明确目的 ]
                           ↓
                      [ 选择对象 ]
                           ↓
                      [ 制订调查计划 ]
                           ↓
                      [ 收集数据 ]
                           ↓
                  [ ①分析数据 ] → [ ②制定工序标准 ]
                           ↓
              [ ③实行标准化 ]
                    ↓
        [ 掌握工序能力 ] → [ 工序分析 ]
                              ↓
            是      < 工序是否稳定 >      否
            ↓                               ↓
    [ 设法降低成本 ]                  [ 追查异常原因 ]
            ↓                               ↓
    [ 维持管理标准 ] → [ ⑤制定和实施 ] ← [ ④控制异常原因 ]
                            ↓
                      [ 确认效果 ]
                            ↓
                      [ 起草报告书 ]
                            ↓
                        ( 结束 )
```

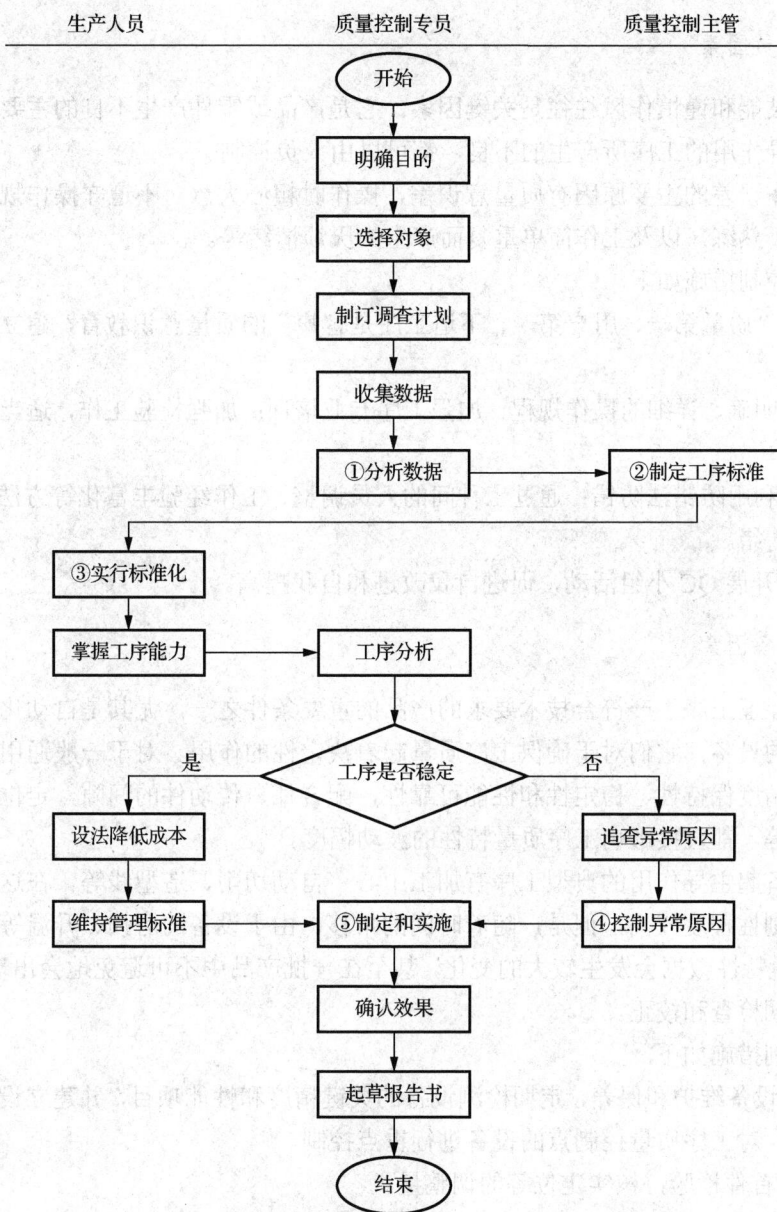

图 7.2　工序质量控制流程

在制造过程中，我们可以运用主导因素这一概念分别对不同的工序采取切实有效的防误和控制措施，从而达到控制制造质量的目的。下面将对六大因素的特点及防误和控制措施分别做介绍。需要强调的是，在不同产品特点的条件下，工序的主导因素各不相同，因此主要控制措施也不相同，应因地、因产品而异。

（一）人员因素

人员的技能和谨慎作风往往是关键因素，它是产品或零件产生不良的主要原因。凡是由人员起主导作用的工序所产生的不良，都可以由人员控制。

造成操作误差的主要原因有质量意识差，操作时粗心大意，不遵守操作规程，操作技能低、技术不熟练，以及工作简单重复而产生的厌烦情绪等。

防误和控制措施如下。

1）加强"质量第一、用户第一、下道工序是客户"的质量意识教育，建立健全质量责任制。

2）编写明确、详细的操作规程，加强工序专业培训；加强检验工作，适当增加检验的频次。

3）充分利用防错法防错；通过工种间的人员调整、工作经验丰富化等方法，消除操作人员的厌烦情绪。

4）广泛开展 QC 小组活动，促进自我改进和自我提高。

（二）设备因素

设备是保证工序生产符合技术要求的产品的重要条件之一，尤其是自动化程度较高、有定位装置的设备，它们对于确保工序质量起着决定性的作用。对于一般通用机器设备来说，设备的精度保持性、稳定性和性能可靠性，配合件、传动件的间隙，定位装置的准确性和可靠性等，都直接影响工序质量特性的波动幅度。

属于设备起主导作用的典型工序有加工中心、自动切削、造型线等。在这些情况下，工序虽然复制性程度较高，但是，随着时间的推移，由于设备的磨损、升温等情况的发生和变化，质量特性数据会发生较大的变化，甚至在一批产品中不可避免地会出现不合格品。因此必须定期检查和校正。

防误控制措施如下。

1）加强设备维护和保养，定期检测设备的关键精度和性能项目，并建立设备关键部位日点检制度，对工序质量控制点的设备进行重点控制。

2）采用首件检验，核实定位等的调整量。

3）尽可能根据情况采用防错法，以减少对工人调整工作可靠性的依赖。

（三）材料因素

由于产品不同，使用的材料的类别也会各不相同。材料对产品的质量起着主导作用。

防误和控制措施如下。

1）在材料的采购合同中明确规定质量要求。

2）加强材料的进厂检验和厂内自制产品的工序和成品检验。

3）合理选择供应商，搞好协作厂间的关系，督促供应商搞好质量控制。

（四）方法因素

方法对工序质量的影响主要来自两个方面：一是制定的加工方法、选择的工艺参数和工艺装备等的正确性和合理性；二是贯彻执行方法的严肃性。对于成型加工、定程加工的工序来说，如定长度切削、造型等，工装模具的设计和制作，成型刀具、刃具的制造和刃磨，都直接对工序质量起决定作用。此外，加工的切削速度、切削深度和走刀量等工艺参数的选择，工艺的编排和衔接，工装模具的制造、鉴定和保管，计量器具的选用、鉴定和保管等，也会严重影响工序质量。

防误和控制措施如下。

1）保证定位装置的准确性，严格首件检验，并保证定位中心准确，防止加工特性值数据分布中心偏离公差中心。

2）加强技术业务培训，使操作人员熟悉定位装置和调整方法，尽可能配置显示定位数据装置。

3）加强定形刀具或刀具的刃磨和管理，实行强制更换制度；积极推行控制图管理，以便及时采取措施调整。

4）严肃工艺纪律，对贯彻执行操作规程进行检查和监督；加强工具工装和计量器具管理，切实做好工装模具和计量器具的周期检定工作。

（五）测量因素

为了得到准确、可靠的质量数据和质量信息，准确判断原材料、外购外协件、在制品、半成品和成品是否满足规定要求，有必要对测量和实验设备进行严格的控制，确保测量和实验设备的准确可靠。

防误和控制措施如下。

1）确定测量任务及所要求的准确度，选择适用的、具有所需准确度和精密度能力的测试设备。

2）定期对所有测量和实验设备进行确认、校准和调整；规定校准规程，其内容包括设备类型、编号、地点、校验周期、校验方法、验收标准，以及发生问题时应采取的措施；保存校验记录。

3）发现测量和实验设备未处于校准状态时，立即评定以前的测量和实验结果的有效性，并记入有关文件中。

（六）环境因素

由于生产产品的工序不同，环境条件的内容也不同。环境一般是指生产现场的温度、湿度、噪声干扰、振动、照明、室内净化和现场污染程度等。

防误和控制措施如下。

1）明确划分现场环境工作区域，每天进行日常清洁、整理归位。

2）清洁墙面、地面、固定物。

3）按指定位置存放设备并保持清洁。

4）按指定位置存放工具、配套物品、材料并保持清洁。

二、统计过程控制

（一）SPC 的发展

为了保证预防原则的实现，20 世纪 20 年代，美国贝尔电话实验室成立了两个研究质量的课题组：一个为过程控制组，学术领导人为休哈特；另一个为产品控制组，学术领导人为道奇。

其后，休哈特提出了过程控制理论及控制过程的具体工具——控制图（control chart），现今统称为 SPC（statistical process control，统计过程控制）。

道奇与罗米格提出了抽样检验理论和抽样检验表。这两个研究组的研究成果影响深远，在他们之后，虽然有数以千计的论文出现，但至今仍未能脱其窠臼。休哈特与道奇是统计质量控制（statistical quality control，SQC）的奠基人。1931 年，休哈特出版了他的代表作《加工产品质量的经济控制》（*Economical Control of Quality of Manufactured Products*），这标志着统计过程控制时代的开始。

（二）SPC 的特点

1）与全面质量管理相同，SPC 强调全员参加，而不是只依靠少数质量管理人员。

2）强调应用统计方法来保证预防原则的实现。

3）SPC 不是用来解决个别工序采用什么控制图的问题，而是强调从整个过程、整个体系出发来解决问题。

SPC 的重点在于"P"（process，过程），SPC 可以判断过程的异常，及时告警，作用明显。但 SPC 也有其历史局限性，它不能告知此异常是由什么因素引起的，发生于何处，即不能进行诊断。但在现场迫切需要解决诊断问题，否则即使想纠正异常也无从下手。因此现场与理论都迫切需要将 SPC 发展为统计过程诊断（statistical process diagnosis，SPD）。

SPD 不但具有 SPC 及时告警、进行控制的功能，而且具有 SPC 所没有的诊断功能，因此 SPD 是 SPC 进一步发展的新阶段。SPD 就是利用统计技术对过程中的各阶段进行监控与诊断，从而缩短诊断异常的时间，以便迅速采取纠正措施，减少损失、降低成本、保证产品质量。

三、控制图原理

控制图是用于区分由异常或特殊原因引起的波动和过程固有的随机波动的一种统计工具。这里所讲的过程固有的随机波动指过程的正常质量波动，因为在过程中正常因素是始终存在的、无法消除的。

（一）控制图原理的两种解释

1. 控制图原理的第一种解释

将正态分布图转换方向，使自变量增加的方向垂直向上，将μ、$\mu+3\sigma$ 和 $\mu-3\sigma$ 分别标为 CL（central line，中心线）、UCL（upper control line，上控制线）和 LCL（lower control line，下控制线），这样就得到一张控制图。X 控制图如图 7.3 所示。

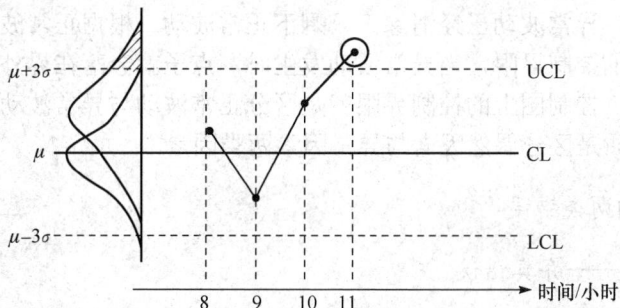

图 7.3　X 控制图

例如，为了控制加工螺栓的质量，每隔 1 小时随机抽取一个加工好的螺栓，测量其直径，将结果描点在图 7.3 中，并用直线段将点子连接，以便观察点子的变化趋势。由图 7.3 可以看出，前三个点子都在控制界限内，但第四个点子超出了 UCL，为了醒目，把它用小圆圈圈起来，表示第四个螺钉的直径过分粗了，应引起注意。现在对出现的第四个点子应做什么判断呢？有以下两种可能性。

1）若过程正常，即分布不变，则出现这种点子超过 UCL 情况的概率只有 0.1%左右。

2）若过程异常，如设异常原因为车刀磨损，则随着车刀磨损，加工的螺栓将逐渐变粗，μ 逐渐增大，于是分布曲线上移。发生这种情况的可能性很大，其概率可能为 0.1%的几十倍乃至几百倍。

现在第四个点子已经超出 UCL，在上述 1）、2）两种情形中，应该判断是由哪种情形造成的。由于情形 2）发生的可能性要比情形 1）大几十倍乃至几百倍，故合乎逻辑地认为上述异常是由情形 2）造成的。得出结论：**点出界就判异**。

用数学语言来说，这是小概率事件原理：小概率事件在一次试验中几乎不可能发生，若发生，则判断异常。控制图是假设试验的一种图上作业，在控制图上每描一个点就是做一次假设试验。

2. 控制图原理的第二种解释

现在换一个角度来研究控制图原理。根据来源的不同，影响质量的原因（因素）可归结为 5M1E，但从对产品质量的影响大小来分，又可分为普通原因与特殊原因两类。普通原因是过程固有的，始终存在，对质量的影响微小，但难以除去，如机床开动时的轻微振动等；特殊原因则非过程固有，有时存在，有时不存在，对质量影响大，但不难除去，如设备故障等。

普通原因引起质量的正常波动，特殊原因引起质量的异常波动。正常波动是不可避免的，但对质量的影响一般不大；异常波动对质量的影响大，且可以通过采取恰当的措施消除，因此应多加注意在过程中异常波动及造成异常波动的特殊原因。一旦发生异常波动，就应该尽快找出原因，采取措施加以消除。将质量波动区分为正常波动与异常波动两类，并分别采取不同的对待策略，这是休哈特的贡献。

正常波动与异常波动都是产品质量的波动，如何发现异常波动的存在呢？可以这样设想：假定在过程中，异常波动已经消除，只剩下正常波动。根据正常波动，应用统计学原理设计控制图相应的控制界限，当异常波动发生时，点子就会落在界外。点子频频出界就表明存在异常波动。控制图上的控制界限就是区分正常波动与异常波动的科学界限。综上所述，控制图的实质是区分偶然因素与异常因素两类因素。

（二）控制图的两类错误

1. 第一类错误——弃真错误

弃真错误是把正常的过程误判为异常。弃真概率的符号记为 α。

犯第一类错误的概率只受控制界限幅度（上、下控制界限的间距）的影响。当采用 3σ 原则设计控制图时，弃真概率 $\alpha = 0.0027$。

国际上大多数国家采用 3σ 原则设计控制图，只有英国等少数北欧国家以弃真概率 $\alpha = 0.01$ 为控制界限的设计原则，相当于 $\pm 2.5\sigma$。

现假设可以改变控制界限幅度，图 7.4 则说明了控制图犯第一类错误（弃真）概率随控制界限的加宽而减小。

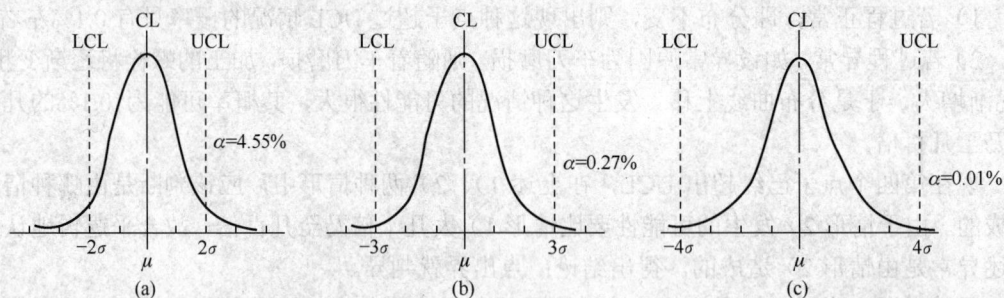

图 7.4 控制界限幅度对犯第一类错误的影响

2. 第二类错误——取伪错误

取伪错误是把异常的过程误判为正常。取伪概率的符号记为 β。影响犯第二类错误的概率有四个方面的因素：控制界限幅度、均值偏移幅度、标准偏差变动幅度、样本大小。

为将取伪概率与弃真概率相比较，现将四个影响因素的后三个因素确定，只分析第一个因素——控制界限幅度对弃真概率和取伪概率的影响有什么不同。

图 7.5 说明，犯第二类错误概率随控制界限的加宽而增大，与控制界限幅度对犯第一类错误（弃真）概率的影响刚好相反。

也就是说，当控制界限幅度加宽后，α 减小而 β 增大；当控制界限幅度变窄后，β 减小而 α 增大。

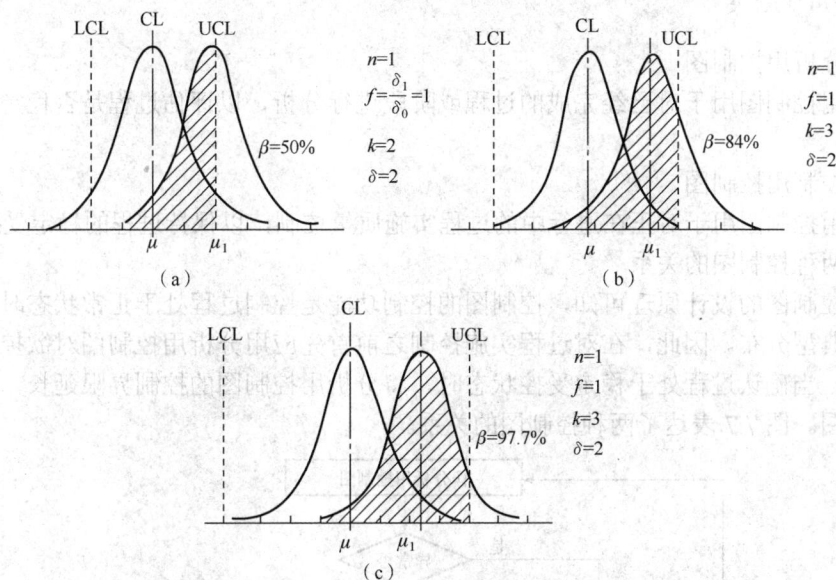

图 7.5 控制界限幅度对犯第二类错误的影响

看来错误不可避免，图 7.6 是控制图应用中犯错误所造成的损失与控制界限幅度的关系曲线，可见犯两类错误的总和呈抛物线，恰好在以 3σ 作为控制界限处有最小值。

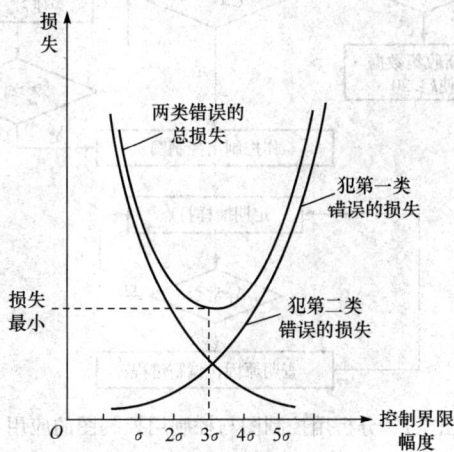

图 7.6 控制图两类错误的损失

当采用 3σ 原则设计控制界限时，控制图应用中所犯错误造成的损失最小，所以 3σ 原则又称最经济原则。

四、控制图概述

（一）控制图的分类

1．按用途分类

（1）分析用控制图

分析用控制图用于对已经完成的过程或阶段进行分析，以评估过程是否稳定或确认改进效果。

（2）控制用控制图

控制用控制图用于对正在进行中的过程实施质量控制，以保持过程的稳定受控状态。

（3）两种控制图的关系

根据控制图的设计原理可知，控制图的控制功能是控制过程处于正常状态时质量数据所形成的典型分布。因此，在对过程实施控制之前首先应用分析用控制图对欲控制的过程实施诊断，当确认过程处于稳定受控状态时，将分析用控制图的控制界限延长，转化为控制用控制图。图 7.7 表达了两种控制图的关系。

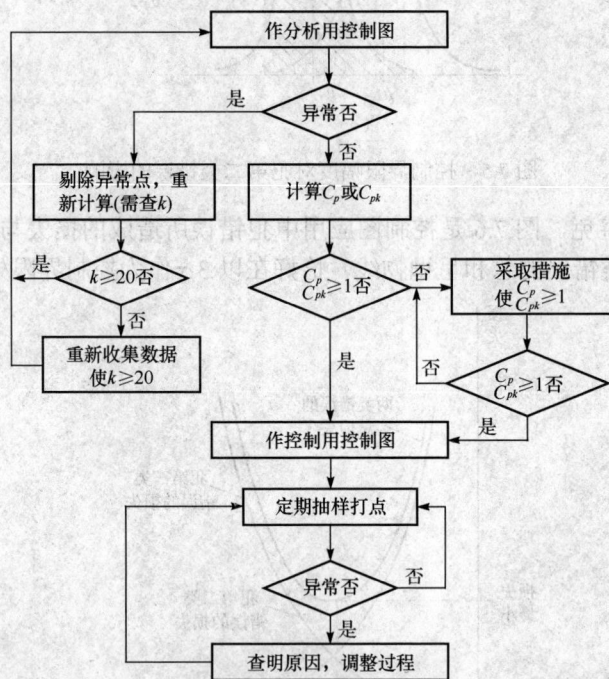

图 7.7　分析用控制图与控制用控制图的应用

2．按被控制对象的数据性质分类

（1）计量值控制图

常用的计量值控制图有以下四种。

1）均值-标准偏差控制图（$\bar{X}$-s 图）。

2）均值-极差控制图（$\bar{X}$-R 图）。

3）中位数-极差控制图（$\tilde{X}$-R 图）。

4）单值-移动极差控制图（X-R_s 图）。

（2）计数值控制图

常用的计数值控制图有以下四种。

1）不合格品率控制图（p 图）。

2）不合格品数控制图（pn 图）。

3）单位缺陷数控制图（u 图）。

4）缺陷数控制图（c 图）。

休哈特控制图在我国被称为常规控制图，已被纳入 GB/T 17989.2—2020《控制图 第 2 部分：常规控制图》。

应注意，计量值控制图必须两图联用。计量值数据服从正态分布，其分布参数（特征值）μ、σ是各自独立的不相关数据，必须分别控制。例如，$\bar{X}$ 图、$\tilde{X}$ 图用于控制分布中心 μ，s 图、R 图、R_s 图用于控制标准偏差 σ。

（二）控制图的作用和使用原则

控制图在贯彻预防原则中的作用按下述两种情形分别讨论。

1）应用控制图对生产过程进行监控，如果出现上升倾向，显然过程有问题，故异因刚刚出现，便可及时采取措施加以消除。但在现场这种情形并不多见。

2）控制图上点子突然出界，显示异常。这种情形较为常见。

出现异常时，必须按照下列"20 字方针"去做：查出异因，采取措施，加以消除，不再出现，纳入标准。每执行一次该方针，就消灭一个异因，对此异因而言，起到了预防作用。如果不按照上述"20 字方针"去做，控制图便形同虚设。控制图的作用是及时告警。要贯彻预防作用就必须执行"20 字方针"。从这点出发，就要强调要求现场第一线的工程技术人员来推行 SPC 与 SPD，把它作为日常工作的一部分，质量管理人员则应该起到组织、协调、监督、鉴定与领导参谋的作用。

（三）稳态

所有的技术控制都有一个标准作为基准，若过程不处于此基准的状态，则必须立即采取措施，将其恢复到此基准。

统计过程控制也是一种控制（统计控制），也要采取一种标准（统计标准）作为其基准，即统计控制状态，简称控制状态或称稳态，是指过程中只有偶因而无异因产生的变异的状态。稳态是生产追求的目标，在稳态下有以下好处。

1）对产品的质量有完全的把握。通常控制图的控制界限在规范界限之内，故至少有 99.73%的产品是合格品。

2）生产也是最经济的。偶因和异因都可以造成不合格品，但由偶因造成的不合格品极少，只有 2.7‰，不合格品主要是由异因造成的。因此，在控制状态下所产生的不合格品最少，生产最经济。

3）在控制状态下，过程的变异最小。

4）一道工序达到控制状态称为稳定工序，道道工序都达到控制状态称为全稳生产线，SPC 能够保证实现全过程的预防，依靠的就是全稳生产线。

（四）控制图的判断

1．控制图的判稳准则

在点子排列随机的情况下，判稳准则如下。

1）连续 25 个点，界外点数 $d=0$。

2）连续 35 个点，界外点数 $d \leq 1$。

3）连续 100 个点，界外点数 $d \leq 2$。

2．控制图的判异准则

只要控制图中出现表 7.1 中八种检验模式中的任何一种，就判过程异常。

表 7.1　常规控制图判异检验模式

判异准则	判异检验模式图示	解释
一个点落在 A 区以外（点超出控制界限）		点超出上界说明均值增大，点超出下界说明均值减小
连续 9 点落在中心线同一侧		落在中心线上侧说明均值增大，落在中心线下侧说明均值减小
连续 6 点递增或递减（趋势）		递增，说明均值逐渐增大；递减，说明均值逐渐减小
连续 14 点中相邻点总是处于上下交替状态		存在两个总体

续表

判异准则	判异检验模式图示	解释
连续 3 点中有两点落在中心线同一侧的 B 区以外		落在中心线以上的 B 区外,说明均值增大;落在中心线以下的 B 区外,说明均值减小
连续 5 点中有四点落在中心线同一侧的 C 区以外		落在中心线以上的 C 区外,说明均值增大;落在中心线以下的 C 区外,说明均值减小
连续 15 点落在中心线两侧的 C 区内		数据分层不够
连续 8 点落在中心线两侧且无一点在 C 区内		标准偏差加大

五、控制图的应用

某集团为了提高手表的质量,应用排列图分析造成手表不合格品的各种原因,发现停摆是首要原因。为了解决停摆问题,该集团再次应用排列图分析造成停摆的原因,结果发现主要是由螺栓脱落造成的,而螺栓脱落是由螺栓松动造成的。为此,该集团决定应用控制图对装配作业中的螺栓扭矩进行过程控制。

(一)$\bar{X}$-R 图

螺栓扭矩是一个计量特性值,故可选用基于正态分布的计量控制图。本例是大量生产,不难取得数据,故决定选用灵敏度高的 $\bar{X}$-R 图,如表 7.2 所示。

表 7.2　螺栓扭矩 $\bar{X}$-R 计算表

序号	观测值					$\sum x_{ij}$ $i=1,\cdots,25$	每组均值 ($\bar{X}_i$)	每组极差 (R_i)	备注
	X_{i1}	X_{i2}	X_{i3}	X_{i4}	X_{i5}				
1	154	174	164	166	162	820	164.0	20	
2	166	170	162	166	164	828	165.6	8	
3	168	166	160	162	160	816	163.2	8	
4	168	164	170	164	166	832	166.4	6	
5	153	165	162	165	167	812	162.4	14	
6	164	158	162	172	168	824	164.8	14	

序号	观测值					$\sum x_{ij}$ $i=1,\cdots,25$	每组均值（ $\overline{X}_i$ ）	每组极差（ R_i ）	备注
	X_{i1}	X_{i2}	X_{i3}	X_{i4}	X_{i5}				
7	167	169	159	175	165	835	167.0	16	
8	158	160	162	164	166	810	162.0	8	
9	156	164	162	152	164	798	159.6	12	
10	174	162	162	156	174	828	165.6	18	
11	168	174	166	160	166	934	166.8	14	
12	148	160	162	164	170	804	160.8	22	
13	165	159	147	153	151	775	155.0	18	超出 $\overline{X}$ 图下控界
14	164	166	164	170	164	828	165.6	6	
15	162	158	154	168	172	814	162.8	18	
16	158	162	156	164	152	792	158.4	12	
17	151	158	154	181	168	812	162.4	30	
18	166	166	172	164	162	830	166.0	10	
19	170	170	166	160	160	826	165.2	10	
20	168	160	162	154	160	804	160.8	14	
21	162	164	165	169	153	813	162.6	16	
22	166	160	170	172	158	826	165.2	14	
23	172	164	159	167	160	822	164.4	13	
24	174	164	166	157	162	823	164.6	17	
25	151	160	164	158	170	803	160.6	19	
$\sum$ 均值							4082.2 163.288	357 14.280	

按照下列步骤建立 $\overline{X}$-R 图。

1）取预备数据，然后将数据合理分成 25 组。

2）计算各组样本的平均数 $\overline{X}_i$ 。

例如，第一组样本的平均值为

$$\overline{X}_1 = \frac{154+174+164+166+162}{5} = 164.0$$

3）计算各组样本的极差 R_i 。

例如，第一组样本的极差为

$$R_1 = \max\{X_1\} - \min\{X_1\} = 174 - 154 = 20$$

4）计算样本总均值 $\overline{\overline{X}}$ 与平均样本极差 $\overline{R}$ 。

因为 $\sum \overline{X}_i = 4082.2$ ， $\sum R = 357$ ，所以

$$\overline{\overline{X}} = 163.288, \quad \overline{R} = 14.280$$

5）计算 R 图的参数。

从《控制图 第 2 部分：常规控制图》表 2 计量控制图控制限的因子可知，当样本大小 $n=5$，$D_4=2.114$，$D_3=0$，代入 R 图的公式，得到

$$\mathrm{UCL}_R = D_4\bar{R} = 2.114 \times 14.280 \approx 30.188$$

$$\mathrm{CL}_R = \bar{R} = 14.280$$

从图 7.8 可见，R 图判稳，故接着建立 $\bar{X}$ 图。

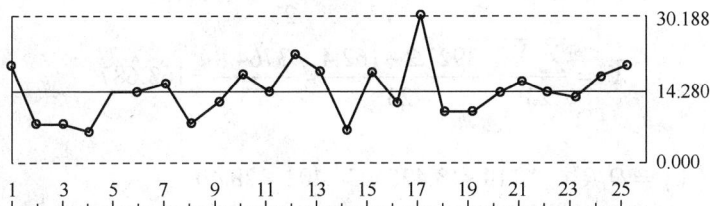

（a）R 控制图

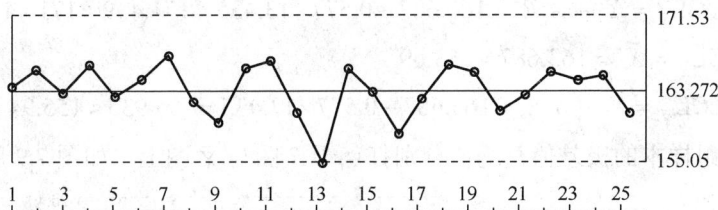

（b）$\bar{X}$ 控制图

图 7.8 第一次 $\bar{X}$-R 图

由于 $n=5$，从《控制图 第 2 部分：常规控制图》表 2 计量控制图控制限的因子可知，$A_2=0.577$。

根据《控制图 第 2 部分：常规控制图》表 1 计量控制图控制限的计算公式将 $\bar{X}=163.288$，$\bar{R}=14.280$ 代入 $\bar{X}$ 图的公式，得到 $\bar{X}$ 图：

$$\mathrm{UCL}_{\bar{X}} = \bar{X} + A_2\bar{R} = 163.288 + 0.577 \times 14.280 = 171.528 \approx 171.53$$

$$\mathrm{CL}_{\bar{X}} = \bar{X} = 163.288 \approx 163.29$$

$$\mathrm{LCL}_{\bar{X}} = \bar{X} - A_2\bar{R} = 163.288 - 0.577 \times 14.280 = 155.048 \approx 155.05$$

可见，第 13 组 $\bar{X}$ 值为 155.00，小于 $\mathrm{LCL}_{\bar{X}}$，故过程的均值失控。经调查其原因后，改进夹具，并采取措施防止这种现象再次发生。然后去掉第 13 组数据，再重新计算 R 图与 $\bar{X}$ 图的参数。

此时

$$\bar{R}' = \frac{\sum R}{24} = \frac{357-18}{24} = \frac{339}{24} = 14.125$$

$$\bar{X}' = \frac{\sum \bar{X}}{24} = \frac{4082.2-155.0}{24} = \frac{3927.2}{24} \approx 163.633$$

代入 R 图与 $\bar{X}$ 图的公式，得到 R 图：

$$\text{UCL}_R = D_4 \bar{R}' = 2.114 \times 14.125 = 29.860 \approx 29.86$$

$$\text{CL}_R = \bar{R}' = 14.125 \approx 14.13$$

$$\text{LCL}_R = D_3 \bar{R}' = 0$$

由图 7.6 可见，R 图中第 17 组 $R = 30$ 出界。

于是，再次执行"20 字方针"后，舍去第 17 组数据，重新计算如下。

$$\bar{R}'' = \frac{\sum R}{23} = \frac{339 - 30}{23} = \frac{309}{23} = 13.435$$

$$\bar{X}'' = \frac{\sum \bar{X}}{23} = \frac{3927.2 - 162.4}{23} = \frac{3764.8}{23} = 163.687$$

R 图：

$$\text{UCL}_R = D_4 \bar{R}'' = 2.114 \times 13.435 = 28.402 \approx 28.40$$

$$\text{CL}_R = \bar{R}'' = 13.435 \approx 13.44$$

$$\text{UCL}_{\bar{X}} = \bar{X}'' + A_2 \bar{R}'' = 163.687 + 0.577 \times 13.435 = 171.439 \approx 171.44$$

$$\text{CL}_{\bar{X}} = \bar{X}'' = 163.687 \approx 163.69$$

$$\text{LCL}_{\bar{X}} = \bar{X}'' - A_2 \bar{R}'' = 163.687 - 0.577 \times 13.435 = 155.935 \approx 155.94$$

将其余 23 组样本的极差值与均值分别打点于 R 图与 $\bar{X}$ 图上，如图 7.9 所示。

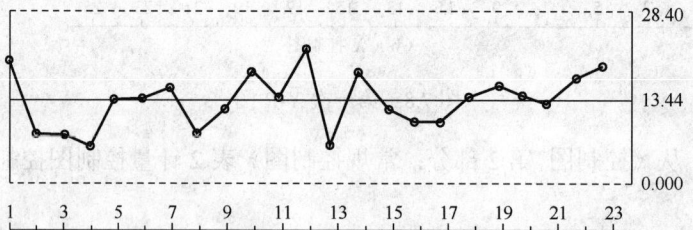

（a）R 控制图

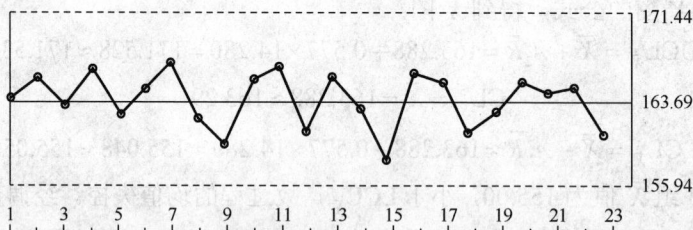

（b）$\bar{X}$ 控制图

图 7.9　第二次 $\bar{X}$ - R 图

根据判稳准则可知，此时过程的变异度与均值均处于稳态。

6）与规范进行比较。已经给定公差为 $T_L = 100$，$T_U = 200$。现应用全部预备数据作直方图并与规范进行比较，如图 7.10 所示。可见，数据的分布与公差相比较有较多的余量，因此，虽然其平均值并未对准公差中心，但不加以调整，问题也不会太大。若进行调整，则可提高过程能力指数，即减少不合格品率，也可从技术角度出发考虑适当缩小公差范围。

当然，若进行调整，则需要重新计算相应的 $\bar{X}$-R 图。延长 $\bar{X}$-R 图的控制线，对工序进行日常控制。

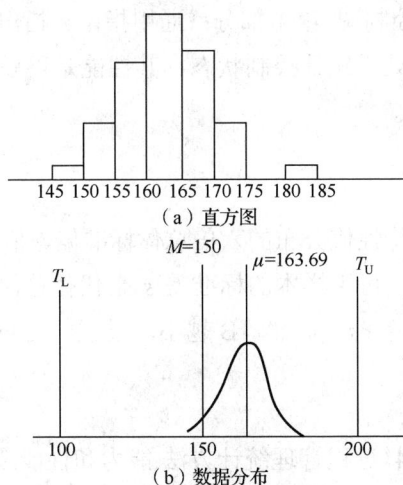

图 7.10　与公差对比

（二）控制界限与公差界限关系

将 $\bar{X}$ 图与公差界限放在一起是没有意义的，因为一个超出上公差界限的样品的特性值与另一个超出下公差界限的样品的特性值平均后可以得到一个正好位于上下公差界限之内的 $\bar{X}$ 值。在所有图中只有 X 图才能与公差界限放在一起，如图 7.11 所示。

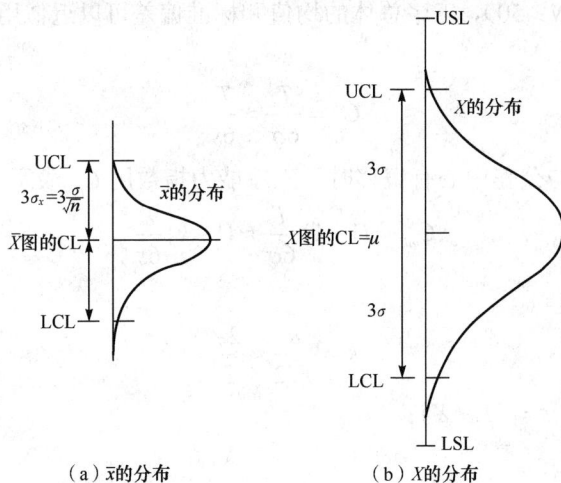

图 7.11　控制界限与公差界限

（三）过程能力分析

过程能力分析内容如下。

1. 过程能力的含义

GB/T 17989.1—2020《控制图 第 1 部分：通用指南》指出，过程能力是指当过程在没有预先设定控制限的情形下处于统计控制状态，其性能是可以预测的，且可以对其符合规范的能力进行评估。

2. 过程能力数量

过程能力数量常用质量特性值分布的六倍总体标准偏差值来表示，即过程能力为 6σ。当过程处于受控状态下，可用样本的标准差 s 来代替总体的标准差。那么，过程能力为 6s，以 B 表示过程能力，$B=6s$。显然，B 越小，过程能力越强。

3. 过程能力指数

根据 ISO 22514-1—2014《过程管理统计方法.能力和性能.第 1 部分：一般原则和概念》，用符号 C_p 表示过程能力满足公差范围要求程度的量值，即

$$C_p = \frac{U - L}{X_{99.865\%} - X_{0.135\%}}$$

式中，U–L——公差范围。

产品特性的参考限值 $X_{0.135\%}$、$X_{99.865\%}$，对于状态分布，参考区间等于 6σ。

计算过程能力指数时，当产品质量特性值服从正态分布、工序处于受控状态下和测量数据较多时（样本数 $N \geqslant 50$），工序总体的均值和标准偏差可以近似用样本的均值和标准差来代替。故

$$C_p = \frac{T}{6\sigma} \approx \frac{T}{6s}$$

当工序分布中心与公差中心有偏移时，工序能力指数用 C_{pk} 表示，其计算公式为

$$C_{pk} = (1 - k)\frac{T}{6\sigma} \approx (1 - k)\frac{T}{6s}$$

式中，k——偏离系数。

$$k = \frac{\varepsilon}{T/2} \approx \frac{2\varepsilon}{T}$$

式中，ε——偏移量，$\varepsilon = |M - X|$；

M——公差中心；

X——工序分布中心。

以上 C_p、C_{pk} 是双向公差的公差中心与工序分布中心相重合和不重合的计算公式。

当只有单向公差时，单向公差上限（只给定上公差）为

$$C_{pu} = \frac{T_U - \overline{X}}{3s}$$

式中，T_U——公差上限。

单向公差下限（只给定下公差）为

$$C_{pu} = \frac{\overline{X} - T_L}{3s}$$

式中，T_L——公差下限。

4．计算处于稳态下的过程能力指数 C_p 与 C_{pk}

从该例中已知，给定公差为 T_L=100，T_U=200，$\overline{R} = 13.435$，$\overline{X} = 163.687$。

由题给定，$\overline{R} = 13.435$；又从《控制图 第 2 部分：常规控制图》表 2 计量控制图控制限的因子可知，当 n=5 时，d_2=2.326，于是有

$$\delta \approx \overline{R} / d_2 = 13.435 / 2.326 = 5.776$$
$$\mu = \overline{X} = 163.687$$
$$M = (100 + 200) / 2 = 150$$

故有

$$C_p = \frac{T}{6\sigma} = \frac{T_U - T_L}{6\sigma} = \frac{200 - 100}{6 \times 5.776} = 2.89$$

又因

$$\varepsilon = | \mu - M | = | \overline{X} - M | = 163.687 - 150 = 13.687$$

$$K = \frac{\varepsilon}{T/2} = \frac{13.687}{50} = 0.273\,74$$

故

$$C_{pk} = (1 - K)C_p = (1 - 0.273\,74) \times 2.89 = 2.10$$

5．过程能力评定

《控制图 第 2 部分：常规控制图》通常使用过程能力指数 C_p 和 C_{pk} 来衡量过程能力。C_p 值小于 1 表示该过程能力不足，C_p 值等于 1 仅意味着过程可以被接受。在实际工作中，通常将 C_p 值为 1.33 作为最低可接受值，因为总是存在一些采样带领的波动，并且过程很少能始终处于统计控制状态。

C_p 仅衡量了过程散布和规格界限的关系，而没有考虑过程的中心位置或聚中趋势。即使拥有较高的 C_p 值，出现超出规格界限的任何百分比也是可能的。因此，用 C_{pk} 考虑过程均值与最接近的规格界限的距离。

图 7.12 展示了实施过程控制、过程能力和过程改进的关键步骤，对过程能力最低要求的具体设定是供应商和客户之间谈判的结果。

过程输出

用控制图评估
（$\bar{X}$和R控制图）
—— 收集25个大小为4或5的子组
—— 计算中心线与控制限
—— 绘制与审查控制图

出现可查明原因——
点超出控制限——
出现链、倾向、循环等——

过程未处于
统计控制状态

过程处于
统计控制状态
—— 点在中心线周围随机散布
—— 点在控制限内
—— 无链、倾向和其他模式
—— 过程稳定，可预测

剔除
可查明原因

评价过程能力
—— 从$\bar{s}/c_4$或$\bar{R}/d_2$计算
σ的估算值$\hat{\sigma}$
—— 计算C_{pk}

$C_{pk}<1$

过程能力不足

过程能力充足
$C_{pk}>1$

改进过程——
停止制造产品——
按照现存情况去做并实行全检——
改变规格——

管理决策

检查过程中心的
对准情况
—— 过程的离散程度可能与规格的离散程度相等，但个别单位产品可能超出规格限
—— 若如此，重新确定过程均值的位置，重新计算控制限，继续用控制图监控

过程改进的尝试
$C_{pk}>1.33$

最佳子组样本量是子组的组内波动与组间波动的函数。

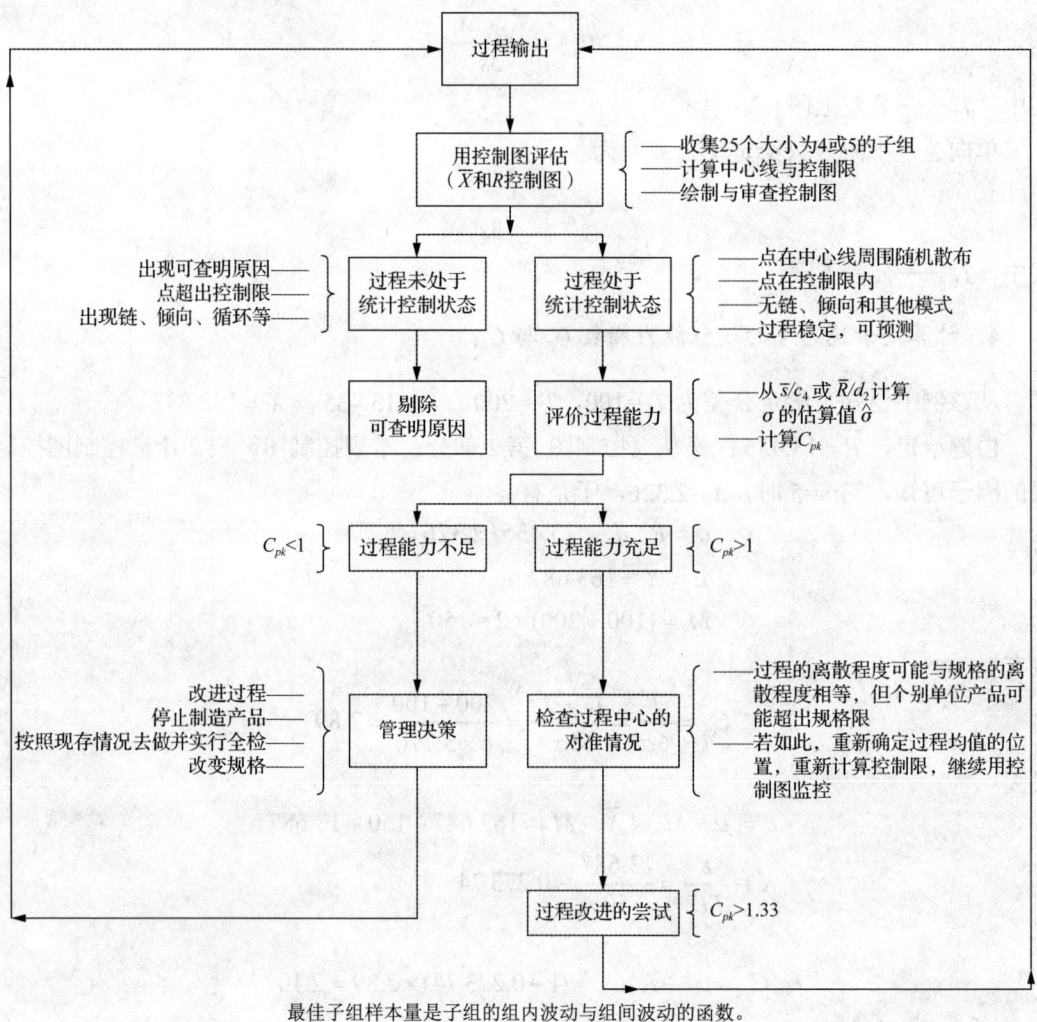

图 7.12　过程改进的策略

工作实操

天津轻模工贸有限公司过程质量调查报告

轻模产品由于质优物美吸引了大量顾客购买，产品的需求量不断增加。一旦该产品有质量问题，便会给企业造成无可挽回的损失。随着生产技术的不断提高，产品生产过程中的自动化程度越来越高。运用统计过程控制能帮助企业以低成本生产出高品质的产品，满足市场和客户需要的提升。

一、收集现场资料

对天津轻模工贸有限公司进行现场工序质量调查，搜集到模具的加工工序的控制、数控加工中心的操作流程及机加工车间的工艺流程，从中发现了许多问题。为了掌握过程能力的工序控制，从网上搜集了相关的知识，如提高工序能力的途径、常用的一些过程指导文件，以及加工产品的图纸、设计文件、作业流程、工艺规范等。

二、分析工序影响因素

对天津轻模工贸有限公司车间现场从 5M1E 方面进行调查，发现在生产过程中有些工序经常出现问题，所以对其工序影响因素进行如下分析。

1. 人员

对人员进行的分析包括人员的质量意识、技术水平、文化素养、熟练程度和身体素质。例如，对于模具的加工，操作人员应该有团队意识，发挥各自的优势，共同完成目标。

2. 机器

对机器进行的分析包括设备、工夹具的精度和维护保养状况，如线切割设备、机加工冲压设备要进行定期的检查与维修，以防止机器的老化。

3. 材料

对材料进行的分析包括材料的化学成分、物理性能和外观质量等，如材料的存储方法、放置的环境和成品的管理，以及材料的性能等。

4. 方法

对方法进行的分析包括加工工艺、工艺规程和作业指导书的正确程度。任何一项加工过程都离不开作业文件、指导书及相关文件。

5. 环境

要想生产出高质量的产品，必须实现清洁生产，最重要的是做好现场环境的管理，要对工作现场实行 5S 管理，改善作业场所的环境。

6. 测量

温湿度、照明、噪声、振动等对产品的质量有很大影响，所以要重视对测量工序的控制，以达到生产效率的最大化。

三、制定工序控制方案

工序质量受 5M1E 因素的影响，工作标准化就是要寻求 5M1E 的标准化。表 7.3 是针对影响工序质量各因素的原因分析制定的实施方案。

表 7.3　工序质量实施方案

步骤	原因	方法	标准	检查频率	责任人
1	人员素质影响产品质量	加强品质管理，定期组织学习	车间质量教育计划	不定期	邵吉新
2	设备是影响产品质量的因素	定期对设备进行检测、检修	元器件储存规定	每3个月一次	唐静
3	原材料直接影响产品质量	对每批原材料进行检验，严格检验规范	检验标准	每批进货时	王立朴
4	制度规范行为	选择正确的工艺方法	国家法律法规及产品技术要求	每6个月一次	齐璞
5	生产工艺受内外部环境的影响	确保产品对环境条件的特殊要求，做好现场的整理、整顿和清扫工作，大力搞好文明生产	车间环境制度规定	每6个月一次	庄振强
6	没有精确的测量设备仪器，会影响工序质量	定期对所有测量和试验设备进行确认、校准和调整	国家法律法规	每3个月一次	康文娇

四、实施工序控制措施

（一）实施过程

针对实施方案进一步采取对策，影响工序质量的主要问题的实施过程如图7.13所示。

通过这次对天津轻模工贸有限公司生产工艺的影响因素的分析，该公司分别从5M1E方面进行了改善，从而维持生产工序的正常波动，以增强工序的生产能力，提高企业效益。

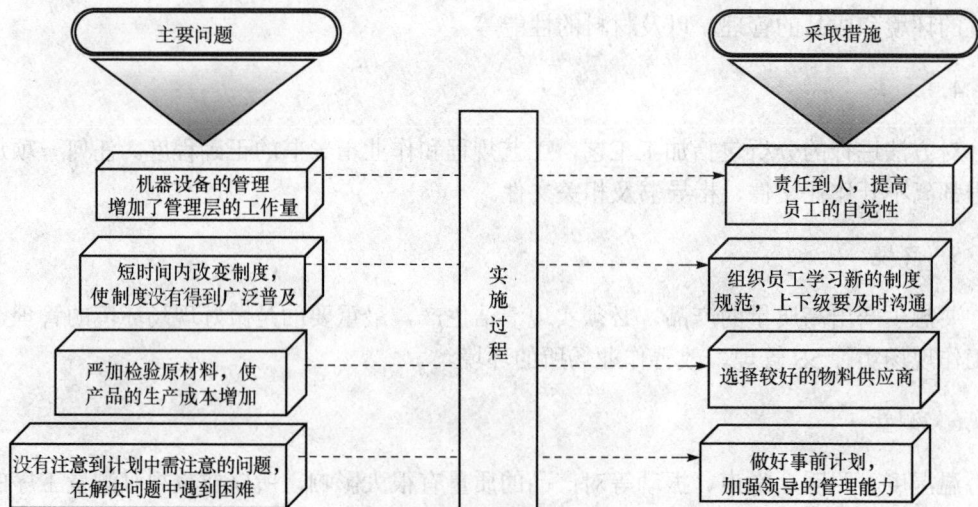

图 7.13　影响工序质量的主要问题的实施过程

（二）主要措施

通过对现场工序进行调查，要提高和保证产品质量须重视以下几点。

1. 设备配置

采用高可靠性、高精度的机床和夹具。同时，各工序检具配置齐全是产品质量保证的基础。

2. 多方合作

管理员、技术员、操作工间的相互沟通、支持和合作，是产品质量保证的前提。

3. 操作工

操作工是控制产品质量的关键。因为每台机床、每套夹具都存在不同程度的缺陷或不合理，而且进货材料每批次质量状况不一致，需要及时调整机床、夹具或设备参数，这些因素正是控制质量的关键，由操作工来掌握。

4. 检验员

检验员职能应进行相应转变。天津轻模工贸有限公司采用的是大批量流水线作业方式，生产效率较高，检验员的鉴别和把关职能应部分转移到操作者身上，即操作工依据工艺文件要求对工件加工进行首件检测，判定其是否合格，合格后方可进行生产，而不是像以往待检验员首检合格后再生产。那么检验员该做什么呢？除完成必要的首检、巡检外，其重心应该转向质量体系有效运行方面，即按质量体系文件规定，进行执行、监督和报告，如工件的抽检、量具的监控、不合格品的控制、质量问题的协调处理、纠正预防措施的监督执行等，不仅要保障现场生产秩序的顺畅，还要使质量体系得以有效运行。

产品质量的保证和提高是永无止境的，各相关人员应当相互交流，加强合作，自觉自主履行各自的质量职责，使产品质量不断提高，竞争力不断增强，这样才能使公司在激烈的市场竞争中立于不败之地。

工作实训

一、实训目标

通过实训练习，学生能够了解企业过程质量控制的相关工作，提高过程质量管理工作的能力。

二、实训内容

对任意熟悉或感兴趣的公司实施的主要工序进行分析，完成任务包括：按照工序实施过程能力的流程进行展开；对过程能力进行调查，并对工序能力过程中的 5M1E 影响因素进行分析；制定过程质量能力的控制措施等。

针对每个过程质量管理的实施过程，进行工作过程写实，并将具体内容填写在项目工作单上，包括项目资讯工作单、实施策划工作单、实施计划工作单、项目实施工作单、检查确认工作单、项目评价工作单。

三、实训要求

（一）工作职责

1）按照每组 6～8 人对学生进行分组，每组选一名组长。
2）组长负责小组成员分工、任务进度控制、工作内容检查等组织工作。
3）组员结合实训企业，开展小组讨论，并完成具体实训任务。

（二）汇报考核

1）全体成员参加成果汇报，并用 PPT 展示相关工作成果。
2）实训考核包括工作项目报告、项目工作单、PPT 汇报展示、学生答辩等内容。

四、拓展训练

（一）单项选择题

1. 使用休哈特控制图的目的是区分影响产品质量波动的（　　　）。
   A. 人为因素与设备因素　　　　　　　　B. 工艺因素与原材料因素
   C. 管理因素与环境因素　　　　　　　　D. 偶然因素与异常因素

2. 绘制 $\overline{X}$-R 图时应（　　　）。
   A. 先作 R 图，判稳后再作 $\overline{X}$ 图　　　B. 先作 $\overline{X}$ 图，判稳后再作 R 图
   C. $\overline{X}$ 图、R 图同步作出　　　　　　　D. 以上做法都不行

3. 若某产品的质量特性值的分布中心与规格中心重合，则过程能力指数满足（　　　）。
   A. $C_p < C_{pk}$　　B. $C_p > C_{pk}$　　　　　C. $C_p = C_{pk}$　　　　　　D. 以上都不满足

4. 在控制图中，若某个点超出控制界限，则说明工序（　　　）。
   A. 处于波动状态　　　　　　　　　　　B. 处于异常状态
   C. 处于异常状态的可能性大　　　　　　D. 处于正常状态

5. 选择 $\overline{X}$-R 图时，变量 X 应服从的分布为（　　　）。
   A. 二项分布　　　　B. 泊松分布　　　　C. 正态分布　　　　D. 超几何分布

6. 20 世纪是生产力的世纪，21 世纪是质量的世纪，其生产过程控制方式由 3σ 演进到 6σ，下列结论正确的是（　　　）。

　　A. 3σ 控制方式下，过程无偏移时的不合格率为 27×10^{-4}

　　B. 3σ 控制方式下，过程无偏移时的不合格率为 27×10^{-3}

　　C. 6σ 控制方式下，过程无偏移时的不合格率为 2×10^{-6}

　　D. 6σ 控制方式下，过程无偏移时的不合格率为 0.002×10^{-3}

7. 控制图的上、下控制限可以用来（　　　）。

　　A. 判断过程是否稳定

　　B. 判断产品是否合格

　　C. 判断过程能力是否满足技术要求

　　D. 判断过程中心与技术中心是否发生偏移

8. 当产品质量特性值分布的均值与公差中心不重合时，（　　　）。

　　A. 不合格品率增大，过程能力指数不变

　　B. 不合格品率增大，过程能力指数增大

　　C. 不合格品率增大，过程能力指数减小

　　D. 不合格品率不变，过程能力指数减小

9. 分析用控制图阶段主要分析（　　　）。

　　A. 是否需要继续抽取样本

　　B. 是否要扩大规范限

　　C. 过程是否处于统计控制状态

　　D. 过程能力指数是否处于技术控制状态

10. 一般采用标准偏差的 6 倍来表示（　　　）的大小，即 $B=6\sigma$。

　　A. 工序　　　　　　B. 工序能力　　　　C. 工序能力指数　　D. 产品公差

11. 控制图是对（　　　）进行测定、记录、评估和监督过程是否处于统计控制状态的一种统计方法。

　　A. 质量管理体系运行　　　　　　　　B. 设备维护保养计划执行情况

　　C. 过程质量特性值　　　　　　　　　D. 计量检测系统

12. 一批树脂漆规定其细度不超过 60 微米，实测平均值为 57 微米，标准差为 1 微米，则过程能力指数为（　　　）。

　　A. 1.33　　　　　　B. 1.67　　　　　　C. 0.67　　　　　　D. 1

13. 控制图中的第一类错误是指（　　　）

　　A. 生产正常但点偶然出界，判异

　　B. 生产异常但点排列未显示异常，判稳

　　C. 错误使用判稳准则

　　D. 选择控制图不当

14. 已经某零件加工的过程能力指数 $C_p=1.67$，$C_{pk}=1.00$，该过程的合格品率约为（　　　）。

　　A. 99.99%　　　　B. 99.73%　　　　　C. 99.86%　　　　　D. 0.27%

（二）多项选择题

1．影响产品质量的因素有（　　）。

　　A．设备　　　　　　　B．材料　　　　　　　C．人员

　　D．方法　　　　　　　E．抽样方案　　　　　F．检测工具

2．普通原因的特点是（　　）。

　　A．对产品质量的影响微小　　　　　B．容易除去

　　C．非生产过程所固有　　　　　　　D．难以除去

3．采用控制图的必要条件有（　　）。

　　A．控制对象能够定量　　　　　　　B．高档产品

　　C．生产历史较悠久　　　　　　　　D．生产过程具有重复性

4．当控制对象为"均值和离散程度"时，控制图可选（　　）。

　　A．p 图　　　　　　　B．$\overline{X}$-R 图　　　　　C．u 图　　　　　　　D．$\overline{X}$-s 图

5．统计过程控制的基本特点有（　　）。

　　A．强调应用统计方法　　　　　　　B．强调预防为主

　　C．强调全员参与　　　　　　　　　D．强调全检

6．统计过程控制的目的是（　　）。

　　A．对过程质量进行评估和监督　　　B．减少过程的波动

　　C．保持过程处于稳定状态　　　　　D．消除过程的波动

7．常规控制图中，在点排列随机的情况下，判稳准则有（　　）。

　　A．连续 25 个点，界外点数 $d=0$　　　B．连续 35 个点，界外点数 $d \leqslant 1$

　　C．连续 50 个点，界外点数 $d \leqslant 2$　　D．连续 100 个点，界外点数 $d \leqslant 3$

8．常规控制图中的点子排列不随机，常用的判异准则有（　　）。

　　A．一个点落在 A 区以外　　　　　　B．连续 6 点递增或递减

　　C．连续 9 点在中心线同一侧　　　　D．连续 3 点中有两点在 A 区

　　E．连续 5 点中有 4 点在 B 区

　　F．连续 8 点在中心线两侧且无一点在 C 区内

9．常规控制图的组成部分有（　　）。

　　A．上、下控制限　　　　　　　　　B．公差界限

　　C．子样数据的描点序列　　　　　　D．控制中心线

10．为使控制图能够正确反映生产过程的实际情况，应注意（　　）。

　　A．合理确定取样间隔　　　　　　　B．合理确定子样容量

　　C．子样组数最好大于 25　　　　　　D．剔除不明原因的异常数据

11．在常规控制图中，若发现（　　），则认为过程不稳定。

　　A．连续 8 点落在中心线两侧且无一点在 C 区内

　　B．连续 14 点中相邻点总是处于上下交替状态

　　C．点的排列呈随机状态，无明显规律

D．点的排列呈明显的周期性变化

12．$\overline{X}$-R 图中，$\overline{X}$ 图的优点有（　　）。

    A．适用范围广　　　　B．灵敏度高　　　　　C．适用范围窄　　　D．信息利用充分

13．采用控制图可能出现的错误有（　　）。

    A．虚发警报　　　　　B．控制界限画错　　　C．描点错误　　　　D．漏发警报

14．在 $\overline{X}$-R 图中，控制界限的宽度直接取决于（　　）。

    A．抽样次数　　　　　B．样本量 n　　　　　C．极差均值　　　　D．规范界限

15．下列关于过程能力指数与产品质量的关系的说法正确的是（　　）。

    A．过程能力指数越低，不合格品率越高

    B．过程能力指数越低，不合格品率越低

    C．过程能力指数越高，合格品率越低

    D．过程能力指数越高，合格品率越高

（三）综合分析题

1．某种规格的钢珠，其直径要求为（5±0.02）毫米。长期检验结果表明，其直径均值为 4.99 毫米，标准差为 0.005 毫米。

  （1）该过程的偏移系数 k 为（　　）。

    A．0.5　　　　　　　B．0.25　　　　　　　C．1.0　　　　　　D．0.020

  （2）该生产过程的能力指数 C_{pk} 为（　　）。

    A．1.33　　　　　　B．1.67　　　　　　　C．1.0　　　　　　D．0.67

  （3）在上述状态下说明技术管理能力（　　）。

    A．过高　　　　　　B．很好　　　　　　　C．较勉强　　　　D．很差

2．某种规格的轴，其直径要求为（18±0.2）毫米。长期检验结果表明，其直径均值 μ=18.05 毫米，标准差 σ=0.093。

  （1）该生产过程的偏移系数 k 为（　　）。

    A．0.5　　　　　　　B．0.25　　　　　　　C．1.0　　　　　　D．0.4

  （2）该生产过程的能力指数 C_{pk} 为（　　）。

    A．1.33　　　　　　B．0.54　　　　　　　C．1.25　　　　　D．1.67

  （3）在上述状态下说明技术管理能力（　　）。

    A．过高　　　　　　B．很差　　　　　　　C．较勉强　　　　D．很好

3．某厂为了提高产品质量，决定采用 SPC。

  （1）SPC 的贡献至少有（　　）。

    A．诊断　　　　　　B．判断异常　　　　　C．控制成本在一定范围　　D．告警

  （2）工厂管理者决定采用 p 控制图，画图步骤为（　　）。

    A．预备数据的取得　　　　　　　　　B．计算样品不合格品率

    C．计算 p 图的控制线　　　　　　　D．将各样本不合格率点描出来

  （3）控制图做好后，接下来需要考虑（　　）。

    A．控制图用在何处　　　　　　　　　B．如何选择控制对象

  C．如何分析控制图   D．如何与其他控制图相连接

4．一批袋盐，平均重量为 1000 克，标准差为 5 克。

（1）袋盐重量在 985 克至 1015 克内的概率为（ ）。

  A．95.45%   B．99%   C．99.73%   D．68.72%

（2）公差 $T=(1000\pm5)$ 克，该批袋盐合格率为（ ）。

  A．99.73%   B．95.45%   C．99%   D．68.72%

（四）简答题

1．控制图是否可以作为质量检验的一种方法用于工序检验或出厂检验？试说明原因。

2．提高工序能力有哪些途径？

3．简述控制图的八个判异准则。

二维码资源

一、项目工作单

工作步骤	工作过程	项目实施	实施记录	二维码
1	资讯	项目问题确认	项目资讯工作单	
2	决策	实施方案策划	实施策划工作单	
3	计划	工作计划制订	实施计划工作单	
4	实施	工作任务实施	项目实施工作单	
5	检查	项目检查确认	检查确认工作单	
6	评估	项目评估整理	项目评价工作单	

二、信息化资源

序号	资源类型	教学形式	二维码
1	教学实录	津兆机电过程质量管理	
2	微课	向"中国质造"迈进的过程质量控制	
3	实训实录	津兆机电生产现场控制图应用	
4	职业拓展	控制图　第1部分：通用指南 （GB/T 17989.1—2020）	
		控制图　第2部分：常规控制图 （GB/T 17989.2—2020）	

三、拓展训练答案

项目 八

服务质量管理

职业能力目标☞

知识目标

- 掌握服务质量测评的方法。
- 掌握 SERVQUAL 评价法的实施步骤。

能力目标

- 能找出服务质量问题产生的原因。
- 能使用 SERVQUAL 评价法判断服务质量管理的效果。

素质目标

- 以顾客的眼光看待事情,耐心对待顾客。
- 培养良好的团队协作的精神。
- 有高度的责任心,善于发现问题、主动寻找问题并能快速解决问题。

思政目标

- 提供优质服务,形成具有较强国际竞争力和市场影响力的服务品牌,不断提高服务质量能力。

职业岗位描述☞

管理岗位

- 企业服务质量管理及监督等人员。
- 客户服务专员,包括对顾客的售前、售后等支持服务。

岗位职责

- 负责公司服务体系的设计与运行。
- 负责公司服务质量的监督与考核。
- 负责组织服务质量分析,提升服务质量水平。
- 负责重大客户投诉,与相关部门的协调沟通。

质量文化

- 除非管理层能认识到他们没有理由把不符合要求的服务或产品送到顾客手中,否则质量管理永远是一个大问题。只有当管理层能够像尊重银行及股东的权益般尊重顾客的权益时,质量的要求才可能成功。

2020 年 9 月 4 日，国家主席习近平在中国国际服务贸易交易会全球服务贸易峰会上致辞，特别强调中国举办这样一场重大国际经贸活动，就是要同大家携手努力、共克时艰，共同促进全球服务贸易发展繁荣，推动世界经济尽快复苏。习近平主席深刻指出服务业开放合作正日益成为推动发展的重要力量，明确提出了促进全球服务业开放合作的三点倡议，郑重宣布了中国服务业扩大开放的重要举措，引发国际社会广泛关注[①]。

2017 年，《中共中央　国务院关于开展质量提升行动的指导意见》强调"产品、工程和服务质量明显提升。质量突出问题得到有效治理，智能化、消费友好的中高端产品供给大幅增加，高附加值和优质服务供给比重进一步提升，中国制造、中国建造、中国服务、中国品牌国际竞争力显著增强"。

工业设计和创意、信息技术咨询、现代流通等生产性服务业呈现出增长的态势，持续推动产业结构提质升级。随着供给侧结构性改革的深入推进，生活性服务业品质不断提升，更好地满足了人们不断升级的消费需求，旅游、文化、体育、健康、养老等服务业稳定健康发展。

企业案例

一、新营销理念归根结底是服务

一个成功的销售人员是怎样赢得客户的呢？关键点有两个：一是勤奋，总是能够在客户需要的时候及时出现；二是熟悉销售的产品，对于客户提出的疑问，总是能给出完满的解答。道理很简单，但是要做到并不容易。面对市场的持续繁荣，很多企业认为做好这两点的销售人员太难得。不可否认，销售人员的成功有很多个人的因素，但归根结底，成功的根源在于为客户提供非常优质的服务。

成功的营销拼的就是服务，如果企业有一个健全的服务体系，就能够培育出更多优秀的销售人员。例如，某机械公司一直以服务为其核心理念，致力于扩大服务概念，将其变成一个为客户提供售前、售后服务的技术服务中心。采取的措施包括：接受客户的工件评估、工艺评估、工件加工；积极地建立客户资料库，搜集常见问题，对所有的资料进行整理，再通过技术光盘对各地的代理商进行培训，培养他们自主处理故障的能力，为客户提供及时、准确、周到的售后服务；对内部员工进行定期的技术培训，让他们的学习、工作达到最高效率；为客户提供 24 小时内电话回应、48 小时内到达维修的服务。

---

① 习近平，2020. 促进全球服务贸易发展繁荣　推动世界经济尽快复苏[N]. 人民日报，2020-09-06（1）.

目前国内很多老牌国有企业开始转变服务理念。例如，加强培训，使客户充分了解机床性能，并能对客户使用中遇到的问题进行充分沟通；认真做好机床安装调试和验收工作；认真对客户进行访问，及时了解客户的问题；从项目开始就请客户前期介入，参与产品设计方案的制订；联合引进国外先进的装备和技术，制造厂和客户共同做到联合引进、联合购买，共同消化吸收，甚至免费试用。

更深层次的服务还可以体现在客户参与到关键技术的科技攻关中。例如，一些国内数控系统厂家就和主机厂进行技术联盟，争取迅速实现数控系统关键技术上的突破。

（资料来源：兰海侠，2012. 寻找机床业最好的营销[EB/OL].（2012-07-16）[2021-01-07]. https://www.docin.com/p-442432098.html.）

二、管理思考

控制客户服务质量的计划是前馈控制、反馈控制还是现场控制？企业对计划进行有效控制的因素是什么？企业将标准设立在什么水平？

启示：企业只有为客户提供优质的产品、优秀的服务，研究客户需求并不断地满足客户需求，才能拥有真正的客户及赢得市场。

工作说明

一、工作目标

近年来，为了做好高校"最后一公里"的快递服务，菜鸟驿站在各高校蓬勃兴起，将各快递企业集中整合，统一对快递进行收寄和派发，既降低了快递企业的成本，又为高校师生提供了更加优质的服务。菜鸟驿站伴随着电子商务的发展，在校园里取得了令人满意的成绩。

天津轻工职业技术学院的菜鸟驿站是经济管理学院 11 级工商企业管理专业学生的创业项目，至今已经成功运作 7 年。菜鸟驿站与多家快递公司合作，为校内大学生提供了服务，方便了学生购物。但受新冠肺炎疫情等影响，校园菜鸟驿站面临更大的挑战，如何提高服务水平和管理能力，是菜鸟驿站迫切需要解决的问题。

二、工作过程

服务质量管理过程（图 8.1）包括服务质量内容、服务质量评估、差距分析模型、SERVQUAL 评价法、服务提升措施五个部分。

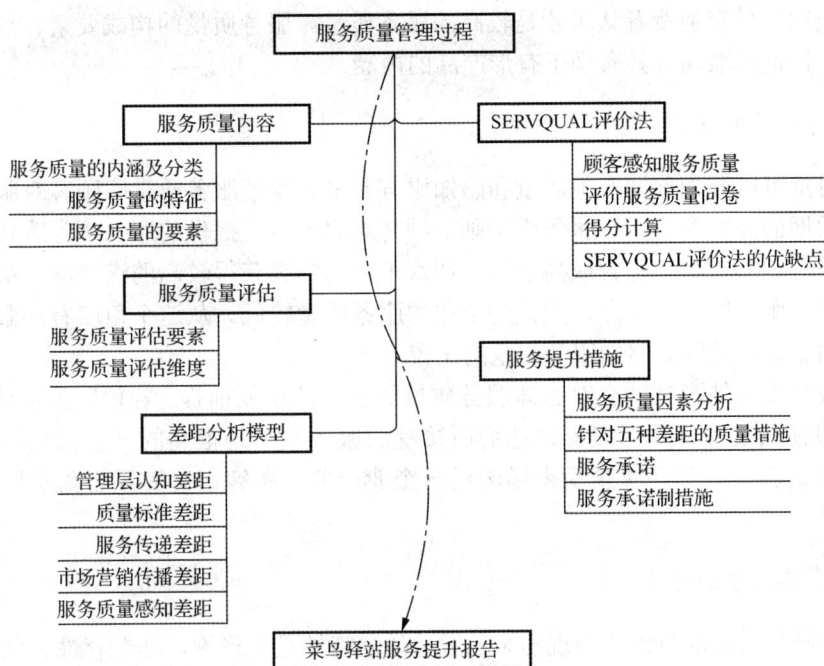

图 8.1 服务质量管理过程

相关知识

有这样一则颇具哲理的等式：100-1=0。这一等式的寓意是，员工一次劣质服务带来的坏影响可以抵挡 100 次优质服务产生的好影响。在激烈的服务竞争中，谁的服务质量好，谁的信誉就高，谁就能在竞争中赢得顾客、求得生存和发展，所以服务质量是企业十分关注的问题。

一、服务质量内容

（一）服务质量的内涵及分类

1. 服务质量的内涵

服务质量（quality of service）是产品生产的服务或服务业满足规定或潜在要求（或需要）的特性和特征的总和。特性是用以区分不同类别的产品或服务的概念，如旅游有陶冶人的性情给人愉悦的特性，旅馆有为人提供休息、睡觉的特性。特征则是用以区分同类服务中不同规格、档次、品位的概念。服务质量最表层的内涵应包括服务的安全性、适用性、有效性和经济性等一般要求。

消费者对服务质量的评价不仅要考虑服务的结果，还要涉及服务的过程。服务质量应被消费者识别，只有消费者认可才是较高的服务质量。服务质量的构成要素、形成过程、考核依据、评价标准均有其有别于有形产品的内涵。

2. 服务质量的分类

服务质量可以分为预期服务质量和感知服务质量。预期服务质量即顾客对服务企业所提供服务预期的满意度，感知服务质量则是顾客对服务企业提供的服务实际感知的水平；若顾客对服务的感知水平符合或高于其预期水平，则顾客获得较高的满意度，从而认为企业具有较高的服务质量；反之，则认为企业的服务质量较低。从这个角度看，服务质量是顾客的预期服务质量同其感知服务质量的比较。

预期服务质量是影响顾客对整体服务质量的感知的重要前提。若预期质量过高，不切实际，则即使从某种客观意义上说他们所接受的服务水平是很高的，他们仍然会认为企业的服务质量较低。预期质量受市场沟通、企业形象、顾客口碑和顾客需求四个因素的影响。

（二）服务质量的特性

由服务质量自然的特性所表现出来的服务质量特性是无形性、非贮存性、同时性等。

1. 无形性

无形性是指服务的抽象性和不可接触性，它不能像一般的产品那样有形地展示在顾客面前。人们在购买服务以前看不见、摸不着，感觉不到它的存在，购买服务和经过服务之后，也只能从感觉上评价和衡量它的质量及效果。

2. 非贮存性

作为服务，一旦价值实现的机会在限定的时间内消失，便一去不返。也就是说，服务过程一结束，服务就随之消失，顾客即使不满意也无法"退货"，一旦出现服务"事故"，一般是无法挽回的。

3. 同时性

同时性是指服务的生产过程和消费过程在空间及时间上同时存在、同时进行。在服务提供过程中，存在生产者和消费者之间的相互作用关系，这就是顾客在服务部门中所特有的两重作用：一是顾客可以成为服务过程中的一个重要环节；二是由于顾客的"参与"，企业在提供服务的过程中，在提供服务的时间、服务的质量及对服务设施的需求上都制造不确定性，从而给服务质量的管理带来困难。

因为服务具有生产和消费同时发生的特点，所以一旦发生服务需求，企业就必须具备相应的提供服务的能力。如果两者不能有效配合，就会使顾客不得不等候或决定放弃此项服务，这就要求服务部门必须在提供服务的能力和服务市场的需求之间寻求平衡。

（三）服务质量的要素

服务质量既是服务本身的特性与特征的总和，又是消费者感知的反映，因而服务质量既由服务的技术质量、职能质量、形象质量和真实瞬间构成，又由感知质量与预期质量的差距所体现。

1. 技术质量

技术质量是指服务过程的产出，即顾客从服务过程中所得到的东西，如宾馆为旅客休息提供的房间和床位，饭店为顾客提供的菜肴和饮料，航空公司为旅客提供的飞机、舱位等。对于技术质量，顾客容易感知，也便于评价。

2. 职能质量

职能质量是指在服务推广的过程中，顾客所感受到的服务人员在履行职责时的行为、态度、穿着、仪表等给顾客带来的利益和享受。职能质量完全取决于顾客的主观感受，难以进行客观的评价。技术质量与职能质量构成感知服务质量的基本内容。

3. 形象质量

形象质量是指企业在社会公众心目中形成的总体印象，包括企业的整体形象和企业所在地区的形象两个层次。企业形象通过视觉识别、理念识别、行为识别等系统多层次地体现。顾客可从企业的资源、组织结构、市场运作、企业行为方式等多个侧面认识企业形象。企业形象质量是顾客感知服务质量的过滤器。若企业拥有良好的形象质量，即使出现些许的失误也会赢得顾客的谅解；若失误频繁发生，则必然会破坏企业形象；若企业形象不佳，则企业任何细微的失误都会给顾客留下不好的印象。

4. 真实瞬间

真实瞬间是指在服务过程中顾客与企业进行服务接触的过程。这个过程是一个特定的时间和地点，这是企业向顾客展示自己服务质量的时机。真实瞬间是服务质量展示的有限时机。一旦时机过去，服务交易结束，企业就无法改变顾客对服务质量的感知；如果在这一瞬间服务质量出现问题，企业是无法补救的。真实瞬间是服务质量构成的特殊因素，这是有形产品质量所不包含的因素。

感知质量与预期质量的差距越大，服务质量越差；相反，服务质量越好。

二、服务质量评估

无论是制造业还是服务业，服务质量都是企业在竞争中制胜的法宝，顾客服务就是提高产品附加值的一种有效途径。

（一）服务质量评估要素

服务质量评估要素包括可靠性、响应性、保证性、移情性和有形性，如图 8.2 所示。

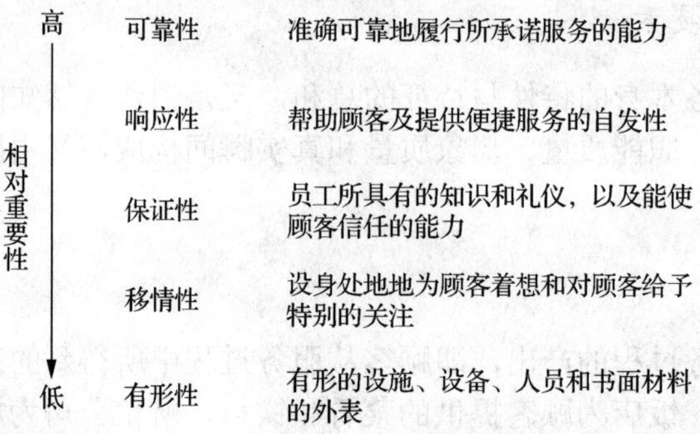

高	可靠性	准确可靠地履行所承诺服务的能力
	响应性	帮助顾客及提供便捷服务的自发性
相对重要性	保证性	员工所具有的知识和礼仪，以及能使顾客信任的能力
	移情性	设身处地地为顾客着想和对顾客给予特别的关注
低	有形性	有形的设施、设备、人员和书面材料的外表

图 8.2　服务质量的评估要素

1. 可靠性

可靠性反映了企业服务表现的一贯性和可信任度，它意味着服务以相同的方式、无差错地准时完成。顾客认为这一项是五个基本要素中最重要的一项。因此，不能提供可靠服务的企业通常被认为是不成功的企业。

2. 响应性

响应性反映了服务型企业适时提供其服务的承诺。响应性涉及服务人员提供服务的意愿和自觉性，有时候顾客会遇到服务人员忽略顾客需求的情况。让顾客等待，特别是无原因的等待，会对质量感知造成消极影响。出现失败服务时，迅速解决问题会给服务感知带来积极的影响。例如，在误点的航班上提供小食品可以将旅客潜在的不良感受转化为美好的回忆。

3. 保证性

保证性是指企业的能力、对客户所展示的礼貌，以及其运营的安全性。能力是指企业提供服务时的知识和技术。礼貌是指企业的服务人员怎样对待顾客及顾客的财产。安全是保证性中的重要因素，反映了顾客远离危险、风险和疑惑的心理需求。

4. 移情性

移情性是设身处地地为顾客着想和对顾客给予特别的关注。移情性企业理解顾客的需求并能为顾客提供需要的服务。相比之下，企业对顾客的需求视而不见，提供的服务也令顾客感到不舒服或不便利，显然这是移情性行为失败的情况。

5. 有形性

服务是无形的，所以顾客会在某种程度上依据服务环境，即有形的设施、设备、人员的外表、交流材料来做出评判。有形的环境是服务人员对顾客进行细致照顾和关心的有形表现。

顾客从这五个方面将预期的服务同感知的服务相比较，最终形成自己对服务质量的评判。期望与感知之间的差距越小，表明顾客对服务质量越满意；反之，越不满意。

（二）服务质量评估维度

对于服务企业而言，质量评估是在服务传递过程中进行的。在服务过程中，顾客与服务人员要发生接触。顾客对接受服务的感知与对服务的期望相比较，当感知超出期望时，服务被认为具有特别质量，顾客表示高兴和惊讶；当没有达到期望时，服务注定是不可接受的；当期望与感知一致时，质量是满意的。如图 8.3 所示，服务期望受到口碑、个人需要和过去经历的影响。

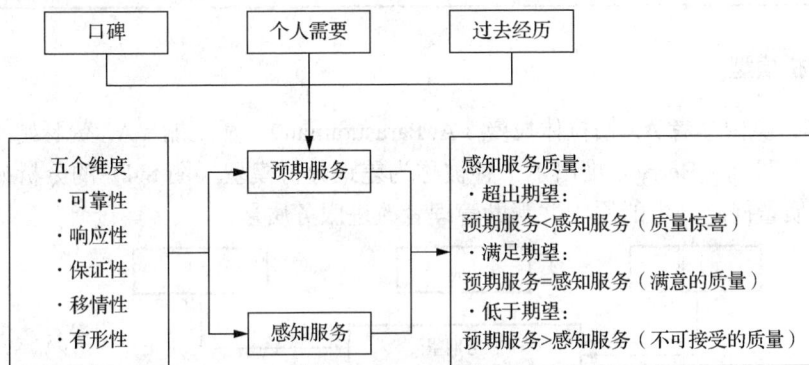

图 8.3　服务质量评估维度

服务质量评估维度的应用案例如表 8.1 所示，顾客从可靠性、响应性、保证性、移情性和有形性五个方面将预期的服务和接受的服务相比较，最终形成自己对服务质量的判断。期望与感知之间的差距是服务质量的量度。从满意度看，结果既可能是正面的又可能是负面的。首先，对服务不满意的顾客不会成为忠诚顾客这一点已毋庸置疑。其次，在满意的顾客中只有满意度极高的一部分人会成为忠诚顾客，由此看出顾客满意有可能会发展成顾客忠诚，但这并不是必然趋势。缺乏让人满意的服务质量是无法获得忠诚的，但达到事先期望的服务质量只是形成忠诚的最低要求。只有顾客对服务质量的实际感知远远超过预期期望从而引发情感上的强烈满足、愉悦、惊喜时，较稳固的忠诚度才会产生，这时顾客满意便成功转型为顾客忠诚。

表 8.1　服务质量评估维度的应用案例

企业	可靠性	响应性	保证性	移情性	有形性
汽车修理（消费者）	问题一次性解决，并且是真正解决	地理上便利、无须等待、对要求做出反应	合理的结构、维修人员的态度	记住顾客的姓名、顾客以前的问题和偏好	修理工具、等待区域、制服、设备
航空（消费者）	飞机按时抵达或离开预定地点	售票迅速及时、空中服务、行李运送系统	可信的名称、良好的安全记录、能够胜任的员工	理解顾客的特殊需要、预料顾客的需要	飞机、订票柜台、行李区域、制服

续表

企业	可靠性	响应性	保证性	移情性	有形性
医疗 （消费者）	按时进行，诊断正确	地理上便利、愿意倾听	知识、技能、证书、名声	人性化、记住病历、倾听、耐心	候诊室、检测室、设备、书面材料
建筑学 （企业）	在预算之内完成所承诺的计划	回电话、适应变化	社会信誉、社会形象、知识和技巧	了解顾客所在的行业、适应特定的顾客需要、深入了解顾客	办公室区域、报告、计划本身、费用报告、雇员的制服
信息处理 （内部）	提供所需要的信息	对要求的敏捷反应、非"官僚主义"作风、迅速解决问题	有足够知识的人员、训练有素、信誉好	了解作为个体的内部用户、理解个人和部门的需要	内部的报告、办公室区域、雇员的制服

三、差距分析模型

1988 年，美国学者 A. 帕拉休拉曼（A. Parasuraman）、瓦莱丽·A. 赞瑟姆（Valarie A. Zeithamal）和贝利（Berry）推出了一种被称为差距分析模型（图 8.4）的分析方法，目的是分析服务质量问题产生的原因并帮助管理者改进服务质量。

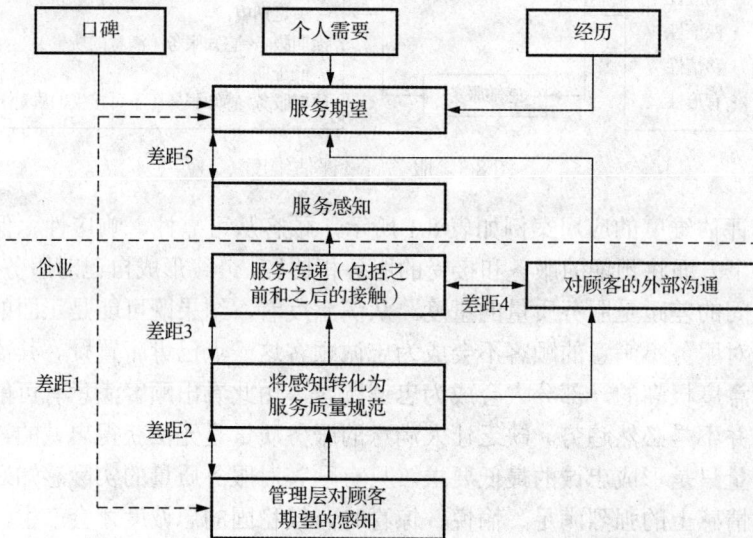

图 8.4　差距分析模型

差距分析模型说明了服务质量是如何形成的，模型的上半部与顾客有关，而下半部与服务提供者有关。预期的服务是顾客的经历、个人需要及口碑三者共同作用的结果，它还受企业营销宣传的影响。

结合差距分析模型，服务质量问题产生的原因如下。

（一）管理层认知差距

管理层认知差距（差距 1）是指企业管理者不能准确地感知顾客服务预期而出现的差

距。产生这种差距的主要原因如下。

1）对市场研究和需求分析的信息不准确。

2）对期望的解释信息不准确。

3）没有进行需求分析。

4）从企业与顾客联系的层次向管理者传递的信息失真或丧失。

5）复杂的组织层次阻碍或改变了在顾客联系中所产生的信息。

（二）质量标准差距

质量标准差距（差距 2）是指企业所制定的具体质量标准与管理层对顾客的质量预期的认识不同而出现的差距。产生这种差距的主要原因如下。

1）计划失误或计划过程不够充分。

2）计划管理混乱。

3）组织无明确目标。

4）服务质量的计划得不到最高管理层的支持。

差距 1 的大小决定计划的成功与否。但是，即使在顾客期望的信息充分和正确的情况下，质量标准的实施计划也会失败。出现这种情况的原因是最高管理层没有保证服务质量的实现。质量没有被赋予最高优先权。消除差距的措施自然是改变优先权的排列。在服务竞争中，顾客感知的服务质量是成败的关键因素，因此在管理清单上把质量排在前列是非常必要的。

（三）服务传递差距

服务传递差距（差距 3）是指服务生产与传递过程没有按照企业所设定的标准来进行而出现的差距。产生这种差距的主要原因如下。

1）标准太复杂或太苛刻。

2）员工对标准有不同意见，如一流的服务质量可以有不同的行为。

3）标准与现有的企业文化发生冲突。

4）服务生产管理混乱。

5）内部营销不充分或根本不开展内部营销。

6）技术和系统没有按照标准为工作提供便利。

可能出现的问题是多种多样的，通常引起服务交易差距的原因是错综复杂的，很少只有一个原因单独起作用，因此消除差距的措施不是那么简单的。差距原因可粗略分为三类：一是管理和监督，二是职员对标准规则的认识和对顾客需要的认识，三是缺少生产系统和技术的支持。

（四）市场营销传播差距

市场营销传播差距（差距 4）是指广告宣传中所做出的承诺与企业实际提供的服务不相符而出现的差距。产生这种差距的主要原因如下。

1）营销沟通计划与服务生产没有统一。

2）传统的市场营销和服务生产之间缺乏协作。

3）营销沟通活动提出一些标准，但组织不能按照这些标准完成工作。

4）有故意夸大其词、承诺太多的倾向。

引起这一差距的原因可分为两类：一是外部营销沟通的计划与执行没有和服务生产统一，二是在广告等营销沟通过程中往往存在承诺过多的倾向。

在第一种情况下，治疗措施是建立一种使外部营销沟通活动的计划和执行与服务生产统一起来的制度。例如，至少每个重大活动应该与服务生产行为协调起来，达到两个目标：第一，市场沟通中的承诺要更加准确和符合实际；第二，外部营销活动中做出的承诺能够做到言出必行，避免夸夸其谈所产生的副作用。

在第二种情况下，营销沟通存在滥用"最高级的毛病"，因此只能通过完善营销沟通的计划加以解决。消除差距的措施可能是制定更加完善的计划程序，不过管理上严密监督也很有帮助。

（五）服务质量感知差距

服务质量感知差距（差距 5）是指顾客体验和感觉到的服务质量与自己预期到的服务质量不一致而出现的差距。产生这种差距的主要原因如下。

1）消极的质量评价（劣质）和质量问题。

2）口碑不佳。

3）对公司形象的消极影响。

4）丧失业务。

差距 5 也有可能产生积极的结果，它可能导致相符的质量或过高的质量。感知服务差距产生的原因可能是本部分讨论的众多原因中的一个或者它们的组合。当然，也有可能是其他未被提到的因素。

差距分析模型可以指导管理者发现引发质量问题的根源，并寻找适当的消除差距的措施。差距分析是一种直接、有效的工具，它可以发现服务提供者与顾客对服务观念存在的差距。明确这些差距是制定战略、战术及保证期望质量和现实质量一致的理论基础。这会使顾客给予质量积极评价，提高顾客满意度。

四、SERVQUAL 评价法

服务质量的准确评估不仅可以为经营者提供有关顾客的信息，使经营者做出正确的决策，还可以激励服务提供者不断改进服务质量。服务质量的测量是一项挑战，因为顾客满意是由许多无形因素决定的。与具有物理特性的客观可测的物质产品（如装配和完成一辆汽车）不同，服务质量包括许多心理因素（如饭店的气氛）。另外，服务质量的影响不仅仅限于直接的接触，诸如医疗服务等对人的未来生活质量也会产生影响。其中，SERVQUAL（service quality）评价法是服务质量测量的主要方法。

20 世纪 80 年代，帕拉休拉曼、赞瑟姆、贝利在对服务质量进行研究时，列出了影响服务质量的十个因素，具体如下：有形性、可靠性、响应性、沟通性、胜任性、礼仪性、可信度、安全性、了解/熟知顾客和接近性。后来他们把这十个影响因素归纳为五个决定服务质量的基本属性，共同设计了 SERVQUAL 评价法。

（一）顾客感知服务质量

SERVQUAL 评价法建立在五个被认为对顾客感知服务质量最重要的决定因素之上，有关的五个因素及其含义如表 8.2 所示。

表 8.2　顾客感知服务质量的因素和案例

因素	案例
有形性	店址、建筑风格、辅助产品或促销产品、服务环境、价格、服务人员、顾客、服务设施或设备等
可靠性	如果企业不注重细节，服务工作经常出错，就必然会失去顾客的信任，损害自己的形象
响应性	在顾客传递过程中，顾客等候服务的时间是关系到顾客的感觉、印象、服务企业形象及顾客满意度的重要因素，所以尽可能地缩短顾客等候时间、提高服务传递效率无疑将大大提高企业的服务质量
移情性	易于沟通是指企业的组织机构、规章制度和服务人员能保证顾客与企业间的双向信息交流。对顾客的理解程度是指企业深入理解顾客的需求，并针对顾客的特殊需要提供个性化的服务，这要求服务人员在准确的时间、准确的地点用正确的方式为顾客提供完善的服务，提高顾客满意度
保证性	对顾客来说，服务人员的友好态度和胜任能力二者缺一不可，服务人员缺乏友善的态度自然会使顾客感到不快，而如果他们对专业知识了解太少也会令顾客失望，尤其在服务产品不断推陈出新的今天，服务人员更应拥有较高的知识水平

（二）评价服务质量问卷

利用 SERVQUAL 评价法评价服务质量时使用的标准问卷，其第一部分评价顾客对某类服务的期望，第二部分反映顾客对某个服务企业的感知。问卷中的 22 个陈述分别描述了服务质量的五个方面。

评价顾客对某类服务的期望这部分调查（表 8.3）旨在了解被调查者对某类服务的看法，序号为 E1～E22。被调查者从每个陈述后面的 7 个数字中选出自己认为最合适的数字，完全同意选"7"，完全不同意选"1"。该回答没有对错，调查者最关心的是被调查者对服务的看法。

表 8.3　评价服务质量标准问卷（第一部分）

序号	服务特征	满意程度
E1	他们应该有先进的设备	7　6　5　4　3　2　1
E2	他们的设备应该有明显的吸引力	7　6　5　4　3　2　1
E3	他们的雇员应穿着得体、整洁	7　6　5　4　3　2　1
E4	这些企业设备的外表应与提供的服务相匹配	7　6　5　4　3　2　1
E5	他们承诺了在某时做某事时，他们应该做到	7　6　5　4　3　2　1

序号	服务特征	满意程度
E6	当顾客遇到困难时，这些企业应表现出同情心	7 6 5 4 3 2 1
E7	这些企业应是可靠的	7 6 5 4 3 2 1
E8	他们应在承诺的时间提供服务	7 6 5 4 3 2 1
E9	他们应记录准确	7 6 5 4 3 2 1
E10	不能指望他们告诉顾客提供服务的确切时间（−）	7 6 5 4 3 2 1
E11	期望他们提供及时的服务是不现实的（−）	7 6 5 4 3 2 1
E12	员工不总是愿意帮助顾客（−）	7 6 5 4 3 2 1
E13	如果因为工作太忙而不能立即回答顾客的请求，也可以理解（−）	7 6 5 4 3 2 1
E14	员工应是值得信赖的	7 6 5 4 3 2 1
E15	顾客应在与企业的交往中放心	7 6 5 4 3 2 1
E16	员工应有礼貌	7 6 5 4 3 2 1
E17	企业应给予员工充分的支持，以使他们工作得更好	7 6 5 4 3 2 1
E18	不应指望企业给予顾客个别的关心（−）	7 6 5 4 3 2 1
E19	不应指望这些企业的员工给予顾客个性化的关注（−）	7 6 5 4 3 2 1
E20	期望员工了解顾客的需求是不现实的（−）	7 6 5 4 3 2 1
E21	期望这些企业把顾客最关心的事放在心上是不现实的（−）	7 6 5 4 3 2 1
E22	不应指望营业时间便利所有的顾客（−）	7 6 5 4 3 2 1

注：（−）表明对这些陈述的评分是反向的，在数据分析前应转为正向得分。

反映顾客对某个服务企业的感知这部分调查旨在了解被调查者对企业的看法，调查内容和方法与第一部分相同，只是序号由 E1～E22 更改为 P1～P22。

（三）得分计算

从服务质量评估的五个维度（有形性、可靠性、响应性、保证性、移情性）、22 个指标角度出发测量顾客感知和期望差距大小，计算出最终的服务质量得分。服务质量得分是通过计算问卷中顾客期望与顾客感知之差得到的。这个得分用来表示服务质量差距模型中的差距 5。其他四个差距的得分可用类似方法得到。

（四）SERVQUAL 评价法的优缺点

1. 优点

SERVQUAL 评价法不仅容易解决多维度和多感知的顾客服务质量概念，还容易适应具体工作的需要，且已经在多种服务中得到验证。

SERVQUAL 评价法的最主要的功能是通过定期的顾客调查来追踪服务变化趋势。在多场所服务中，管理者可以用 SERVQUAL 评价法判断部门的服务质量是否较差（得分低）。如果发现服务质量较差，管理者可进一步探索顾客产生不良印象的根源，并提出改进措施。

SERVQUAL 评价法还可用于市场调研，与竞争者的服务相比较，确定企业的服务质量在哪些地方优于对手，哪些地方逊于对手。

2．缺点

SERVQUAL 评价法有它的局限性，即适用范围，具体缺点如下。

1）跨不同服务行业服务维度的差异性比较大。

2）期望和绩效间不同之处的有效性和可靠性受到严重的质疑。

3）因为期望和绩效必须同时被考虑，所以 SERVQUAL 评价法的使用局限于存在产品的地方。因此，顾客服务创新的影响几乎不能被测量。

4）在模型中暗示了服务维度间的累加关系，但这可能不是一个现实的假设。

五、服务提升措施

（一）服务质量因素分析

质量的四个来源为设计、生产、交易、与顾客的关系。这些方面的管理方法也影响着顾客感知的质量。服务的技术质量与买卖双方有关的职能质量都会受到这些因素的影响。

1．设计

产品或服务的设计影响着技术质量，这是职能质量的一个来源。例如，顾客或潜在的顾客可能参与设计过程。这可以改进技术质量，但对职能质量也有影响。顾客会认为企业对他们非常重视，能够尽力解决他们的问题。这就是相互作用过程中职能质量的作用。

2．生产

就服务业而言，生产是服务质量的一个来源。产出的技术质量是全部生产过程的结果，参与到这个过程中的顾客可以观察到大部分过程。于是买卖双方的相互作用就产生了。生产对职能质量也有影响，这对制造业亦是如此。当然，生产还决定着技术质量。然而，顾客可能只是偶然地接触生产过程，如生产设备和生产过程可能向顾客演示。顾客与生产、生产资源、生产设备、生产过程的相互作用的认识方式对职能质量产生一定的影响。

3．交易

在许多情况下很难区分交易和生产。交易或多或少是全部生产过程的一部分，因而上面提到的有关生产质量的各个方面也适用于服务业的交易。对产品制造企业来说，交易可以形成一个独立的职能，当然，交易的结果是顾客得到了产品。这样，顾客通过产品的交易感受到产品的技术质量。除此之外，还有与过程有关的因素，即交易的方式。

4．与顾客的关系

买卖双方的关系在制造行业和服务行业都是质量形成的原因。这种关系对质量的影响主要与职能过程方面有关。员工在与顾客关系中越是具有顾客意识和服务导向，买卖关系对质量的影响就越有利。

（二）针对五种差距的质量措施

针对差距分析模型中的五种差距，应该根据造成差距的具体原因对症下药，根除服务质量存在的问题。

1．针对差距 1 的质量措施

针对差距 1 的质量措施是了解顾客的期望，具体内容如下。

1）增加管理人员和顾客之间的直接沟通，以增进了解。

2）改善从顾客接触人员到管理层的上行沟通，减少两者之间的层次。

3）把信息和观点转变为行动。

2．针对差距 2 的质量措施

针对差距 2 的质量措施是建立正确的服务质量标准，具体内容如下。

1）确保最高管理层对从顾客观点定义的质量表现出不断的实践努力。

2）让中层经理为他们的工作设定和加强以顾客为导向的服务标准。

3）培训管理人员领导员工、传递优质服务所需要的技能，接受新的业务方法，克服传递优质服务的障碍。

4）对重复性的工作进行标准化，用可靠的技术代替人工接触，改进工作方法（如通过采用软件技术来保证统一性和可靠性）。

5）建立明确的、具有挑战性和现实性的详尽的服务质量目标以满足顾客的期望。

6）明确地告诉员工，谁的工作对质量影响最大，谁应该得到最高的优先权，确保员工了解并接受目标和优先顺序。

7）对绩效进行衡量并提供定期的反馈，对实现质量目标的管理人员和员工进行奖励。

3．针对差距 3 的质量措施

针对差距 3 的质量措施是保证服务的实施达到标准，具体内容如下。

1）阐明员工的角色，确保所有的员工都了解其工作对顾客满意度的贡献。

2）通过挑选确保岗位上的员工具备做好该项工作所需要的能力和技能，向员工提供有效完成分配的工作所需的技术培训。

3）设计富有创意的招聘和人员保留方法，吸引最优秀的人员并建立忠诚度，设计有意义、及时、简单、准确和公平的奖励系统。

4）把决策权下放到组织基层，赋予管理人员和员工在工作现场做出决策的权利，允许他们在选择实现目标的方法上有更大的决定权。

5）保证在岗员工向顾客提供优质的服务。

6）建立网络，促进员工合作，同时使用团队奖励的激励手段。

7）把顾客看成"半个员工"，阐明他们在服务传递中扮演的角色，培养和激励他们扮演好合作生产者的角色。

4．针对差距4的质量措施

针对差距4的质量措施是保证服务传递与承诺相匹配，具体内容如下。

1）在制订新的广告计划时，寻求生产人员的参与，制作由实际承担工作的真正员工主演的广告，允许服务提供者在顾客看到广告之前对广告进行预审。

2）销售人员邀请生产人员同顾客进行面对面的座谈。

3）设计内部的教育性、激励性和广告性活动，以加强营销、生产和人力资源部门之间的联系，保证在多个地点传递的服务标准是统一的。

4）保证广告内容准确地反映出顾客最重视的服务特征。

5）通过让顾客了解什么是可能的和什么是不可能的及各自的理由，对顾客的期望进行管理。

6）确定和说明造成服务实施中出现缺点的不可控的理由。

7）以不同的价格提供给顾客不同水平的服务，并说明这些水平之间的差异。

5．针对差距5的质量措施

针对差距5的质量措施，具体内容如下。

1）加强企业产品或服务质量管理，一旦出现失误，要主动解决问题，不要等顾客提出来再被动地去解决，问题的解决要迅速而有效。同时，要立即对顾客做出赔偿，防止顾客流失带来的利润损失，同时避免顾客对企业有较差的口碑。

2）关注服务失误对顾客的精神和身体所造成的伤害。在很多情况下道歉远远不够，还必须对顾客的损失做出合理的赔偿。

（三）服务承诺

服务承诺亦称服务保证，是一种以顾客为尊、以顾客满意为导向，在服务产品销售前对顾客许诺若干服务项目以引起顾客的好感和兴趣，招徕顾客积极购买服务产品，并在服务活动中忠实履行承诺的制度和营销行为。

（四）服务承诺制措施

实行服务承诺制可以采取以下措施。

1．制定高标准

提供的高标准保证既可以是无条件的满意度保证，又可以是针对性（如运送时间等）的单项服务保证。无条件保证的好处是，不论时间如何变化，顾客所期待的与实际得到的服务都能保持一致。

2．不惜付出相当的赔偿代价

不管提出什么保证，赔偿代价只有具有相当的意义，才能吸引心存不满的顾客主动前来抱怨，有效地挽回失望的顾客，刺激企业汲取失败的教训。不痛不痒的保证，等于没有保证。

3．特别情况特别处理

美国波士顿一家餐厅的员工，在顾客食物中毒之后，拿着免费餐券要补偿对方，结果严重得罪了顾客。可想而知，餐厅如果还想与这些被得罪的顾客"重修旧好"，需要补偿给顾客的是比免费餐券更有意义的内容。这时，应随时通知较高层次的主管出面处理，他们一方面可采取适当措施，另一方面可以借此机会实际了解顾客所遭受的不幸。

4．提供简洁的保证

企业的服务保证必须言简意赅，让顾客一看便知。

5．简化顾客申诉的程序

提供服务要多花一些心思与代价，尽量减少申诉过程的不便，这样才不致既流失顾客，又失去从申诉中学习改善的机会。

6．将服务满意度列入企业经济指标

在现代服务营销活动中，由于人们的价值观、时间观念的进步，企业推行服务承诺的必要性更强烈，顾客对企业推行服务承诺的期待也更强烈，服务承诺成为企业提高服务质量不可分割的组成部分。

━━ 工作实操 ━━

菜鸟驿站服务质量提升报告

天津轻工职业技术学院菜鸟驿站的建立让校园快递市场更加规范化，实现了多方共赢，大大提高了快递服务效率和客户满意水平，实现了在校师生的物流服务的便捷化，使代收服务更能够满足师生的实际需求。

一、服务现状调查

（一）服务质量的因素

1. 技术质量

在现代科技飞速发展阶段，出现服务项目上的特色，以及收发存放快递包裹、用户体验的线上模式。

2. 形象质量

在物流行业蓬勃发展的势态下，高校校园网购异军突起。菜鸟驿站作为一个面向社区和校园所建立的物流网络服务平台，也及时入驻各大高校校园，但在发展中其管理上的问题日渐显露，服务质量有待提高。

3. 真实瞬间

通过服务接触，确实为学生、教师带来了方便；同时，流量大会导致错拿或偷拿行为。

（二）服务质量的评估

对一号公寓女生宿舍每周去菜鸟驿站的次数做服务评估调查，结果如表8.4所示。

表8.4 服务质量评估调查结果

项目	小计	比例/%
很不满意	30	4.48
不满意	10	1.49
一般	70	10.45
满意	240	35.82
很满意	320	47.76
总计	670	100

（三）调查结论

1. 优点——专业的代收服务

菜鸟驿站的服务理念是为客户节约时间，所以菜鸟驿站的代收系统页面操作比较简单，流程较少，在收到货物以后系统自动发短信给客户，客户凭借短信验证码就能够取到货物，避免了烦琐的流程降低客户的满意度。对菜鸟驿站的员工来说，只需操作几次就能够熟悉系统的使用，能够降低公司的培训成本。

2. 缺点——物流加盟管理弱化

作为物流末端的快递服务，菜鸟驿站的终端数量不断增加，但其物流加盟管理体系不够科学，对于个体商户的审核不够充分，快递服务能力不能满足快递发展规模。

二、存在问题分析

（一）管理不够规范

菜鸟驿站的经营模式是加盟经营，在建立初期，各种规章制度还不够健全。例如，取件流程很不规范，客户取货时只需报短信中的货位号，工作人员就会把货物找出给客户，也不会核对相关信息，这很容易带来货物被冒领的风险。还有的站点让客户自行找货取货，然后直接拿走，所以会出现货物丢失或领错的现象。

（二）服务质量堪忧

多家快递公司的货物都放在一个菜鸟驿站里，货物量很大，所以有的工作人员态度很不好，而且会造成快递公司之间的对比和竞争。有的站点工作人员的职业素养较低，不重视快件的安全性，他们觉得客户的不满意不会对自身产生影响，也不考虑企业的整体形象。另外，对于客户来说，如果购买的货物较重，他们自提会比较吃力，这时客户就会觉得快递员送货上门的服务更好。

（三）站内布局不合理，驿站规模小

菜鸟驿站空间面积较小，现有货架数量不足，难以承受每日的派件量；其仓库通道较窄，2~3个工作人员无法同时进行取件服务，效率不高，引发排长队问题；因其规模较小，无论严寒、酷暑都要在露天的环境下取件，客房对菜鸟驿站快递服务的满意程度不断降低。另外，在快件的货位摆放上存在严重的不合理问题：大件放在小件之上，不符合摆放的"大不压小、重不压轻"原则；编码没有按照卸货的顺序进行，摆放为大小各一堆，站内地面上都是快件，增加了发生错乱的概率，导致取件等待时间长，整体效率不高。

三、相关问题的解决措施建议

（一）提高菜鸟驿站相关人员的服务水平

充分发挥学校相关专业的优势，对驿站工作人员进行集中培训，提高其专业素养；建立实践站点、基地，让物流相关专业的学生进行实践操作，增加其对专业知识的学习。一方面，可以提高菜鸟驿站整体的专业水平，更好地为客户提供服务；另一方面，可以加强对菜鸟驿站的规范化管理，减少暴力派件等问题。同时，对于派送质量可以制定奖惩制度，以更好地激励工作人员。

（二）重新规划菜鸟驿站内的布局流程和取件流程

对已有的站点区域增设3~4个货架，将当日快件和昨日快件分开货架摆放；改变菜鸟驿站的布局和取件的动线，变为两个"L型"动线进行自主取件；增设隔离带；加强相关布局的弹性和柔性，更好地适应快递车辆的派送和客户的取件；更新取件流程，提高取件

效率。

（三）建立完善的物流信息系统

加强菜鸟驿站信息系统的更新和升级，提高站点的工作效率。同时，完善客户投诉体系，及时获取客户的反馈信息。

（四）规范流程，提高服务质量

菜鸟驿站既要有统一的收件、寄件、取件标准，规范整个流程，尤其是取件流程，又要对整个流程进行有效的控制，还要对站点的全体工作人员进行业务培训，确保他们熟悉操作流程。

工作实训

一、实训目标

通过实训练习，学生能够进行服务质量管理的质量控制、计划编制、任务展开等工作，提高从事服务质量管理工作的能力。

二、实训内容

对任意一家熟悉或感兴趣的企业实施的服务质量管理，形成《服务质量模式》《服务质量标准》《服务管理流程》等相关报告。

针对每个服务质量管理的实施过程，进行工作过程写实，并将具体内容填写在项目工作单上，包括项目资讯工作单、实施策划工作单、实施计划工作单、项目实施工作单、检查确认工作单、项目评价工作单。

三、实训要求

（一）工作职责

1）按照每组 6～8 人对学生进行分组，每组选一名组长。

2）组长负责小组成员分工、任务进度控制、工作内容检查等组织工作。

3）组员结合实训企业，开展小组讨论，并完成具体实训任务。

（二）汇报考核

1）全体成员参加成果汇报，并用 PPT 展示相关工作成果。

2）实训考核包括工作项目报告、项目工作单、PPT 汇报展示、学生答辩等内容。

四、拓展训练

（一）单项选择题

1. 在影响服务质量高低的各种因素中，可以直接控制的因素为（　　）。
    A. 企业形象　　　　B. 宣传沟通　　　　C. 顾客口碑　　　　D. 顾客需求
2. 在服务营销中，服务产品质量难以实施标准化的主要原因是服务特性中的（　　）。
    A. 无形性　　　　　B. 不可储存性　　　C. 差异性　　　　　D. 不可分性
3. 服务的最显著特点是具有无形性，它给服务营销带来的影响是（　　）。
    A. 服务质量控制的难度较大　　　　　B. 服务不容易向顾客展示或沟通
    C. 供求矛盾大　　　　　　　　　　　D. 顾客参与服务过程
4. 服务需求与服务企业生产能力难以匹配的主要原因是服务的（　　）。
    A. 无形性　　　　　B. 易逝性　　　　　C. 差异性　　　　　D. 不可分性
5. 在评价服务质量的五大标准中，服务的（　　）是指服务机构具有能够胜任提供服务的能力和信用。
    A. 可靠性　　　　　B. 响应性　　　　　C. 保证性　　　　　D. 移情性
6. 某公司为建立自己的特色，加强了对一线服务人员的培训，并将服务人员分为三组：一组专门接听顾客电话，一组专门处理顾客在电话中提出的问题，另一组专门处理顾客邮件。该公司这种做法的目的是增强服务的（　　）。
    A. 保证性　　　　　B. 响应性　　　　　C. 可靠性　　　　　D. 移情性
7. 在服务质量差距模型中，服务质量感知差距是指（　　）之间的差距。
    A. 服务机构所了解的顾客期望与实际的顾客期望
    B. 服务机构对顾客的承诺与服务实绩
    C. 顾客对服务的期望与顾客对服务的感知
    D. 服务机构制定的服务标准与所了解的顾客期望
8. 在服务质量差距模型中，服务机构的服务执行与制定的服务标准之间的差距属于（　　）。
    A. 差距1　　　　　B. 差距2　　　　　C. 差距3　　　　　D. 差距4
9. 在服务质量差距模型中，差距2指的是（　　）之间的差距。
    A. 服务标准与服务感知
    B. 对顾客服务期望的了解与真实顾客期望
    C. 服务实绩与服务标准
    D. 服务承诺与服务实绩
10. 服务机构设计的服务承诺应当明确、不含糊、不容易引起误解，这体现了服务承诺设计的（　　）特征。
    A. 明确性　　　　　B. 利益性　　　　　C. 规范性　　　　　D. 可靠性

11. 服务质量特性可分为五种类型，不包括（　　）。

    A．可靠性　　　　　　B．保证性　　　　　　C．可维修性　　　　　　D．响应性

12. 以下不属于客户服务质量来源的有（　　）。

    A．设计来源　　　　　　　　　　　　B．生产来源

    C．需求来源　　　　　　　　　　　　D．顾客的关系来源

13. （　　）应是企业总方针的核心部分，引导企业在服务日趋激烈的市场中以服务质量取胜。

    A．服务质量决策　　　B．服务质量策略　　　C．服务质量方针　　　D．服务质量制度

14. 确定（　　）的目的是最终落实质量职责、权限和接口控制。

    A．质量结构　　　　　B．质量政策　　　　　C．质量活动　　　　　D．质量标准

15. （　　）不仅是一种资源，还是服务的基本组成部分，是服务质量的决定性因素。

    A．员工　　　　　　　B．客户　　　　　　　C．决策　　　　　　　D．技术

16. （　　）是企业通过合适的渠道、途径、方式为客户提供产品和服务，客户通过他希望的渠道、途径和喜欢的方式获得产品和服务，满足需求。

    A．合适的时间　　　　B．合适的方式　　　　C．合适的客户　　　　D．合适的需求

（二）多项选择题

1. 服务质量特征具有（　　）。

    A．内涵的广泛性　　　B．外延的局限性　　　C．评估的差异性　　　D．控制的难度性

2. 服务产品有别于有形产品，其最显著的特点是（　　）。

    A．无形性　　　　　　B．非贮存性　　　　　C．易变性　　　　　　D．不可分性

3. 服务产品与有形产品相比，其不同之处主要体现在（　　）。

    A．服务产品不容易向顾客展示

    B．服务产品更容易沟通交流

    C．顾客在购买服务产品时难以评估其质量

    D．服务易于实现标准化

4. 在服务质量差距模型中，产生服务质量感知差距的原因有（　　）。

    A．消极的质量评价（劣质）和质量问题

    B．口碑不佳

    C．对公司形象的消极影响

    D．丧失业务

5. 在服务质量差距模型中，产生市场营销传播差距的原因有（　　）。

    A．缺乏对顾客期望的有效管理

B. 没有按照隔开期望来制定服务标准

C. 服务实绩低于服务承诺

D. 企业内部沟通不足致使营销承诺超过了执行服务标准的能力

6. 在服务质量差距模型中，产生管理层认识差距的原因有（　　）。

A. 对市场研究和需求分析的信息不准确

B. 企业未能合理平衡供求

C. 没有进行需求分析

D. 顾客不能恰当地扮演角色

7. 按顾客期望或要求拟定服务标准的具体内容有（　　）。

A. 确定顾客期望或要求的重要程度

B. 将笼统的期望转变为具体的标准

C. 按照顾客的期望拟定"硬"标准和"软"标准

D. 评估和选择服务标准

8. 服务质量标准的制定原则有（　　）。

A. 可反映客户的观点　　　　　　　B. 可评估

C. 可自上而下实施　　　　　　　　D. 作业绩效

9. 服务质量模式分别涉及（　　）内容等。

A. 可靠性　　　　B. 回答的能力　　　　C. 给予信任

D. 设身处地　　　E. 可触知现象

10. 要使各项服务达到所设定的质量标准，应从（　　）对服务工作的各个部分进行质量分析。

A. 人员　　　　　B. 设备　　　　　C. 方法

D. 材料　　　　　E. 环境

11. 根据服务质量环，服务可划分为三个主要过程，即（　　）过程。

A. 市场调研　　　　　　　　　　　B. 市场研究和开发

C. 服务设计　　　　　　　　　　　D. 服务提供

（三）简答题

1. 怎样理解服务质量的内涵？服务质量属性表现在哪几个方面？

2. 顾客对服务企业质量的感知主要受哪些因素影响？

3. 根据差距分析模型，服务企业与顾客在服务质量感知上的差距是如何形成的？应采取哪些措施加以解决？

二维码资源

一、项目工作单

工作步骤	工作过程	项目实施	实施记录	二维码
1	资讯	项目问题确认	项目资讯工作单	
2	决策	实施方案策划	实施策划工作单	
3	计划	工作计划制订	实施计划工作单	
4	实施	工作任务实施	项目实施工作单	
5	检查	项目检查确认	检查确认工作单	
6	评估	项目评估整理	项目评价工作单	

二、信息化资源

序号	资源类型	教学内容	二维码
1	教学实录	服务的概念	
2	微课	如何制定客户服务标准	

续表

序号	资源类型	教学内容	二维码
2	微课	如何确立不断达到的客户服务标准	
		如何持续改进客户服务标准	
3	职业拓展	东京迪士尼的魔法世界	

三、拓展训练答案

项目 九

质量法律制度 ✖

职业能力目标 ☞

知识目标

· 掌握产品质量责任知识。
· 熟悉我国质量法律、法规和规章体系及产品质量责任和义务。

能力目标

· 熟悉产品质量投诉程序。
· 能独立进行标准操作，熟悉一般企业法律法规的符合性。

素质目标

· 培养公平、公正、正直和具有相当责任感的价值观。
· 培养良好的团队协作精神。
· 有高度的责任心，善于发现问题、主动寻找问题并能及时解决问题。

思政目标

· 持续深化"百年大计、质量为本"的质量观，统一员工的质量法制信念，提升员工的质量法律素养。

职业岗位描述 ☞

管理岗位

· 质量法规专员。

岗位职责

· 负责化验仪器外校、产品送检、产品标识登记备案、企标备案等工作。
· 负责生产许可证年审、自审、换证、比对实验、安全协议等工作。
· 配合各级政府监管部门进行产品抽查、巡查、临时检查等工作。
· 整理和监督公司所有关于质量法律法规方面事项的运行情况，并及时提出修改和改善方案。

质量文化

· 爱祖国、爱人民、爱事业和爱生活是企业凝聚力的源泉。责任意识、创新精神、敬业精神与团结合作精神是企业文化的精髓，实事求是是企业的行为准则。

《中共中央 国务院关于开展质量提升行动的指导意见》强调加强质量制度建设：坚持促发展和保底线并重，加强质量促进的立法研究，强化对质量创新的鼓励、引导、保护。研究修订产品质量法，建立商品质量惩罚性赔偿制度。研究服务业质量管理、产品质量担保、缺陷产品召回等领域立法工作。改革工业产品生产许可证制度，全面清理工业产品生产许可证，加快向国际通行的产品认证制度转变。

质量强国是一个国家的重大发展战略，我国现在进入了一个高质量发展的新时代，质量法律体系成为推动质量强国的有力杠杆。在"大市场、大质量、大监管"理念的指引下，政府、生产者、消费者、行业协会、社会组织等形成多元"质量共治"格局，破解监管力量不足与监管滞后的难题。

当前，我国已跃居世界第二大经济体，经济发展进入新常态，经济运行中产能过剩和需求结构升级矛盾突出，人民群众对产品需求正在由满足基本功能向追求更高安全、更高品质转变。在"质量就是生命，质量就是胜算"的经济发展迫切需求背景下，依法推动我国经济发展进入"质量时代"，完善法律法规体系，是夯实质量和品牌提升的基础工作中极为重要的一环。

企 业 案 例

一、"鹿"死三聚氰胺

2007年12月以来，三鹿集团股份有限公司（以下简称三鹿集团）陆续收到投诉，反映有部分婴幼儿在食用其生产的婴幼儿奶粉后，尿液中出现红色沉淀物等症状。

2008年3月中旬，三鹿集团接到消费者投诉，称婴幼儿可能由于食用三鹿奶粉住院，派人到消费者家中了解情况。6月28日，位于兰州市的解放军第一医院收治了首例患肾结石病症的婴幼儿。9月14日，三鹿集团停产整顿。2009年2月12日，石家庄市中级人民法院发出民事裁定书，正式宣布三鹿集团破产。

三鹿集团从小作坊生产到年销售100多亿元的企业用了51年的时间，从一个品牌价值将近150亿元的企业到负2.01亿元只花了一年多的时间，几代人的心血就这样化为乌有，其中的缘由引人深思。

三鹿集团早在2008年3月就发现问题了，为什么不及时召回产品呢？他们认为这只是一起普通的质量事故，而且是供应商的环节出了问题，并且国家标准并没有规定三聚氰胺的含量。3名婴儿死亡都发生在5～8月这个患病高峰期，而且婴儿结石只要查明原因及时救治就不至于死亡。如果当时认真对待客户抱怨，及时召回产品也不会到破产的地步，这些事件对三鹿集团品牌的影响两三年后就能消失。市场是残酷的，可以说是无情的，当初三鹿集团抱着侥幸的心理去看待问题，以为一切只是一场小事故，以为一切都会过去，宁可投入资金去封锁媒体，替他们混淆事实，也不愿意去解决问题、承认错误。"我们可以肯定地说，我们所有的产品都是没有问题的！"2008年9月12日三鹿集团的负责人说。听到这些话，三鹿集团的顾客会怎样想？他们会愤怒！铁证如山，三鹿集团还持如此态度，谁会愿意相信他们的产品质量呢？等他们悔悟的时候已经晚了，一切都晚了。从客户抱怨—客户投诉—客户愤怒，他们毫不在意，致使三鹿集团走向失败。

（资料来源：陈志华，2008．"鹿"死谁手：三鹿奶粉事件引发的思考[J]．天风（20）：22-23．）

二、管理思考

三鹿集团的产品质量责任该由谁承担呢？

启示：三鹿集团被执行停业整顿，不得不召回问题奶粉。大量地召回赔偿，使三鹿集团的资金链早已无法支撑，加上相关银行不仅不予放贷，还要求收回之前的贷款。至此，这家有着近半个世纪历史、奶粉销量连续 15 年位居全国第一的全国知名企业被迫并购重组。

工作说明

我国产品质量法体系由《产品质量法》和有关产品质量的其他法律规范组成（图 9.1）。《产品质量法》是规范产品质量的基本法律，其他法律规范有《中华人民共和国计量法》《标准化法》《中华人民共和国食品安全法》、《中华人民共和国药品管理法》等专门法，以及《中华人民共和国劳动合同法》《中华人民共和国消费者权益保护法》中的相关规定。

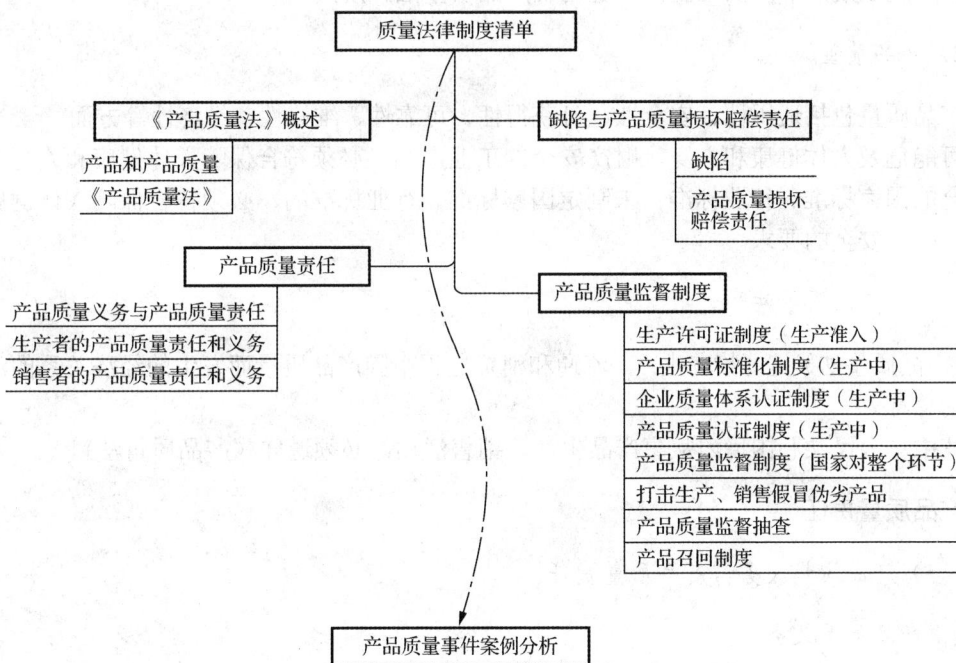

图 9.1　质量法律制度清单

相 关 知 识

一、《产品质量法》概述

《产品质量法》由1993年全国人民代表大会常务委员会通过，历经2000年、2009年和2018年三次修改，共六章74条，是一部规范"从事产品生产、销售活动"的法律，也是一部非常全面的专业大法。《产品质量法》旨在加强对产品质量的监督管理，提高产品质量水平，明确产品质量责任，保护消费者的合法权益，维护社会经济秩序，对经济社会发展起到了十分重要的作用。

（一）产品和产品质量

1. 产品

产品是指经过加工、制作，用于销售的产品。

建设工程不适用《产品质量法》规定；但是，建设工程使用的建筑材料、建筑构配件和设备，属于规定的产品范围的，适用《产品质量法》规定。

2. 产品质量

产品质量包括适用性、安全性、可获得性、可靠性、维修性、经济性等方面。

可能危及人体健康和人身、财产安全的工业产品，必须符合保障人体健康和人身、财产安全的国家标准、行业标准；未制定国家标准、行业标准的，必须符合保障人体健康和人身、财产安全的要求。

（二）《产品质量法》

《产品质量法》是调整在生产、流通和消费过程中因产品质量而发生的经济关系的法律规范的总称。

在中华人民共和国境内从事产品生产、销售活动，必须遵守《产品质量法》。

二、产品质量责任

（一）产品质量义务与产品质量责任

1. 产品质量义务

产品质量义务是指法律规定的产品质量法律关系中的主体，必须为一定行为或者不为一定行为。也就是说，国家法律强制规定必须做什么，或者不许做什么，这是必须履行的义务。

行为人必须为一定行为的义务，是积极的义务，如生产者生产的合格产品必须符合该产品标准所规定的质量要求；行为人必须不为一定行为的义务，是消极的义务，如生产者不得生产国家明令淘汰的产品。

行为人如果不履行其质量义务，就要承担相应的质量责任。产品质量义务与产品质量责任相对应。

2. 产品质量责任

产品质量责任是指产品的生产者、销售者及其他有关主体，违反国家有关产品质量法律法规的规定，不履行或者不完全履行法定的产品质量义务，对其作为或者不作为的行为，应当依法承担的法律后果。

违反质量法律法规的行为可分为两类：故意行为和过失行为。故意行为一般是为了某种利益，在产品生产、销售中故意以假充真、以次充好、以不合格品冒充合格品。过失行为则是由于疏忽大意等因素，客观上给他人、其他组织或社会造成损害结果的行为。例如，在制药生产中，由于检验设备出现偏差，某种原料中的杂质超标没有被发现，该药品以合格品出厂销售，患者服用后普遍出现严重的过敏反应，有的甚至造成肝脏、肾脏的严重损害。这就是一种典型的由过失行为造成的产品质量责任，直接原因是产品有缺陷。

无论是故意行为还是过失行为，如果在产品售出之前就存在某种问题，该问题的严重性足以使他人人身或财产受到损害，该产品的提供者就必须承担由产品缺陷导致的产品质量责任。产品质量责任与产品缺陷密切相关。

产品质量责任是一种综合责任，包括承担相应的行政责任、民事责任和刑事责任。

（1）行政责任

行政责任又称行政制裁，是指国家行政机关依靠国家行政权力，对违反行政法规的单位和个人实施惩罚性强制措施，包括行政处罚和行政处分两种形式。

行政处罚的对象是有违法行为的公民、法人或者其他组织。行政处罚的形式包括：批评、警告、通报；罚款，没收违法生产、销售的产品，没收违法所得；责令停止生产、销售；暂扣、吊销许可证，吊销营业执照；责令赔偿损失、责令改正等。

行政处分的对象是有违法失职行为尚不构成犯罪的国家工作人员和企事业单位的职工。行政处分的形式包括警告、记过、记大过、降级、降职、撤职、留用察看、开除。

（2）民事责任

民事责任又称民事制裁，是指企业、事业单位、个体工商业主、其他组织或公民，因产品质量问题致使他人的人身或财产、其他组织的财产或社会公共财产受到损害，应承担的民事法律责任。质量方面的民事责任主要包括产品瑕疵担保责任（合同责任）和产品侵权损害赔偿责任（产品责任）。

（3）刑事责任

刑事责任是指犯罪人犯有"生产、销售伪劣商品罪"所必须承担的刑事法律责任。

1）生产、销售不符合保障人体健康和人身、财产安全的国家标准、行业标准的产品的，责令停止生产、销售，没收违法生产、销售的产品，并处违法生产、销售产品（包括已售出和未售出的产品，下同）货值金额等值以上三倍以下的罚款；有违法所得的，并处没收违法所得；情节严重的，吊销营业执照；构成犯罪的，依法追究刑事责任。

2）在产品中掺杂、掺假，以假充真，以次充好，或者以不合格产品冒充合格产品的，责令停止生产、销售，没收违法生产、销售的产品，并处违法生产、销售产品货值金额百分之五十以上三倍以下的罚款；有违法所得的，并处没收违法所得；情节严重的，吊销营业执照；构成犯罪的，依法追究刑事责任。

3）生产国家明令淘汰的产品的，销售国家明令淘汰并停止销售的产品的，责令停止生产、销售，没收违法生产、销售的产品，并处违法生产、销售产品货值金额等值以下的罚款；有违法所得的，并处没收违法所得；情节严重的，吊销营业执照。

4）销售失效、变质的产品的，责令停止销售，没收违法销售的产品，并处违法销售产品货值金额二倍以下的罚款；有违法所得的，并处没收违法所得；情节严重的，吊销营业执照；构成犯罪的，依法追究刑事责任。

根据《中华人民共和国刑法》的有关规定，对"生产、销售伪劣商品罪"的处罚，根据犯罪金额大小和造成危害的严重程度，分别处拘役、有期徒刑、无期徒刑、死刑，并处罚金或者没收财产。

（二）生产者的产品质量责任和义务

1. 产品质量应符合的要求

生产者应当对其生产的产品质量负责。产品质量应当符合下列要求。

1）不存在危及人身、财产安全的不合理的危险，有保障人体健康和人身、财产安全的国家标准、行业标准的，应当符合该标准。

2）具备产品应当具备的使用性能，但是，对产品存在使用性能的瑕疵做出说明的除外。

3）符合在产品或者其包装上注明采用的产品标准，符合以产品说明、实物样品等方式表明的质量状况。

2. 产品或者包装上的标识应符合的要求

产品或者其包装上的标识必须真实。产品或包装上的标识应符合下列要求。

1）有产品质量检验合格证明。

2）有中文标明的产品名称、生产厂厂名和厂址。

3）根据产品的特点和使用要求，需要标明产品规格、等级、所含主要成分的名称和含量的，用中文相应予以标明；需要事先让消费者知晓的，应当在外包装上标明，或者预先向消费者提供有关资料。

4）限期使用的产品，应当在显著位置清晰地标明生产日期和安全使用期或者失效日期。

5）使用不当，容易造成产品本身损坏或者可能危及人身、财产安全的产品，应当有警示标志或者中文警示说明。

裸装的食品和其他根据产品的特点难以附加标识的裸装产品，可以不附加产品标识。

易碎、易燃、易爆、有毒、有腐蚀性、有放射性等危险物品及储运中不能倒置和其他有特殊要求的产品，其包装质量必须符合相应要求，依照国家有关规定做出警示标志或者中文警示说明，标明储运注意事项。

3. 生产者不得从事的行为

1) 生产者不得生产国家明令淘汰的产品。

2) 生产者不得伪造产地，不得伪造或者冒用他人的厂名、厂址。

3) 生产者不得伪造或者冒用认证标志等质量标志。

4) 生产者生产产品，不得掺杂、掺假，不得以假充真、以次充好，不得以不合格产品冒充合格产品。

（三）销售者的产品质量责任和义务

1. 进货检查验收

销售者应当建立并执行进货检查验收制度，验明产品合格证明和其他标识。

2. 保持产品质量

销售者应当采取措施，保持销售产品的质量。

3. 产品标识管理

销售者销售的产品的标识应当符合《产品质量法》第二十七条的规定。

4. 销售者不得从事的行为

1) 销售者不得销售国家明令淘汰并停止销售的产品和失效、变质的产品。

2) 销售者不得伪造产地，不得伪造或者冒用他人的厂名、厂址。

3) 销售者不得伪造或者冒用认证标志等质量标志。

4) 销售者销售产品，不得掺假、掺杂，不得以假充真、以次充好，不得以不合格产品冒充合格产品。

三、缺陷与产品质量损害赔偿责任

（一）缺陷

1. 缺陷的定义

产品存在缺陷的关键是产品没有提供（或者不具备）人们有权期待的安全性，或者说，产品具有不合理的危险性。在国际标准 ISO 9000:2000《质量管理体系——基础和术语》中，

"缺陷"被定义为"未满足与预期或规定用途有关的要求"。该定义有两个注解：一是"缺陷"与"不合格"有区别，"缺陷"有法律内涵，与产品责任有关；二是"缺陷"可能是顾客受供方信息的内容的影响产生的。例如，某种药本身质量是好的，但产品说明书上误把"每日"服用的最高剂量印成"每次"服用的最高剂量，如果每日服用 4 次，那么患者每日服药量将是日最高剂量的 4 倍，就有可能导致严重的人体损害。

我国法律借鉴了国外关于缺陷的定义。《产品质量法》所称缺陷，是指产品存在危及人身、他人财产安全的不合理的危险；产品有保障人体健康和人身、财产安全的国家标准、行业标准的，是指不符合该标准。

上述关于缺陷的定义有以下含义。

1）缺陷是指产品存在危及人身、他人财产安全的不合理的危险。危险可能是明显存在的，也可能是潜在的；可能是已经发生的，也可能是还没有发生的。只要产品在正常合理使用条件下存在可能危及人体健康和人身、财产安全的危险，该产品就有缺陷。"不合理"的危险是指排除了合理的危险。许多产品的特性、化学成分、环境条件、使用要求等决定了这些产品不可避免地存在某些危险。例如，某些药品有副作用，香烟中含有焦油等对人体健康有害的成分，汽油有导致火灾的危险等。但这些危险是合理的，其危险性事先已明确表明，对如何使用产品有明确要求，并能进行有效控制，因此不属于不合理的危险。

2）缺陷是指产品质量不符合我国有关健康、安全方面的强制性标准。《标准化法》明确规定："对保障人身健康和生命财产安全、国家安全、生态环境安全以及满足经济社会管理基本需要的技术要求，应当制定强制性国家标准。"强制性标准规定了对这些产品安全性能的基本要求。如果有关健康、安全方面的产品不符合强制性标准的要求，就意味着这些产品不能为消费者提供有权期待的安全性，即该产品存在缺陷。因此，强制性标准是衡量这类产品是否存在缺陷的依据。

2．缺陷与不合格、瑕疵的区别

缺陷与不合格、瑕疵在概念上有不同的含义，在逻辑上有包含和并列的关系。

不合格就是未满足要求。全部要求中的任何一项或多项要求没有满足，就是不合格。不合格包括瑕疵和缺陷。

瑕疵是指产品质量不符合预期的使用要求，或者不符合规定的产品标准、实物样品、合同等书面文件的要求；但是，产品不存在危及人体健康和人身、财产安全的不合理的危险；而且，产品并未丧失其原有的使用价值。因此，瑕疵是一种轻微的不合格。

缺陷是指产品存在危及人身、他人财产安全的不合理的危险，不符合明确规定的有关健康、安全方面的法律法规及强制性标准的要求，或者不符合顾客、消费者、使用者有关健康、安全方面的合理要求及期望。缺陷可能导致人体健康和人身、财产安全方面的严重后果，因此缺陷是一种严重的不合格。

3．缺陷的分类

缺陷的分类主要有以下几种。

（1）设计缺陷

设计缺陷是指产品在设计上存在着不安全、不合理的潜在危险。例如，设计输入有欠缺，结构设计不合理，材料选择不当，安全系数不充分，产品使用条件设计不当等。设计缺陷表现为产品不能达到预期的使用目的或不符合预期的使用要求。不明显的设计缺陷往往在产品使用一段时间后才暴露出来。

（2）原材料缺陷

原材料缺陷是指产品的原材料存在着不安全、不合理的潜在问题，导致产品有缺陷。

（3）制造缺陷

制造缺陷是指产品在加工、制作、装配的生产过程中，达到规定的技术要求，产品存在健康、安全方面的隐患。

（4）标志缺陷

标志缺陷是指产品在可能危及人体健康和人身、财产安全方面未履行或未完全履行法律规定的标志义务，未附有警示标志、中文警示说明；或者未能清楚地告诉使用人应当注意的使用方法，以及应当引起警惕的注意事项；或者产品使用了不真实的、不适当的甚至是虚假的说明，致使使用人遭受损害。

（5）技术局限缺陷

技术局限缺陷是指在当时（产品投入流通时）的科学技术水平条件下难以发现，在使用一段时间后才发现存在的产品缺陷。对这种缺陷是否应承担赔偿责任，各国规定不一。

（二）产品质量损害赔偿责任

1．产品违约责任

售出的产品有下列情形之一的，销售者应当负责修理、更换、退货，给购买产品的用户、消费者造成损失的，销售者应当赔偿损失：

1）不具有产品应当具备的使用性能而事先未做出说明的。

2）不符合在产品或者其包装上注明采用的产品标准的。

3）不符合以产品说明、实物样品等方式表明的质量状况的。

2．产品侵权责任

因产品存在缺陷造成人身、他人财产损害的，受害人既可以向产品的生产者要求赔偿，又可以向产品的销售者要求赔偿。属于产品的生产者的责任，产品的销售者赔偿的，产品的销售者有权向产品的生产者追偿。属于产品的销售者的责任，产品的生产者赔偿的，产品的生产者有权向产品的销售者追偿。

3．赔偿范围

因产品存在缺陷造成受害人人身伤害的，侵害人应当赔偿医疗费、治疗期间的护理费、因误工减少的收入等费用；造成残疾的，还应当支付残疾者生活自助具费、生活补助费、残疾赔偿金，以及由其扶养的人所必需的生活费等费用；造成受害人死亡的，并应当支付丧葬费、死亡赔偿金，以及由死者生前扶养的人所必需的生活费等费用。

因产品存在缺陷造成受害人财产损失的，侵害人应当恢复原状或者折价赔偿。受害人因此遭受其他重大损失的，侵害人应当赔偿损失。

4. 时效

因产品存在缺陷造成损害要求赔偿的诉讼时效期间为两年，自当事人知道或者应当知道其权益受到损害时起计算。

四、产品质量监管制度

（一）生产许可证制度（生产准入）

《中华人民共和国工业产品生产许可证管理条例》第二条规定，国家对生产下列重要工业产品的企业实行生产许可证制度：

1）乳制品、肉制品、饮料、米、面、食用油、酒类等直接关系人体健康的加工食品。

2）电热毯、压力锅、燃气热水器等可能危及人身、财产安全的产品。

3）税控收款机、防伪验钞仪、卫星电视广播地面接收设备、无线广播电视发射设备等关系金融安全和通信质量安全的产品。

4）安全网、安全帽、建筑扣件等保障劳动安全的产品。

5）电力铁塔、桥梁支座、铁路工业产品、水工金属结构、危险化学品及其包装物、容器等影响生产安全、公共安全的产品。

6）法律、行政法规要求依照本条例的规定实行生产许可证管理的其他产品。

（二）产品质量标准化制度（生产中）

具体内容见项目四。

（三）企业质量体系认证制度（生产中）

《产品质量法》第十四条规定："国家根据国际通用的质量管理标准，推行企业质量体系认证制度。企业根据自愿原则可以向国务院市场监督管理部门认可的或者国务院市场监督管理部门授权的部门认可的认证机构申请企业质量体系认证。经认证合格的，由认证机构颁发企业质量体系认证证书。

"国家参照国际先进的产品标准和技术要求，推行产品质量认证制度。企业根据自愿原则可以向国务院市场监督管理部门认可的或者国务院市场监督管理部门授权的部门认可的认证机构申请产品质量认证。经认证合格的，由认证机构颁发产品质量认证证书，准许企业在产品或者其包装上使用产品质量认证标志。"

（四）产品质量认证制度（生产中）

1. 概述

产品质量认证分为安全认证和合格认证两种形式。实行安全认证的产品，必须符合《标准化法》中有关强制性标准的要求；实行合格认证的产品，必须符合《标准化法》规定的国家标准或者行业标准的要求。

2. 组织管理

根据国务院授权，国家认证认可监督管理委员会主管全国认证认可工作。国家对强制性产品认证公布统一的《中华人民共和国实施强制性产品认证的产品目录》（以下简称《目录》），确定统一适用的国家标准、技术规则和实施程序，制定和发布统一的标志，规定统一的收费标准。凡被列入《目录》的产品，必须经国家指定的认证机构认证合格、取得指定认证机构颁发的认证证书并加施认证标志后，方可出厂销售、进口和在经营性活动中使用。国家市场监督管理总局根据国家有关法律法规，制定国家强制性产品认证的规章和制度；批准、发布《目录》。

国家认证认可监督管理委员会负责全国强制性产品认证制度的管理和组织实施工作。各地质检行政部门负责履行以下职责：对所辖地区《目录》中产品实施监督和对强制性产品认证违法行为进行查处的法定职责；指定认证机构在指定的工作范围内按照产品认证实施规则开展认证工作；对获得认证的产品，颁发认证证书，跟踪检查其产品质量，受理有关的认证投诉、申诉工作。

3. 具体实施

（1）认证模式

《目录》中产品认证适用单一的认证模式或者若干认证模式的组合，具体包括设计鉴定、型式试验、制造现场抽取样品检测或者检查、市场抽样检测或者检查、企业质量保证体系审核、获得认证的后续跟踪检查。产品认证模式依据产品的性能，对人体健康、环境和公共安全等方面可能产生的危害程度、产品的生命周期特性等综合因素，按照科学、便利等原则予以确定。具体的产品认证模式在认证实施规则中规定。

（2）认证程序

《目录》中产品认证的程序包括以下全部或者部分环节：认证申请和受理、型式试验、工厂审查、抽样检测、认证结果评价和批准、获得认证后的监督。《目录》中产品的生产者、销售者和进口商可以作为申请人，向指定认证机构提出《目录》中产品认证申请。指定认证机构负责受理申请人的认证申请，根据认证实施规则的规定，安排型式试验、工厂审查、抽样检测等活动，做出认证决定，向获得认证的产品颁发认证证书。指定认证机构在一般情况下，应当自受理申请人认证申请的 90 日内，做出认证决定并通知申请人。

（3）认证标志

认证标志的名称为中国强制性产品认证（China Compulsory Certification, CCC），也可简称为 3C 认证。认证标志是《目录》中产品准许其出厂销售、进口和使用的证明标记。认证证书的持有人应当按照认证标志管理规定的要求使用认证标志。

4. 监督管理

指定认证机构按照具体产品认证实施规则的规定，对其颁发认证证书的产品及其生产厂（场）实施跟踪检查。对不同的违法行为，指定认证机构应当注销认证证书、撤销认证证书、责令暂时停止使用认证证书等措施。

（五）产品质量监督制度（国家对整个环节）

1. 产品质量监督的内容

产品质量监督包括：进行定期和不定期的产品质量抽检，监督产品标准的贯彻执行情况；处理产品质量申诉，进行产品质量仲裁检验、产品质量鉴定；打击生产、销售假冒伪劣产品的违法行为；对产品质量认证工作进行监督管理，对获得认证产品的质量及产品认证标志的使用进行监督检查；参与对免检产品、名牌产品的审定，对获得免检产品、名牌产品称号和标志的产品，当发生质量问题时，进行产品监督检验。

2. 产品质量监督的范围

产品质量监督是对重点产品进行的监督。重点产品是指可能危及人体健康和人身、财产安全的产品，影响国计民生的重要工业产品，以及消费者、有关组织反映有质量问题的产品。重点产品的具体范围由中华人民共和国国家市场监督管理署制定的产品质量国家监督抽查产品目录，以及各省、自治区、直辖市制定的地方产品质量监督抽查产品目录规定。

3. 产品质量监督的形式

我国产品质量监督的形式包括以下几种。

1）国家监督，指国家质量监督主管部门依据国家法律、法规、规章及有关标准，实施具有执法性质的国家监督。

2）行业监督，指有关行业主管部门为加强行业质量管理，进行具有行政管理性质的行业监督。

3）社会监督，指社会上没有执法资格也不具备行政管理职能的相关方进行的社会监督，包括消费者、社会团体、社会舆论的监督。

4）企业监督，指企业内部的自我质量监督。

4. 产品质量监督的突出特点

产品质量监督的突出特点是法律手段、行政手段与技术手段相结合。质量监督是政府的一种具体行政执法行为。行政执法的主体是政府质量监督管理部门，行政执法的相对人可以是企业、事业单位、社会团体或者其他组织，也可以是公民个人。执法行为是指对特定的人或事采取具有法律效力的措施。在质量监督行政执法中，质量检验、试验的技术手段具有十分重要的作用。产品质量检验、试验的结果是实施行政处罚的前提和基础。产品质量监督部门对违反产品质量法律法规行为的认定和采取行政处罚措施，在许多情况下要以产品质量监督检验的结果作为依据。

（六）打击生产、销售假冒伪劣产品

1. 假冒伪劣产品的含义

假冒产品是指在未经授权、许可的情况下，对受知识产权保护的产品进行复制和销售的产品；或逼真地模仿别人的产品，使顾客或消费者误认为该产品就是别人的产品，从而利用别人产品的名声销售自己的产品。复制或模仿的对象包括产品的内在质量、外观和包装，通常是产品的包装、商标、标签及其他主要外观特征，以及与产品标志有关的其他重要特征，如免检产品标志、名牌产品标志、原产地域产品标志、产品质量认证标志、生产许可证、厂名、厂址等。假冒行为违反了与知识产权保护有关的《中华人民共和国商标法》《中华人民共和国著作权法》《中华人民共和国专利法》等法律法规规定。

伪劣产品包括伪产品和劣产品。伪产品通常称为假货，是指把其他东西伪装当作某种产品，如把酒精加自来水兑成的液体当作白酒。伪产品在本质上不具有真正产品的主要质量特性。劣产品通常称为不合格品，是指不能满足预期使用要求的劣质产品、过期产品或变质产品。劣产品在使用价值上达不到产品应当具有的使用要求，这与能满足预期使用目的、顾客同意让步接受的不合格品或处理品在本质上不同。

假冒产品和伪劣产品既有区别，又有联系，可能互相包含，也可能互相转化。通常，伪劣产品冒充合格品，特别是假冒品牌产品时，它既是伪劣产品，又是假冒产品。

2. "打假"的措施

打击以非法牟利为目的生产、销售假冒伪劣产品的行为，简称"打假"。近年来，我国在"打假"方面采取的重要措施如下。

1）健全法律法规，为"打假"工作提供法律依据。

2）开展联合打假和专项"打假"活动，协调全国各部门、各地区的力量，联合"打假"，对造"假"、售"假"问题突出的产品，如烟、酒、农用生产资料、钢材等产品，实施专项"打假"。

3）推广防伪技术，使"打假"与保护名牌产品、优质产品相结合。

（七）产品质量监督抽查

《产品质量法》第十五条规定："国家对产品质量实行以抽查为主要方式的监督检查制度，对可能危及人体健康和人身、财产安全的产品，影响国计民生的重要工业产品以及消费者、有关组织反映有质量问题的产品进行抽查。抽查的样品应当在市场上或者企业成品仓库内的待销产品中随机抽取。监督抽查工作由国务院市场监督管理部门规划和组织。县级以上地方市场监督管理部门在本行政区域内也可以组织监督抽查。法律对产品质量的监督检查另有规定的，依照有关法律的规定执行。

"国家监督抽查的产品，地方不得另行重复抽查；上级监督抽查的产品，下级不得另行重复抽查。

"根据监督抽查的需要，可以对产品进行检验。检验抽取样品的数量不得超过检验的合理需要，并不得向被检查人收取检验费用。监督抽查所需检验费用按照国务院规定列支。

"生产者、销售者对抽查检验的结果有异议的，可以自收到检验结果之日起十五日内向实施监督抽查的市场监督管理部门或者其上级市场监督管理部门申请复检，由受理复检的市场监督管理部门作出复检结论。"

《产品质量法》第十六条规定："对依法进行的产品质量监督检查，生产者、销售者不得拒绝。"

《产品质量法》第十七条规定："依照本法规定进行监督抽查的产品质量不合格的，由实施监督抽查的市场监督管理部门责令其生产者、销售者限期改正。逾期不改正的，由省级以上人民政府市场监督管理部门予以公告；公告后经复查仍不合格的，责令停业，限期整顿；整顿期满后经复查产品质量仍不合格的，吊销营业执照。

"监督抽查的产品有严重质量问题的，依照本法第五章的有关规定处罚。"

（八）产品召回制度

产品召回制度是指在流通中的产品存在缺陷，可能会导致损害发生的情况下，产品的生产经营者采取发布公告通知等措施督促消费者交回缺陷产品，经营者采取有效措施，消除缺陷、防止危害发生的一种事先救济制度。

2016 年，国家质检总局（现为国家市场监督管理总局）发布《缺陷消费品召回管理办法》，进一步提升了消费品的质量安全水平。

工作实操

产品质量事件案例分析

一、退鞋风波

某商场为了更多地吸引顾客，提高商店信誉和知名度，做出这样的规定：凡在该商场购买的商品，如果购买后顾客觉得不满意，只要未损坏商品原样，均可在 10 个月内退货。这条规定做出后，在社会上引起了强烈的反响，顾客剧增，日销售额直线上升。但是该商场在这个过程中也遇到了一些具体的问题。

顾客宋某于 15 天前在该商场购买了一双皮鞋。在这 15 天中，他发现鞋帮开胶，鞋底也有轻微断裂，于是要求该商场退货。柜台营业员认为鞋类属于特殊商品，穿用后已不能再行退货，且鞋帮开胶的主要原因是剧烈运动，属于人为原因；鞋底断裂虽然属于质量上的事故，但也和运动有直接关系，因此不同意退货，但同意给予修补，其费用由商场负责。宋某认为皮鞋坏了主要是由质量不过关造成的，坚持退货。双方互不相让，发生争执，最后宋某找到商场负责顾客投诉的商管科。商管科负责人认为，宋某的要求有一定道理，商场应该对这起质量事故负责任，但考虑到实际情况，此鞋经修补后还有使用价值，故建议商场与宋某协商，按修补处理，并给予宋某一定的经济补偿。商场领导认为，鞋是由业务部门组织采购的，商品发生质量事故理应由业务部门向厂商索赔，商场不能承担责任。宋某又找到了业务部门。业务部门认为他们是大批量进货，不可能因一两双鞋而找厂家，况且业务科只负责进货前的质量事故，商品在销售过程中发生的质量事故，应由商管科负责。

宋某在商场各科室遭到推诿、冷落，感到非常气愤，一怒之下找到了市消费者协会，要求对此做出公正合理的仲裁。市消费者协会认真听取了宋某的意见，和商场进行了沟通，并委托质量检验部门对皮鞋进行了严格检验。

二、处理投诉

一天，一位顾客怒气冲冲地来到一家生产美容品的工厂，对厂长说："你们的美容霜不如叫毁容霜！我18岁的女儿用了你们厂的美容霜后，面容受到严重的损坏，现在她连门都不敢出，我要控告你们，你们要负起经济责任，要赔偿我们所有的损失。"

厂长听完，稍加思索，心里明白了几分，但他仍诚恳地道歉："是吗？竟发生这样严重的事，实在对不起您，对不起您女儿。不过，当务之急是马上送您女儿到医院医治，其他的事我们以后再慢慢说。"

该顾客本想骂人出一口气，没想到厂长不但认真听取她的意见，而且很负责任。想到这里她的气消了一些。于是在厂长的陪同下，她的女儿去了医院皮肤科检查。

检查的结果是，女孩患的皮肤病是一种遗传性的过敏症，并不是美容霜有毒所致。医生开了处方，并安慰她说不久便会痊愈，不会有后遗症。

这时，母女俩的心才放下来。她们对厂长既感激又敬佩。厂长又对女孩说："虽然我们的护肤霜并没有任何有毒成分，但您遭遇的不幸，我们是有责任的，虽然我们的产品说明书上写着'有皮肤过敏症的人不适用本产品'，但您购买时，售货员一定忘记问您是否有过皮肤过敏症，也没有向您叮嘱一句注意事项，致使您遇到麻烦。"

女孩听到这些话，再拿起美容霜仔细一看，果然包装上有明确说明，只怪自己没看清就用了，心中不禁有些懊悔。厂长见此情景便安慰她："请您放心，我们曾请皮肤专家认真研究过关于患有过敏症的顾客的护肤问题，并且还开发设计了几种新产品，效果都很好，等您痊愈后，我再派人给您送两瓶试用，保证以后不再出现过敏症状，也算我们对今天这事的补偿。你们意见如何？"

工作实训

拓展训练

（一）单项选择题

1.《产品质量法》于（　　）年9月1日起施行。

    A．1993　　　　　B．1987　　　　　C．1989　　　　　D．1986

2. 第九届全国人民代表大会常务委员会第十六次会议通过关于修改《产品质量法》的决定，于（　　）年 7 月 8 日第一次修正。

  A. 1998   B. 2000   C. 1996   D. 2009

3. 《产品质量法》适用的产品是指经过加工、制作，用于（　　）的产品。

  A. 自用   B. 赠送   C. 销售

4. 生产者和销售者均应依照《产品质量法》规定承担产品的（　　）。

  A. 质量责任   B. 更新改进任务   C. 宣传推广义务

5. 生产者、销售者对监督抽查检验的结果有异议的，可以自收到检验结果之日起（　　）日内申请复检。

  A. 10   B. 15   C. 20

6. 企业生产的产品，产品质量应当符合（　　）标准。

  A. 在产品或其包装上注明采用的产品标准

  B. 国家推荐的标准

  C. 国际标准

7. 限期使用的产品，应当在产品或其包装上的显著位置清晰地标明（　　）。

  A. 出厂日期

  B. 生产日期

  C. 生产日期和安全使用期或者失效日期

8. 因产品不符合安全强制性国家标准，造成人身、缺陷产品以外的其他财产损害的，生产者（　　）。

  A. 应当承担赔偿责任

  B. 可不承担责任

  C. 只需退换产品

9. 因产品不符合安全强制性国家标准，造成损害要求赔偿的诉讼时效期间为（　　）年，自当事人知道或者应当知道其权益受到损害时起计算。

  A. 一   B. 两   C. 三

10. 《产品质量法》中规定的对违法行为实施罚款是以（　　）计算的。

  A. 违法所得   B. 销售金额   C. 违法生产、销售产品货值金额

11. （　　）是生产者承担产品质量责任的前提。

  A. 服务质量不好

  B. 产品存在缺陷并造成他人损害

  C. 价格不合理

12. 国家对产品质量实行以（　　）为主要方式的监督检查制度。

  A. 抽查   B. 自查   C. 互查

13. 《产品质量法》规定，产品质量应当检验合格，不得（　　）。

  A. 以次品出厂   B. 不进行检验   C. 以不合格品冒充合格品

14.《产品质量法》适用的主体是公民、（　　）和社会组织。

  A. 企业   B. 顾客   C. 法人

15.《产品质量法》规定，可能危及人体健康和人身、财产安全的工业产品，必须符合保障人体健康和人身、财产安全的（　　）。

  A. 国家标准、行业标准

  B. 地方标准、企业标准

  C. 国际标准

（二）多项选择题

1. 在建筑业中，适用于产品质量法规定的有（　　）。

  A. 建设工程   B. 建筑材料   C. 建筑构配件和设备

2.《产品质量法》的立法宗旨是（　　）。

  A. 加强对产品质量的监督管理，提高产品质量水平

  B. 明确产品质量责任

  C. 保护消费者合法权益

  D. 维护社会经济秩序

  E. 打击假冒伪劣

3. 产品质量立法的基本原则中有（　　）。

  A. 有限范围原则   B. 统一立法、区别管理原则

  C. 奖优罚劣原则   D. 公平、公正原则

4. 产品的生产者、销售者违反《产品质量法》规定的产品义务，应承担的法律责任包括（　　）。

  A. 行政责任   B. 赔偿责任   C. 刑事责任   D. 民事责任

5.《产品质量法》规定了认定产品质量责任的主要依据有（　　）。

  A. 国家法律法规   B. 明示采用的标准

  C. 产品缺陷   D. 顾客意见

6.《产品质量法》规定，各级人民政府的质量责任有（　　）。

  A. 把提高产品质量纳入国民经济和社会发展规划，加强对产品质量工作的统筹规划和组织领导

  B. 引导、督促生产者、销售者加强产品质量管理，提高产品质量

  C. 组织各有关部门依法采取措施，制止产品生产、销售中违反《产品质量法》规定的行为，保障该法的施行

  D. 开展产品质量的评比

7.《产品质量法》对企业质量管理提出的基本要求有（　　）。

  A. 建立健全内部产品质量管理制度

  B. 建立质量管理机构

  C. 严格实施岗位质量规范、质量责任及相应考核办法

8. 国家对企业及产品质量的监督管理和激励引导，采取的措施主要是（　　）。

  A. 质量体系认证制度   B. 产品质量认证制度

C. 产品质量监督制度　　　　　　　　D. 推行科学的质量管理方法

E. 奖励制度　　　　　　　　　　　　F. 舆论曝光

9.《产品质量法》明令禁止的产品质量欺诈行为有（　　　）。

A. 伪造或冒用质量标志　　　　　　　B. 伪造产品的产地

C. 缺斤短两　　　　　　　　　　　　D. 伪造或冒用他人厂名、厂址

E. 在产品中掺杂、掺假

10.《产品质量法》规定，生产者、销售者应当建立健全内部质量管理制度，严格实施（　　　）。

A. 岗位质量规范　　　　　　　　　　B. 质量责任

C. 相应的考核办法　　　　　　　　　D. 质量保险

（三）综合分析题

1. 某企业生产的某种产品于 2000 年 12 月 1 日被某产品质量监督部门抽查，结果判定为质量不合格，并处以罚款。该企业对检验结果有异，要求申请复检。复检结果仍为质量不合格。

（1）该产品可能是（　　　）。

A. 危及人体健康和人身、财产安全的产品

B. 影响国计民生的重要工业产品

C. 外贸出口产品

D. 消费者、有关组织反映有质量问题产品

（2）该产品质量不合格的原因可能是（　　　）。

A. 不符合强制性国家标准或行业标准

B. 不符合国际标准

C. 不符合在产品或其包装上注明采用的产品标准

（3）实施对该产品进行质量检验的机构必须是（　　　）。

A. 经省级以上人民政府产品质量监督部门或者其授权的部门考核合格的机构

B. 产品质量监督部门与该企业商定的机构

C. 企业指定的机构

（4）该企业申请复检，得以受理，说明该企业的复检申请是在自收到检验结果之日起（　　　）日内向实施对该产品监督检查的产品质量监督部门提出的。

A. 10　　　　　　　　B. 15　　　　　　　　C. 20

2. 某顾客从某商店购买一台电暖器，使用不到一个月便烧坏，并把顾客烧伤。经产品质量监督部门鉴定，该产品本身质量不符合安全强制性国家标准。

（1）该商店应当负责（　　　）。

A. 修理、更换、退货

B. 赔偿损失

C. 让该顾客去找产品生产企业处理

（2）该商店负责向顾客赔偿损失后，有权向（　　　）追偿。

A. 生产者　　　　　　B. 供货者　　　　　　C. 推荐者

（3）由于将顾客烧伤，该产品生产者应当赔偿（　　　）。

    A．医疗费   B．治疗期间护理费

    C．因误工减少的收入   D．交通费

（4）该商店出现这个问题的原因可能是（　　　）。

    A．没有建立进货检验验收制度

    B．没有严格执行进货检验验收制度，验明合格证明和其他标识

    C．人力不足

二维码资源

一、信息化资源

序号	资源类型	教学内容	二维码
1	微课	CCC 认证是什么	
2	实训实录	产品质量诉讼模拟法庭	
3	职业拓展	中华人民共和国产品质量法	
		消费者权益保护法	

二、拓展训练答案

参 考 文 献

岑詠霆, 2005. 质量管理教程[M]. 上海: 复旦大学出版社.

戴颖达, 2009. 工作过程导向模式在质量管理课程开发中的应用[J]. 职业技术教育 (2): 18-20.

戴颖达, 2010. 基于就业导向的教学模式研究与实践[J]. 中国电力教育 (24): 108-111.

戴颖达, 2011. 构建客户忠诚度模型 提升企业竞争力[J]. 哈尔滨商业大学学报 (社会科学版) (5): 41-47.

戴颖达, 2017. 面向轻工行业经管类职业能力 "一体化双闭环三层次" 培养模式的实践[M]//中国轻工业联合会教育培训部. 2016—2017 年中国轻工业教育成果汇编. 北京: 中国轻工业出版社.

戴颖达, 2017. 提升高职管理专业学生就业竞争力对策研究[M]//荣长海. 天津市 "十二五" 时期教育科学规划优秀研究成果选编. 天津: 天津社会科学院出版社.

戴颖达, 戴裕崴, 2015. 专业课程顾客价值创新体系实证研究[J]. 职教论坛 (21): 20-23.

高阳, 2007. 质量管理案例分析[M]. 北京: 中国标准出版社.

林荣瑞, 1996. 管理技术[M]. 厦门: 厦门大学出版社.

全国质量专业技术人员职业资格考试办公室, 2010. 质量专业基础知识与实务 (初级)[M]. 北京: 中国人事出版社.

全国质量专业技术人员职业资格考试办公室, 2010. 质量专业综合知识 (中级)[M]. 北京: 中国人事出版社.

全国质量专业技术人员职业资格考试办公室, 2013. 质量专业理论与实务 (中级)[M]. 北京: 中国人事出版社.

任嵘嵘, 2014. 质量管理学[M]. 成都: 西南财经大学出版社.

杨兴文, 2010. 质量命门: 企业质量管理的误区与对策[M]. 北京: 中国电力出版社.

张公绪, 2005. 质量专业工程师手册[M]. 北京: 企业管理出版社.

张善海, 2007. 质量管理方法及应用[M]. 北京: 中国计量出版社.

DAI Y D, 2011. Enterprises competitiveness in regression analysis based on customer loyalty model[C]. IEEE International Conference on Industrial Engineering and Engineering Management, 2:1014-1018.